正信偈講義

安田理深

第四巻

法藏館

正信偈講義　第四巻

＊

目次

第十二章　源信章

20、源信広開一代教　3

第十四章　結　勧

凡例

一、本書の表記は、新漢字で統一した。

一、出典や経典については、左記のように略記、または本文中に略記の旨を示した。

『真宗聖典』(東本願寺出版部) → 聖典

『真宗聖教全書』(大八木興文堂) → 真聖全

『大正新脩大蔵経』(大正新脩大蔵経刊行会) → 大正

『勧一切衆生願生西方極楽世界阿弥陀仏国六時礼讃偈』 → 『往生礼讃』

『菩薩従兜術天降神母胎説広普経』 → 『菩薩処胎経』

一、漢文とその書き下し文を同時に引用する場合は、漢文を主にし、書き下し文を( )に入れて併記した。

正信偈講義

第四巻

第十二章　源信章

20、源信広開一代教

源信広開一代教　偏帰安養勧一切

源信《げんしん》、広く一代の教を開きて、ひとえに安養《あんにょう》に帰して、一切を勧む。

法然上人に先立って源信和尚あり

依釈分の初めに「印度西天之論家　中夏日域之高僧」（「正信偈」聖典二〇五頁）とある。「中夏」の高僧として曇鸞・道綽・善導が挙げられ、「日域の高僧」として、源信・源空（法然）が挙げられている。これは、法然上人に先立って源信和尚ありということである。法然上人の『選択本願念仏集』（以降、『選択集』と略）では、道綽禅師の『安楽集』により教を明らかにし、善導大師の『観無量寿経疏』（以降、『観経疏』と略）により行を明らかにしてある（真聖全一、二門章九二九頁、二行章九三四頁参照）。法然上人は、道綽・善導によって念仏の教えを宗とされ、ある意味の宗教改革を行われたのである。これは、念仏の独立である。それまで念仏は独立した意味をもたなかったが、法然上人によって初めて念仏が宗とされた。つまり、念仏が浄土宗として成り立ったのである。この宗ということが、独立である。そういう事業を道綽禅師の『安楽集』によって、まず明らかにしてある。

道綽禅師のときに初めて、浄土は、穢土に対する浄土ではなく、聖道に対する浄土として明らかにされた。聖道・浄土という場合、聖道に対する浄土は、教え、つまり「教門」（『教行信証』聖典一七八頁）である。聖道の教に対して、浄土の教ということである。しかし、それ以前の曇鸞大師や天親菩薩の教学では、浄土という概念は、聖道に対する概念というよりはむしろ、穢土に対する概念であった。穢土に対する浄土ということである。それが、道綽禅師において初めて、聖道に対する「浄土の教門」（同頁）という意味をもってきた。浄土を浄土門と言う場合は、そういう意味である。このように、念仏の教えが、道綽禅師の『安楽集』により独立の地位に置かれた。浄土教という場合と違って、浄土宗という場合は、無数にある教えのなかで特に念仏の教えを宗とするという意味である。

念仏を、観想の念仏と区別した本願の念仏として明らかにされたのは、善導大師であり、それまで天台の教えのなかにあった念仏に独自の意義を与えられたのは、法然上人である。法然上人は、『選択集』に「偏依善導一師」（真聖全一、九九〇頁）という言葉もあるように、道綽禅師と特に善導大師によって初めて、仏教のなかの念仏という位置を逆転して、念仏の仏教という大きな意味を念仏に見出された。法然上人の代表的な事業は、道綽禅師と善導大師によって、特に善導大師によって、宗教改革を行ったことである。しかし、親鸞聖人は、道綽禅師・善導大師から直接法然上人というのではなく、源信和尚を通して法然上人があるとご覧になったのである。

もちろん、法然上人も源信和尚を認められなかったわけではない。法然上人には『往生要集』についての研究として三部の著作があり、今日我われが『往生要集』を見るのも、その解釈を通して窺《うかが》うことができるからである。法然上人は、源信和尚を無視されたのではなく、源信和尚を通して善導大師に触れられたのである。

法然上人は、善導大師の精神によって初めて念仏の純粋な意味、信仰の純潔性を明瞭にされた。それに対して源信和尚の場合は、必ずしも天台を捨ててはおられない。そこに大変な違いがある。天台の教えのなかから念仏の教えを独立させたところに法然上人の面目はあるが、源信和尚は必ずしも天台を否定されなかった。『往生要集』は、一面から見ればあくまでも天台の教学という意味をもっているわけである。

源信和尚においては、天台の教えと念仏の教えとは矛盾しなかった。念仏は念仏に違いないが、その内容や意味が天台を包むような意義をもっている。その点に、源信和尚の面目がある。念仏が単に特殊なものではないことでかえって、念仏には摩訶止観をも包む意味があることがわかる。

源信和尚にとっての念仏は、摩訶止観という意味ももっており、廃捨するというような意味は考えられない。排他性がないところに、源信和尚の教学の大きな特色がある。それに対して、一切を捨てて念仏に帰するという意味の明確性が、法然上人の教学の面目である。法然上人は、善導大師によって念仏の信仰の純潔性を明確にされたが、明確であるという意味が廃立ということであらわされている。廃立という言葉を現代語に翻訳すれば、あれかこれかであって、あれもこれもではない。そのように法然上人の場合には、念仏の信仰が非常に実存的な意味をもっており、そこに不透明なものはない。

源信和尚は、信仰の学問に立った思想家

それに対して源信和尚の場合には、必ずしも不透明というわけではないが、包容力がある。念仏は特殊な行ではなく大きな意味での止観である、と源信和尚は言われる。『往生要集』に関する法然上人の三部の著作を見ると、『往生要集』における念仏をどこまでも信仰として明らかにしようとされている。『往生要集』では摩訶止観という観念の形で念仏が説かれてはいるが、しかしその内容は観念を超えたものである。

『往生要集』を通して『往生要集』を超えて『往生要集』を見るということが、法然上人の『往生要集』の了解にはあると思う。念仏一門ということが、法然上人の著作では大変強調されている。『往生要集』の序文に「是の故に念仏の一門に依りて、聊《いささ》か経論の要文を集《あつ》む」（真聖全一、七二九頁）という言葉が出ている。法然上人は、「念仏一門」というこの一語によって『往生要集』の底に流れているものを見抜かれた。それは、弘願の念仏という、夾雑性を完全に排除して、雑行や諸行のような人間の努力を完全に超えたものである。

話が雑駁《ざっぱく》だが、ルターの事業が歴史上宗教改革という位置をもつなら、源信和尚の事業は、性格か

ら言ってもルターよりむしろアウグスティヌスのような位置にあるのではないか。信仰、それ自身に立つ。たしかに学問のつっかい棒を必要としないのが、信仰である。

信仰は、信仰自身によって立つ。これが信仰の純潔性であり、念仏はそういう意味をもっている。しかし源信和尚の場合は、あくまで学問により信仰を磨かれたというような、信仰の学問に立った思想家であるところに、大きな特色があるのではないか。念仏が諸々の行の一つではなく、あらゆる行の基礎になる。天台をやめるとかやめないということではなく、天台を超えて天台を成り立たせる。今さら天台の教えを捨てる必要がない。天台の教えもそれによって成り立っているというような、むしろ天台を包む意味が、源信和尚の念仏にはあるのではないか。

こういうものが深い背景となって、法然上人が生み出されている。法然上人は法然上人自身から成り立つのではない。もう一つ言えば、次のような問題かも知れない。『大無量寿経』（以降、『大経』と略）の教え、つまりそれを法然上人の言葉で言えば選択本願であるが、その本願の教えが、いつ根を下ろしたのかということである。法然上人のときに初めて、というわけにはいかない。一見すると、法然上人によって念仏が初めて独立の意味をもったように思われる。それは間違いないところなのであろうが、しかしその法然上人の事業は、法然上人自身から始まったというものではないだろう。もっと深い歴史的背景があるのではないか。

本願の教えが思想として始まったのはいつなのかということではなく、大地のなかに根を下ろしたのがいつなのかが我われには問題である。法然上人から言えば、本願の教えは根から咲いた花ではないか。花が地上に咲くという場合には、地下に根があるのである。教えが根を下ろすということは、自覚の根を下ろしたという意味であり、単なる思想というようなものではなくなる。教えは、一応は外のものであるが、根を下ろすという意味は、外の教えを受けて教えを通してかえって自分を見出すことである。自分のなかに、仏道を見出してくる。外にあるものを利用したということではなく、外からの教えを通して自己自身のなかに仏道を自覚してきた。それが、根を下ろしたという意味である。それはいったい、いつなのか、いつ根を下ろしたのか。そのように考えてくると、法然上人のときからと言うわけにはいかない。法然上人に先立って、教えが根を下ろしている。そのことを、親鸞聖人は深く押さえられたのではないかと思う。「専雑執心判浅深　報化二土正弁立　極重悪人唯称仏　我亦在彼摂取中（専雑《せんぞう》の執心《しゅうしん》、浅深《せんじん》を判じて、報化二土、正《まさ》しく弁立《べんりゅう》せり。極重の悪人は、ただ仏を称すべし。我《われ》また、かの摂取《せっしゅ》の中にあれども）」（「正信偈」聖典二〇七頁）という言葉のなかに、そのようなことが自然に出てくるわけである。根を下ろしたという証拠を見出して、押さえられたのである。

観念のなかに称名念仏をあらわす

「弥陀《みだ》の報土をねがうひと　外儀《げぎ》のすがたはことなりと　本願名号《みょうごう》信受して　寤寐《ごび》にわするることなかれ」（『高僧和讃』聖典四九八頁）という源信和讃がある。この和讃は、『往生要集』「第四正修念仏観察門　雑略観」の「行住坐臥《ぎょうじゅうざが》、語黙作作《ごもくささ》に、常に此の念を以て胸中に在《お》くこと、飢ゑて食を念《おも》ふが如く、渇して水を追ふが如くせよ。或は頭を低《た》れ手を挙げ、或は声を挙げ名を称え、外儀《げぎ》は異なりと雖《いえど》も、心念は常に存せよ。念念に相続して、寤寐《ごび》に忘るること莫《なか》れ」（真聖全一、八〇九頁）をもとに作られたのである。

「外儀は異なりと雖も」の外儀とは、外面の姿である。源信和尚にとっての念仏は、外面的ではなく非常に内面的である。念仏が内面的な形で出ているのが、源信和尚の特色ではないかと思う。源信和尚の信仰は、宗教改革を生み出すような信仰ではなく、内面的である。その信仰は、修道院のなかに生きている信仰である。そうでなければ、「我亦在彼摂取中　煩悩障眼雖不見　大悲無倦常照我（我《われ》また、かの摂取《せっしゅ》の中にあれども、煩悩、眼《まなこ》を障《さ》えて見たてまつらずといえども、大悲倦《ものう》きことなく、常に我《われ》を照したまう、といえり）」（「正信偈」聖典二〇七頁）というような言葉は出ない。このような言葉は、誰にでも出るものではない。

「偏帰安養勧一切（ひとえに安養《あんにょう》に帰して、一切を勧む）」（「正信偈」聖典二〇七頁）と、念仏の行を勧めておられるのは、決して観念を否定したという意味ではない。念仏の行は観念を否定するのではなく、観念のなかに称名念仏をあらわしてある。観念は本願の念仏を特に拒んではいないし、本願の念仏は観念を妨《さまた》げにはしていない。しかし、源信和尚の教学に混乱があるというのではない。混乱があれば、七高僧にならない。教学に混乱がなく、信仰がクリアであるということは、法然上人と同様である。源信和尚は、観を必ずしも否定する必要がないという意味を明確にされ、ご自身の信仰が観のなかにある弘願の念仏であることを明らかにされたのである。

『往生要集』下巻の大文第八、念仏証拠門に「今念仏を勧むることは、是《これ》余の種種の妙行を遮せんとには非ず。只是《ただこれ》男女・貴賤、行住坐臥を簡《えら》ばず、時処諸縁を論ぜず、之を修するに難からず」(真聖全一、八八一頁)と言われているように、念仏を勧めると言っても、他の行を否定するという意味ではない。他を排して念仏一つを顕《あら》わにするのではなく、他を排せずして念仏を勧めてある。念仏以外は時や人を簡《えら》ぶということがあるのだが、念仏はいつでもどこでも誰にでもできるのである。

こういうところに、罪悪も恐れない、他の善も要でないという深い信仰がはっきり語られている。本願の教えが、単なる思想を超えて自覚として根を下ろした証拠が、ここにある。法然上人に先立って、源信和尚において本願の教えが根を下ろしていたからこそ、法然上人が念仏の花を咲かせることができたのである。源信和尚によって根を下ろした本願の教えが、「時」を俟って念仏の花となったのである。源信和尚の教学と法然上人の教学を比較して、どちらが優れているというのではない。

源信和尚のときには源信和尚の形で歴史の歩みがあり、法然上人には法然上人の形でやはり、本願の歴史の歩みがある。そこには順序を入れ替えることができない歴史的な必然性がある。源信和尚の代わりに法然上人が出られたり、あるいは法然上人の代わりに親鸞聖人が出られたりというわけにはいかないのである。そのときそのときの歴史の歩みでありながら、しかもその底には一貫して同じものが流れている。

源信和尚は横川に隠棲されていた聖者であり、その底には非常に純潔な信仰が流れている。その信仰はまことに貴重なものであり、その深い根のところから法然上人の大事業が出てきた。念仏の独立という大事業が、すでに源信和尚において準備されていたのである。源信和尚には、日本における龍樹菩薩や天親菩薩のような意味がある。キリスト教においてはちょうど、アウグスティヌスのような意味がある。アウグスティヌスは、キリスト教学においては最初にして最後のキリスト教哲学であると言われるような、特異な例である。哲学にして同時に信仰という唯一の例ということになる。源信和尚においてもそういうことを思わせる。仏教では、アウグスティヌスは、広く言えば天親菩薩であろう。源信和尚は、日本版の天親菩薩である。

瑜伽教学を拒まずに、本願に帰す

たとえば、こういうことがある。『往生要集』には、念仏を中心に明らかにする第四正修念仏門がある（真聖全一、七八〇～八一四頁参照）。『往生要集』は三巻あるが、十門（第一厭離《えんり》穢土《えど》、第二欣求《ごんぐ》浄土《じょうど》、第三極楽証拠《ごくらくしょうこ》、第四正修念仏《しょうしゅねんぶつ》、第五助念方法《じょねんほうほう》、第六別時《べつじ》念仏《ねんぶつ》、第七念仏利益《ねんぶつりやく》、第八念仏証拠《ねんぶつしょうこ》、第九往生諸業《おうじょうしょごう》、第十問答料簡《もんどうりょうけん》〈同七二九頁〉）という組織によって構成されている。第一門から第五門の中心は、この第四正修念仏門にある。

『往生要集』の十門のなかで、第四正修念仏門と第九往生諸業門とが二本柱である。正修念仏門で念仏を明らかにするのに、天親菩薩の五念門（礼拝《らいはい》・讃嘆《さんだん》・作願《さがん》・観察《かんざつ》・回向《えこう》）をもって解釈してある。『往生要集』においては、往生の行は初めから念仏だけというわけにはいかない。やはり諸行も往生するための行である。しかし、要は念仏の行にある。どちらでもよいというのではない。

念仏の行を、『無量寿経優婆提舎願生偈』（以降、『浄土論』と略）の五念門をもって解釈してある。信は、善導大師を受けて至誠心・深心・回向発願心の三心になっている。念仏の行は五念門であり、その五念門の要は観察門である（『正信偈講義』第二巻、一一六頁の註参照）。つまり念仏は観察という意義をもっており、観念ということが中心である。

たしかに、実践体系として五念門を見れば、その中心は止観の行、つまり奢摩他《しゃまた》・毘婆舎那《びばしゃな》の行である。天台宗でも行と言えば摩訶止観であり、止観とは瑜伽行である。五念門が説かれている『浄土論』を造られた天親菩薩は、瑜伽の論家でもあるので、五念門の中心を観察門に置かれたとしても不思議ではない。こういうことは、考え方がどこまでも学問的で独断がないことをあらわしている。

ところが、曇鸞大師の解釈によってみると、五念門のうち、第二讃嘆門が非常に大事なものとされて、五念門の中心になってくる。親鸞聖人もそれを受けられた。礼拝門には「かの国に生ぜん意をなさせんがゆえなり」（『浄土論』聖典一三八頁）、讃嘆門には「実のごとく修行し相応せんと欲《おも》うがゆえなり」（同頁）、作願門には「実のごとく奢摩他《しゃまた》を修行せんと欲《おも》うがゆえに」（同頁）、観察門には「実のごとく毘婆舎那《びばしゃな》を修行せんと欲《おも》うがゆえなり」（同頁）、回向門には「回向《えこう》を首として大悲心を成就することを得たまえるがゆえに」（同一三九頁）と、それぞれの門に一つずつ理由句が付いている。ところが親鸞聖人は、『入出二門偈頌文』（以降、『入出二門偈』と略）で讃嘆門を解釈されるときには、第二讃嘆門にもう一つ理由句を付け加えておられる。

一応は『浄土論』そのままに「実のごとく修し相応せしめんと欲《おぼ》すがゆえに」（『入出二門偈』聖典四六二頁）である。だから『浄土論』から言えば、讃嘆することが行なのではなく、讃嘆によって作願・観察の行に相応せんと欲するのである。阿弥陀仏を止観するという、その如実の行に相応せんとして阿弥陀仏を讃嘆するのであって、讃嘆すること自体が行なのではない。しかしそれでは、『浄土論』は『大経』の論ではなく、瑜伽の論となってしまう。阿弥陀仏を讃嘆することが、瑜伽の安心となってしまう。

そうならないために親鸞聖人は、讃嘆門にはさらに「すなわちこれ無《む》碍《げ》光如来《こうにょらい》の、摂取《せっしゅ》・選択《せんじゃく》の本願なるがゆえに」（『入出二門偈』聖典四六二頁）と、もう一つの理由句を加えておられるのである。これによってそこだけ理由句が二つになり文章の体裁は揃わなくなったが、親鸞聖人はそれよりも意味を大切にされたのである。「本願なるがゆえに」ということが、三国の高僧の伝統である。阿弥陀仏を讃嘆することは、瑜伽行の立場から見れば止観の行を成就するための行であるが、本願から見れば選択本願の行なのである。

「行巻」においても、『浄土論註』（以降、『論註』と略）にある第二讃嘆門を解釈された言葉（『教行信証』聖典一六九頁参照）によって、大行ということを明らかにされている。讃嘆が出ているのは、本願文の上では第十七願であり、三国の高僧の上では『浄土論』だけである。たしかに善導大師は、五正行（読誦・観察・礼拝・称名・讃嘆供養）ということを言われるが、称名と讃嘆（供養）とは別の行である。五念門の場合には、讃嘆がすなわち称名である。このことを外してしまっては、本願を逸してしまい、『浄土論』が瑜伽の教学になってしまう。しかし、五念門の中心を讃嘆門にしたからといって、瑜伽教学をやめたのではない。瑜伽教学ということを拒まずに、本願に帰したということが大事なことである。

話が飛ぶが、浄土の教学を大乗仏教として明らかにすることが大切なのである。そうでなければ外道に、あるいは小乗になってしまう。しかし、だからと言って大乗の立場からのみになると、「まあ認めてやる」ということになりはしないか。大乗仏教から念仏を照らすということも大切だが、同時に真宗によって、親鸞教学の眼からもう一度大乗を見直すということがなければならない。そうでなくては、真宗学の成り立つ余地がない。

大乗仏教の成り立つ根幹を明らかにするのが、真宗学である。そうでないと真宗学を立てる必要がどこにもない。逆に見る、という視点がなければ、真宗学は成り立たない。ようやく認めてもらうということでは、永遠に真宗学はコンプレックスを免れない。

寛容にして純潔、学問と信仰の一致

「如来の光明智相に依って、実のごとく修し相応せしめんと欲すがゆえに。すなわちこれ無碍光如来の、摂取・選択の本願なるがゆえに」と、親鸞聖人が「ゆえ」を二つ付けられたのは、そこに見直されたものがあるからである。念仏を大乗から見るとともに、念仏から大乗を見直されたのである。眼《まなこ》が二つある点に、注意しなければならない。

曇鸞大師がそう解釈されたから自分もそう解釈した、というようなものではない。『大経』の本願から『浄土論』をご覧になったのである。瑜伽の教学から『大経』を見られたのが天親菩薩の教学なら、逆に選択本願から瑜伽の論を照らすということが、曇鸞大師の教学である。親鸞聖人はさらに、教学の中心として回向を見出された。観察から讃嘆、讃嘆から回向である。ここからも、五念門というのは容易なものではないということがわかる。『浄土論』は一度読んでハッとわかった、というものではない。『浄土論』は我われの了解を俟って、徐々に歩みを進めているのである。

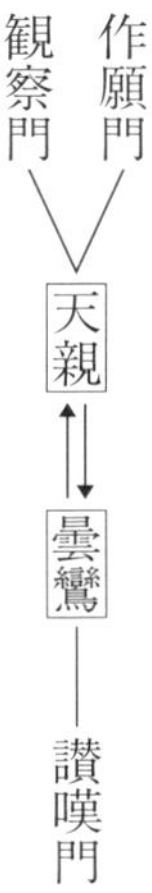

五念門の体は第二讃嘆門であるけれども、念仏の意義は回向にある。南無阿弥陀仏は往還二回向の行であるというように、中心が移動してくるのである。五念門の中心を観察門と押さえたのは源信和尚の解釈であるが、この押さえ方は非常に正しいのではないか。観察門を蹴飛ばしてすぐに讃嘆門だというような、荒っぽいことを言わない。そんな独断的な学問ではない。他の四門を押しのけて讃嘆門をごり押しするのではなく、観察門を一応認める。それが非常に正しい。偏見がないのである。学問すると、こういう頭になるのだろう。

だからと言って、信仰がぼやけたというのではない。『往生要集』のなかに語られている源信和尚の信仰として、曇鸞大師の解釈した讃嘆門の称名念仏が出ている。こういうところが、大らかではあるがぼやけておらず、非常にクリアである。党派性がなく、寛容性がある。たいていの場合、寛容性があると純潔性を失い、純潔性を維持しようとすれば寛容性を失って排他的となってしまう。信仰の純潔性を守ろうとすると排他的になり、排他性を否定して寛容性を保とうとすると信仰が濁る。寛容にして純潔であることが、学問と信仰とが一致していることの例になる。

西欧の学問でも、知らんがために信ずとか、信ぜんがために知るとかということが問題になっているようである。これは、知と信との争いである。キリスト教の神学は、知識と信仰の闘争である。善導大師においては、解と行とが相応するかどうかという問題である。浄土宗の教学は、解行相応の教学である。天台宗には、行のない解ばかりがあったのであろう。信仰のない学問、つまり思弁哲学になってしまったところから、天台宗は廃れたのであろう。

反対に、解を否定した行になれば、信仰ははっきりするが理解されない。あらゆる人をうなずかせるものをもたず、人を納得させない信仰となる。解と行が相応することは、なかなか容易ではない。

「我亦在彼摂取中」は、砂金のような言葉

親鸞聖人は、源信和尚の人格に思慕を寄せられ、私淑されたのだと思う。懐かしい人・ゆかしい人というのは少ないものであるが、源信和尚は数少ないそんな人である。それに対して法然上人には、頑固者という一面があったと思う。法然上人が流罪になった理由の一つとして、憎まれていたということがあるのではないか。真正直でテコでも動かないというような、そういう人が法然上人であったのであろう。それが法然上人の面目である。

源信和尚の特色は、内面性にあると思う。内面的思惟そのものをあらわす言葉が、止観という言葉

である。そういう内面的思惟の道に立つと、信仰と学問は一致してくる。内面的思惟ということで、信仰と学問が結びつかざるを得ないようになってくる。信仰は、実践という面でエネルギーをもつが、思惟によってそのエネルギーを内面化するのである。「千万人といえども、我ゆかん」というのも信仰の情熱であるけれども、情熱はそういうものばかりではない。潜んだ情熱、潜行する情熱がなければ、信仰は成り立たない。そういう情熱が源信和尚にはあると思う。思惟が信仰の情熱を内面化してくる。

しかし行という面から見ると、法然上人によって代表される。行を離れた信はなく、また行は信に根があるのではないか。「専雑執心判浅深」という言葉は、そのことを語っている。「報化二土正弁立」という言葉も、信仰批判という意味をもっている。

行という一点から見ると、「雑行《ぞうぎょう》を抛《なげう》ちて、選びて正行《しょうぎょう》に帰すべし」（『教行信証』聖典一八九頁）と言われるように、法然上人が明快である。しかし信仰というものは、明快でなければならないが、だからと言って決して割り切れるものではない。たしかに信仰も、行の面から見れば割り切れるだろう。行に対しては、あれかこれかの決断がある。しかし信仰は、自覚として見れば割り切れないものである。

信仰は、単なる信というものではない。信仰の反対概念は疑いであるが、信仰は単なる疑いでもないが単なる信でもない。信と疑とは互いに混ざり合っている。廃立の教学では、信仰は明確にならない。信仰を明確にするためには、やはり隠顕の教学が必要となってくる。源信和尚と法然上人の教学の性格はまったく異なっているが、こういう眼をもって見ると歴史的に結合してくるのである。同じことをもう一度繰り返したのではない。私などが『往生要集』を見ても膨大過ぎてわからないけれども、親鸞聖人がこのように『往生要集』の内容を四行八句にまとめられたのは見事な手際である。手際というと軽い感じがするが、ずいぶん鋭いまとめ方である。

我われが『往生要集』を見ても、これだけのものを引き出せるものではない。この四行八句は、言うなれば砂金のような言葉である。七高僧の著作のうち、最も引用文の多いのがこの『往生要集』である。『往生要集』には、非常に多くの経論の要文が集められている。割り切ったというところがないので、非常に豊かなのである。

このなかの大文第四（真聖全一、七八〇～八一四頁）に、正修念仏を明らかにしてあるが、正修念仏の意義をさらに明瞭にするために、次の大文第五（同八一四～八四七頁）に助念方法という門がある。前に述べたように、念仏と言っても単純なものではなく、観を孕むというような深い意味をもっているのだが、そこに正修念仏を助修する様々な方法が出ている。助修の方法としていろいろなことが言われていて、その最後に総結要行が置かれている。総結要行の言葉は重要である。そこに要点が絞ってある。あまりたくさんあると要点がわからなくなってしまうから、総結要行のなかに要点が押さえてある。

そこに「往生之業念仏為本（往生《おうじょう》の業《ごう》には念仏《ねんぶつ》を本《ほん》と為す）」（真聖全一、八四七頁）という言葉がある。「往生之《おうじょうし》業《ごう》　念仏為《ねんぶつい》本《ほん》」（『教行信証』聖典三九九頁）という言葉は、『選択集』の巻頭に掲げてある言葉であり、これを法然上人の言葉だと思うかも知れないが、そうではない。そもそもは『往生要集』の言葉である。

『往生要集』の結論から『往生要集』全体を見て、その結論を押さえるところに、法然上人の『往生要集』の了解があったのではないか。要点を明らかにしてくる。豊かさよりも根本を、要とするところを明瞭にする。そこに法然上人の事業があるのではないか。念仏為本という言葉は、法然上人が『往生要集』によって『往生要集』を解釈された言葉である。

念仏一門・念仏為本という行の面を、本願以外の行から選んで本願の行を明らかにするというところに法然上人は立っておられ、その立場から『往生要集』をご覧になったのである。その本願の行の内面に触れて、源信和尚の深さ豊かさに着眼されたところに、親鸞聖人の了解があるのではないか。「我亦在彼摂取中」とは、七高僧の最初である龍樹菩薩が明らかにされた現生不退をいう。現身《うつしみ》においで不退転に住する。つまり、本願が未来ではなく、現在の自覚として成就している。そういうことを明らかにされたのが龍樹菩薩であった。

龍樹菩薩は、ただ浄土教一般の祖師ではない。まさしく真宗の祖師である。「自然即時入必定」(「正信偈」聖典二〇五頁)という言葉に証拠がある。その言葉が源信和尚の上に出ている。それが、「我亦在彼摂取中」である。これは、摂取不捨の利益である。

これこそ、砂金のように無数の砂のなかに光っている言葉である。こちらのほうから探すというよりもむしろ、向こうから光っている言葉である。本願が根を下ろした証拠が光っている。そういう点を押さえてある。

源信によって、念仏の道が万人に公開された

源信章の初めの二行（源信、広く一代の教を開きて、ひとえに安養に帰して、一切を勧む。専雑の執心、浅深を判じて、報化二土、正しく弁立せり）には、源信和尚の寛容性、信仰が一点も排他性をもたないということが出ている。そして後の二行（極重の悪人は、ただ仏を称すべし。我また、かの摂取の中にあれども、煩悩、眼を障えて見たてまつらずといえども、大悲倦きことなく、常に我を照したまう）には、深さが語られていると思う。

一行目に「源信広開一代教　偏帰安養勧一切」と言ってあるが、これが源信和尚の教学の面目である。『大経』には「為衆開法蔵　広施功徳宝」（聖典二五頁）とあり、善導大師の『帰三宝偈』には「広開浄土門」（聖典一四七頁）とある。それらの「広開」が、この一行目に出ている。「広開」という字は広く開くという意味だが、「広」という字は「公」にも通ずる。オープン（open）という意味は、パブリック（public）という意味とも結びつく。私的な道ではないということである。

源信和尚によって初めて、念仏の道が特殊な道ではなく、万人に公開された道であることが明らかになった。それは、出家か在家か、天台宗か華厳宗か、というようなことではない。我われは、様々な職業をもっていたり、様々な学問をしたり、様々な道を求めたりする。それらはみな私的なことである。そういう私的なものを超えた道が、広開の道なのである。念仏はあらゆる行のうちの一つでは

ない。広開されてある行である。

「老少《ろうしょう》善悪《ぜんあく》のひとをえらばれず」（『歎異抄』聖典六二六頁）、「貧窮《びんぐ》とまさに富貴とを簡《えら》ばず。下智《げち》と高才とを簡ばず。多聞と浄戒《じょうかい》を持《たも》てるとを簡ばず。破戒《はかい》と罪根《ざいこん》深きを簡ばず」（『教行信証』聖典一八一頁）という。あるいは、「貴賤《きせん》・緇素《しそ》を簡《えら》ばず、男女《なんにょ》・老少を謂《い》わず、造罪の多少を問わず、修行の久近《くごん》を論ぜず」（同聖典二三六頁）という。そこに広開ということがある。行は広開されており、信は「寤寐《ごび》に忘るること莫《なか》れ」（真聖全一、八〇九頁）である。公開された行によって、内面的な信が掘り下げられている。行には公生活があり、信には私生活がある。公と私は反対概念のように思われ、プライベート（private）とパブリック（public）とはまったく別のもののように普通は考えられているが、信仰には両方があるのではないか。

信仰のみが公の道に立つという意味もある。「信仰は私事である」と言っている人もあるが、それを悪口と取らなくてもよいのではないか。信仰こそ「そうだ、本当の私だ」とする。私がないから、むしろ公が私的となる。公は客観的という意味であって、決して外的という意味ではない。だから、公生活をもって私生活とするところに、私生活と公生活とは、矛盾するものではなくなり、共通する道があるのではないか。

信仰は、一面において公という意味をもつ。公という意味は、派手《はで》やかなことをやるということではない。「知らざるを知らずとなす、これ知れるなり」とすることである。これが、公明正大ということである。だから、疑いをもっている者はその疑いをごまかさない。どこまでもそれを掘り下げていくという公明正大な道に立って、信仰は掘り下げられるものではないか。このように、広開ということが源信和尚の非常に大きな特色である。

法然上人では為し得なかった事業が、源信和尚で準備されている。天台をやめて捨てたり、参加したり入ったりというのは私的なことである。源信和尚にはそういうことがない。これまでは仏教をやっていたがこれからは何かをする、というようなものではない。これまでは仏教学をやっていたが今度は真宗学をやる、というような学問の専攻ではない。そういうものは、学問にしても事業にしても小さなものではないか。

信仰の道は、老少善悪や能力や時間に関係しない。公私が一致しないのは、本当の意味の公でも私でもなく、その中間にいるからではないか。そして、そのどちらでもない中間を職業と言うのではないか。

『往生要集』には、天台の実践をあらわす面がある

何度も述べてきたことだが、『往生要集』は十の部門でできており、そのなかの大文第四に正修念仏と言われている。正修念仏は、念仏往生を明らかにしており、重要な位置をもっている。これは、大文第九の往生諸業と対応している。つまり、念仏往生に対する諸行往生である。

念仏と諸行の二本柱は、往生という宗教心の問題である。往生という宗教的要求を成就するために、念仏と諸行がある。『大経』にそのようになっているのであり、『往生要集』が初めてというわけでは

ない。『往生要集』では正修念仏が重要な位置をもっているのだが、そのなかを見ると天親菩薩の五念門をもって正修念仏を明らかにしてある（真聖全一、七八〇～八一四頁参照）。

五念門のうち何が中心になるかと言えば、作願・観察二門であると言われる。だから正修念仏と言っても、作願・観察の観によって、念仏が明らかにされている。作願・観察ということから言えば、『浄土論』にも止観が言われている。つまり、浄土止観である。止観は、大乗・小乗の教学を通じて仏教の方法論を代表するものなのであって、ただ偶然にそこにあるのではない。

止観を今日の哲学の概念をもって言い換えるならば、思惟の道ということになるだろう。それは単なる対象的思惟ではなく、思惟の方向が回転《えてん》された思惟である。止観と言うように、観という字に先立って止という字を置くのは、そういう意味である。内観と言ってもよいかも知れない。内観を一般的に言えば、思惟である。あるいは道元禅師の概念で言えば、「回光返照之退歩」（「須学回光返照之退歩」〈『普勧坐禅儀』大正八二、一頁ａ〉）である。回光返照とは方向転換であり、回光返照の退歩を通して自覚を言う。そういうことが止観のもつ意味であって、仏教の方法論を代表するのである。

これは、自覚道が必然に決定する方法であろう。自覚を明らかにする方法が思惟である。そういうところから、『浄土論』でも止観の組織を五念と言われている。浄土の三部経にも『観無量寿経』（以降、『観経』と略）があるように、五念門においても止観が中心になる。観察が一番重要な点であるということが、『往生要集』でも押さえてある。だから正修念仏と言っても、観仏でもって念仏が代表されている。

このように見てくると、源信和尚は一面ではどこまでも天台の学僧である。法然上人とは、そこが大変違っている。天台を捨てて浄土門に入ったという形をとられずに、天台のなかにあって、しかも念仏に触れられた。念仏を道として、念仏をもって「自行化他」するという形をとられた。それは、天台を捨ててという意味ではない。だから『往生要集』は、一面から言えば天台の実践をあらわす。

天台においても、摩訶止観ということが言われている。摩訶止観には、自覚の道、もっと言えば安心の道ということがある。止観とは、安心を明らかにする道である。摩訶止観には、天台という意味がある。天台は、天台法華宗という。『法華経』の法をもって、自己を明らかにする。自己を明らかにする方法が止観であり、『法華経』の法によって自己を明らかにするのである。天台法華宗は法華と言っても、日蓮法華とは違って摩訶止観がある。

観仏から念仏へ

『往生要集』は、一面から言えば、どこまでも摩訶止観に属するものである。一念三千、あるいは三諦三観というようなことを具体化したのが『往生要集』の意義である。天台から見れば、『往生要集』は天台の聖典であろう。念仏は、伝教大師以来、天台の行として行われていた。常行三昧がそれである。念仏は、法然上人によって初めて明らかになったものではない。初めからあるもので、日本の仏教だけに限ってみても、比叡山ですでに行われている。天台の行の一つとして、念仏があったのである。

その伝統に立たれたのが、源信和尚である。だから、念仏は天台の行であって摩訶止観の行という意味をもっている。そういうところに、非常に複雑な意味があるのである。だから、五念門を見ても、正修念仏を見ても、念仏と言ってあるからと言って称名念仏に限るものではなく、観を含んでいる。ただ称名念仏というだけではなく、天台の教学、天台の観法を包む。そういう意味を、『往生要集』の念仏はもっているのである。

法然上人は「偏依善導一師」（真聖全一、九九〇頁）と言われたのであるが、その善導大師について親鸞聖人は「善導独明仏正意（善導《ぜんどう》独り、仏の正意《しょうい》を明かせり）」（「正信偈」聖典二〇七頁）と言われている。仏の正意を明らかにするというところに、「独」という字を付けておられる。仏の正意を明らかにする事業を代表するのは、観仏と念仏を区別したことにある。観仏のなかから生まれ、しかも観仏を否定したのが称名念仏である。念仏を観仏から独立させたのが善導大師の事業、いわゆる古今楷定の事業である。

『観経』には一経両宗ということがあって、観仏三昧を宗とするとともに念仏三昧を宗とすると言われている（『教行信証』聖典三三三頁参照）。観仏と念仏とを截然と、原理的に区別された。そのことによって、仏の正意である選択本願の精神を明らかにされたのである。だから、本願を取り去ってしまえば一般論であって、観仏と念仏を区別するものはどこにもない。仏教一般から言えば、真宗の念仏も禅宗の禅も、観の特殊形態である。選択本願を離れれば、観と念を区別することはできないのである。

本願に立たずに観と念は違うと言うならば、それは独断である。しかし、一度《ひとたび》選択本願に立つと、観と念とが同一で区別がないと言うのは混乱である。これは非常に大事な点である。『観経』においても、念仏は観仏という意味である。

しかし善導大師においては、念仏という言葉があったら、それがどこにあろうとも本願をあらわしているのであって、この場合の念仏は本願の念仏、というように、場合によって分けるものではない。本願ではないもののなかに本願があらわれている。念仏は観を超越したものである。しかもそれが観を説いた教説のなかにある。観を超えたものが観のなかにある。観のなかにあるが、観を超えている。このように、念仏は念仏、観仏は観仏と、はっきり割り切れた形のものではない。こういうことが『観経』の特色である。

法然上人はお気づきにならなかったかも知れないが、親鸞聖人はそういう点を見出して、それを隠顕と言われている。『観経』は、立体的な経典なのである。それが非常に大事な点である。そういうことがはっきりしなかったから、『観経』を読んでも仏の正意を明らかにすることができなかったのである。

観で釈迦牟尼仏一代の仏教が代表されているが、観の一特殊例として念仏があるのではない。念仏を特殊例と見るのは、一般論であり公式論である。それを破ったところに本願の意味があるわけである。

善導大師に「別意《べっち》の弘願」（『教行信証』聖典三三三頁）という表現がある。「別願」（同三三〇頁）とも言われている。別というのは特殊、スペシャル（special）という意味ではなく、独自性、独自という意味である。一般における特殊というような意味ではない。弘願は、特殊と言えば、特殊よりも特殊なのである。一般的と言えば、いわゆる一般よりももっと一般、つまり普遍的である。特殊と言えば、特殊以上に特殊、つまり個別的なのである。個別的なるものこそ具体的一般である。個別的なるものこそ普遍的なものだという意味が、本願にはあるわけである。

本願を、何かから演繹するわけにはいかない。むしろ本願によって一切が見直されてくると、仏教そのものが見直されてくる。本願は、大乗仏教の一例ではない。大乗仏教そのものを成り立たせているものが、本願である。ここに、観仏から念仏が区別されることの意味がある。

『往生要集』から『選択集』が生まれて、『往生要集』に応える

永らく天台の観のなかにあった念仏を、法然上人が初めて、善導大師の教学によって観から独立させた。これが法然上人一生の事業であり、そこで初めて浄土教が宗となった。それまでは浄土宗という言葉はなかった。

教えは無数にあり、その無数の教えを一般的に代表するのが観である。観の教えは無数にある。念仏も教えの一つであるけれども、念仏の教えと他の無数の教えとは同じものではない。念仏の教えにむしろ、あらゆる教を見直してくるような教がある。それを宗という。教のなかから宗を見出す。浄

土真宗が真実の教であるというのは、そういうことである。立教開宗ということも、そこから出てくる。こういうことによって、初めて我が教、我が教えということになる。我が仏法ということが成り立ってくる。

今日、学問ということについて考えると、あらためてそこに大事な意味が感じられる。大乗仏教から浄土教を明らかにするという道もあるけれども、そうなると、親鸞の教も大乗仏教と認めてやる、というようなことになるだけではないか。「親鸞の教は、外道でもなく、小乗でもなく、これも仏教だ。そう認めてやる」ということにはならないか。そのようなところに、真宗教学の確信が成り立つはずがない。真宗教学の確信は、これこそが仏教の依って立つ原点であるというところに成り立ってくるのである。

一見すると、観として念仏を明らかにする『往生要集』と、念仏は観仏に属するのではなく、選択本願を念仏と言うのだという『選択集』と、まったく違う別の二つがあるように思われる。『選択集』は『選択集』としてのみ見て、『往生要集』は『往生要集』としてのみ見れば、バラバラでそこには何も連絡がない。

法然上人は「偏依善導一師」と言われるけれども、善導大師に接せられたのは『往生要集』を通してである。『往生要集』に出ている善導大師や道綽禅師の釈文を通して接せられたのである。しかし一度接してしまえば、法然上人の教学において『往生要集』はもう高い位置をもたない。一度善導大師の教学に立ったら、『往生要集』は無用である。河を渡るのに筏で渡ったけれども、渡ってしまえばさらに筏を担ぐということはない。法然上人の教学から『往生要集』に対しての独自な位置が与えられないのは、ちょうどそのようなものではないか。

しかし、親鸞聖人はそのようにはご覧にならない。選択本願の念仏は、『往生要集』を前提としておられる。むしろ『往生要集』が基礎である。『往生要集』の上に『選択集』は成り立っているという見方である。親鸞聖人が「よきひとのおおせ」(『歎異抄』聖典六二七頁)と言われれば、そのよきひととは法然上人であろう。しかし法然上人だけでは、真宗の教学にはならない。やはり『往生要集』を包み、『往生要集』と矛盾しない立場を見出すところに親鸞教学の立場がある。

『往生要集』は『往生要集』、『選択集』は『選択集』というように、バラバラに見ると違っているようだが、一貫して底を流れているものがある。それぞれを違ったものとしてバラバラに見るのではなく、『往生要集』から『選択集』が生まれて、『選択集』が『往生要集』に応える、つまり呼応してくると見るのである。AとBが呼応することが歴史である。AがAに止《とど》まっているならば、Aは歴史的な意義をもたなかったのである。いまだ来たらざるものに呼びかけるのが歴史的なものである。

あるものがあるものに止まるなら、あるものだけの歴史である。あるものがいまだないものに呼びかけてくる。予言と言ってもよいかも知れない。それがなければ、歴史にはならない。歴史に対する確信をもち、歴史と言うことのできるような地盤に立ったとき、初めてAはAとしての道を歩むことができるのである。悠々として自己を掘り下げるということは、歴史を見出したからできるのである。

歴史を見出すことができなければ、自己を悠々と掘り下げてはいられない。自己を広告したり宣伝したりしなければならず、忙しくなってしまう。しかしどれだけ宣伝してみても、その人間が死ねば同時に消えてしまう。だからそんなことで、歴史のご機嫌を取るというわけにはいかない。歴史は非常に厳しい判決を与えてくる。歴史というものを見出せば、自己を広告する必要がない。本当に個人が個人の道を歩むことができるのが、歴史の世界である。歴史と個人とは決して矛盾するものではないのである。

信仰の豊かさの語る深さ

前にあるものがあるものに止まらずに、いまだ来たらざるものに常に呼びかけ、そして後のものは前のものに応えていく。こういうことを成り立たせるためには、個々のものの底に一貫したものがなければならない。その一貫したものを伝統と言うのである。伝統のないところに歴史はない。親鸞聖人の教学には、歴史的なものの見方があり、本願の伝統があるのではないか。

法然上人を法然上人として、源信和尚を源信和尚としてというように、個人として偉人として、ただ見ているのではない。本願の歴史的展開として、歴史の歩みとして『往生要集』や『選択集』をご覧になっている。『往生要集』を超えて、『往生要集』を見ておられる。そういうことが『教行信証』にはある。しかも、これをただ思いついたというのではなく、見れば自《おの》ずとそうなっている。それほど精密に、親鸞聖人は『往生要集』を見ていかれたのである。

法然上人ご自身が『往生要集』について非常に深い注意をもって学ばれ、『往生要集』を通して善導大師に触れられた。『往生要集』を学んだということを捨てるのではなく、『往生要集』をさらに学んでいかれたのである。源信和尚が比叡山にいるのと、法然上人が山から出るのとは、形から見れば大きな違いだが、実は同じ事件だと言えるのではないか。

源信和尚の場合は出る必要がなく、法然上人の場合には出なければならなかったのだろう。法然上人が野心を起こして念仏の事業を始められたのではない。法然上人が山から出られ、天台から念仏を独立せしめられたということが、歴史の必然なのである。勝手にそういうことをなさったのではない。『往生要集』は読んでみればわかるように、「源信広開一代教」と言われるだけあって、七高僧の論・釈のうちでこれほど豊かな聖典はないのである。『教行信証』は文類であって、「行巻」「信巻」などいろいろなところに『華厳経』や『大般涅槃経』（以降、『涅槃経』）の経文が引用されてある。それだけ見ていると、親鸞聖人が経典類をご覧になって引き出してこられたと思われるが、『往生要集』を見れば実はそこにすでにみな引かれている。そういう点が大事なのである。親鸞聖人が何も参照されずに、直接『華厳経』や『涅槃経』から引いてこられたのではないと思う。

みな『往生要集』のなかに、脈々として出ている。源信和尚を動かした深いものに、親鸞聖人も動かされた。研究室であちこちの本から探して引いてこられたのではなく、感動をもって引かれている。『往生要集』にはただ信仰があっただけではなく、深まった信仰があった。深くなれば広くなるのではないか。広いものは深いという証明は成り立たないが、深ければ必ず広いものが出てくるのではないか。

源信和尚は、横川に隠棲された聖者である。一生を修道院で送られた人であろう。そういう生活において、外面的には静かだが、内面的には非常に豊かな世界をもたれたと考えられる。信仰は、ただ思いついたというものではない。信仰体験が、あらゆる聖典を通して細かく綿密に磨かれ掘り下げられている。そういうことを、『往生要集』の膨大な引文は語るのではないか。自分の主張を証明するために借りて来たというのではない。信仰の豊かさの語る深さが『往生要集』にはあるのではないか。

我われが『教行信証』を読んだ後『往生要集』を読むと、「ああ、ここにあったのか」ということがたくさんある。一例を挙げると、「行巻」で『往生要集』から引かれているなかに、「波利質多樹《はりしったじゅ》の華《はな》、一日衣《ころも》に薫《くん》ずるに、瞻蔔華《せんぷくけ》・波師迦華《はしかけ》・千歳薫《せんざいくん》ずといえども、及《およ》ぶことあたわざるところなり」（『教行信証』聖典一八九頁）という文がある。あるいは「一斤《いっこん》の石汁《せきじゅう》、よく千斤《せんこん》の銅《あかがね》を変じて金《こがね》となす。雪山《せっせん》に草あり。名づけて忍辱《にんにく》とす。牛、もし食《じき》すればすなわち醍醐《だいご》を得《う》。尸利沙《しりしゃ》、昴星《ぼうせい》を見ればすなわち菓実《かじつ》を出《い》だすがごとし」（同頁）という文もある。

これなどは、たくさんある菩提心の利益をポンと二つ三つ出してある。まるで拾い上げたというようなものである。『往生要集』には菩提心の利益が無数に引文されているが、そのなかからポツリポツリと引かれている。それらのなかには、なぜ親鸞聖人はこんなところに感動されたのか、と不思議に思うものもある。たぶん、特に光っているから引かれた、というわけではないのだろう。引かれている以外の他の譬喩は、『安楽集』など、どこか他に必ず出ているのである。

あるところではまだ引かれていない部分を、別のところでポッと引かれることがある。だから『教行信証』の場合、ある箇所の引文だけを見ても意味がない。前に引かれているものに、ここにさらに加えてこういうものが引かれている、と見たときに意味が出てくる。そのように綿密に調べてみると、大変豊かな利益を受けることができると思う。

とにかく『往生要集』は静かに書かれたものだから、我われも静かにならないと読めないのであろう。たぶん横川に隠棲するような覚悟でないと、読み切れないのではないか。読んでいると、そういうことをいろいろ感じる。

本願の歴史は、仏々相念という形で成就する

『往生要集』は往生の要をあらわすものを明らかにしてあるから、法然上人は『往生要集』を読まれたのであろう。『往生要集』の序分に「夫《そ》れ往生極楽の教行は濁世末代《じょくせまつだい》の目足《もくそく》なり。道俗貴賤《どうぞくきせん》、誰か帰せざる者あらん。但し顕密の教法は其の文一に非ず、事理《じり》の業因《ごういん》は其の行《ぎょうこ》 惟れ多し。利智精進の人は未だ難《かた》しと為さず、予が如き頑魯《がんろ》の者豈敢《あにあえ》てせんや。是の故に念仏の一門に依て、聊《いささ》か経論の要文を集《あつ》む。之《これ》を披《ひら》き之を修するに、覚《さと》り易く行《ぎょう》じ易し。総して十門有り」（真聖全一、七二九頁）と出ている。この序分に『往生要集』の精神が出ている。

ここに、念仏の一門によって経論の要文を集める、とある。法然上人が『往生要集』を見られる場合には、この「念仏の一門」という一語に注意しておられる。『往生要集』を包むものを押さえる一点を、法然上人は『往生要集』のなかに見出しておられる。「念仏の一門」が、つまり往生の要なの

である。

『往生要集』の十門が、法然上人によって次の五門にまとめられる。

十門（開義）	五門（合義）
一　厭離穢土	一
二　欣求浄土	二
三　極楽証拠	
四　正修念仏	三
五　助念方法	
六　別時念仏	
七　念仏利益	
八　念仏証拠	
九　往生諸業	四
十　問答料簡	五

『往生要集』は、地獄・極楽が語られていることで有名である。そのために、ダンテなどと比較して研究する人が多いのだが、地獄・極楽は序分に説かれている。

正修念仏、助念方法、別時念仏、念仏利益、念仏証拠をもって、念仏往生を成就する。十門あるが、略すれば五門になる。往生諸業も問答料簡も、帰するところは正修念仏である。つまり往生の要は、諸行往生と念仏往生のどちらでもよいのではなく、念仏往生にあるというのである。

正修念仏門、助念方法門、別時念仏門、念仏利益門、念仏証拠門の五門のうち、大切なのは助念方法門である。正修念仏門は五念門で解釈されている。往生の要が念仏一門であると述べられているのは、助念方法の内容が七事になっているうちの第七番目である総結要行においてである。要は、不要に対する言葉であるというのが、法然上人の解釈の精神である。

諸門を開いて往生の問題を明らかにしてきたが、しかし、あまり多過ぎると要点がわからなくなってしまう。だから「問。上の諸門の中に、陳《の》ぶる所《ところ》既に多し、未だ知らず、何《いず》れの業をか往生の要と為る」（「五、助念方法　第七総結要行」〈『往生要集』真聖全一、八四七頁〉）と、要点を明らかにしてほしいという問題が出されてくる。ここに、総結要行として、要を押さえていく精神があらわれている。そういう観点から、法然上人は『往生要集』をご覧になり、解釈されるのである。助念方法のなかの総結要行から全体を見ていくという方法を、そこから読み取られたわけである。その問いに答えて「答。大菩提心護三業、深信至誠常念仏、随願決定生極楽」（同頁）と出ている。結局、要点を明らかにすれば、「答。大菩提心と三業を護ると、深く信じ誠を至して常に仏を念ずとは、願に随いて決定して極楽に生ず」（同頁）ということに帰着すると言われる。

この助念方法門の前は正修念仏門であり、それが五念門で解釈されているから五つある。先ほどの答えのなかに「大菩提心」という言葉が出ているのは、五念門のなかの一番大切な作願・観察からきているのである。作願は、菩提心を明らかにする。大菩提心が大事だということは、ここからくる。

先述したように、「行巻」や「信巻」などに何でもないような譬喩が出ているが、それらはみな菩提心の利益を語っている。菩提心を強調されたのは「信巻」である。親鸞聖人は、「『往生要集』に云わく」と言ってはおられないが、「信巻」に引かれている『涅槃経』などの経文はみなすでに源信和尚が引かれたものである（『教行信証』聖典二三二頁参照）。

「行巻」は、本願の歴史を明らかにするものである。「行巻」は伝承の巻と言われるが、今日の言葉では歴史の巻である。諸仏称名が、これすなわち歴史なのである。仏々相念、三世諸仏が相念ずるという。前の者が後の者を念じ、後の者が前の者を念ずるのである。

このように本願に立ってみると、時が時を超える。過去も現在も未来も同時である。すでに過ぎ去ったものも今生きているし、いまだ来たらざるものも今に触れている。キルケゴールが同時性ということを言うが、時を超えて同時なのである。本願の歴史は、仏々相念という形で成就するのである。

源信和尚ですでに、現生不退の信仰が語られている

本願を歴史として成就する願が、第十七願である。それに対して言えば、「信巻」は己証の巻である。個の自覚を明らかにするのが「信巻」である。「行巻」の大行を明らかにするのは、個々のものより一貫しているものが大切である。源信和尚もそのなかの一人である。源信和尚は深いが善導大師はもっと深い、ということではない。平等ということが、ここでは一番大事なのである。龍樹菩薩から法然上人まで、一貫して一つ一つが絶対であり、かつ平等である。だんだん深くなったという話で

はなく、立教開宗は七度されているということである。こういうことが一貫しているのではないか。「信巻」にくると七人も要らない。己の問題を明らかにする場合には、七高僧全部は必要ではない。そこで選ばれているのは、まずインドでは天親菩薩である。『浄土論』を「一心の華文《かもん》」（『教行信証』聖典二一〇頁）として出された。それから中国においては善導大師を出されて、『観経疏』の三心釈によって二種深信を明らかにされ、天親菩薩の一心の内面的構造は二種深信であることを明らかにされたのである。

では日本に来たらどうかというと、そこが大事なのであるが、それは源信和尚なのである。インドでは天親菩薩、中国では善導大師、日本では法然上人ではなく、源信和尚である。三人の御言葉が「信巻」では重点をなす。行という点では法然上人に代表されるが、行の内面である信という問題については、源信和尚の『往生要集』に深いものがあるのである。

このように考えてくると、観と言っていても、決して観仏と念仏を混乱しているのではない。信がはっきりしている。弘願の信心である念仏の信仰が、観と争わずして、観のなかに自然に観を超えてはっきりと輝いている。こういう点を、親鸞聖人が見つけておられるのである。

一例を挙げると「我亦在彼摂取中　煩悩障眼雖不見　大悲無倦常照我」とある。これは『観経』の真身観を解釈する言葉であるが、ただ経文のままではなく、源信和尚ご自身の体験を通しておられる。摂取不捨の経文を解釈して、現生不退を述べているのである。こういう言葉は、本願が成就したということがなければ出ない。ここに、本願成就の証拠がある。

源信和尚は浄土教の祖師というよりも、真宗の祖師である。未来往生の信念が述べられているのではなく、現生不退の信念が述べられている。法然上人のほうがかえって、未来往生である。源信和尚ですでに、もう現生不退の信仰が語られている。親鸞聖人はしっかりと証拠をつかんで、これを見よ、と示しておられる。源信和尚の位置を、このようにきちんと見ておられるのである。

法然上人は『選択集』をお書きになったけれども、それに対して疑難が起こった。栂尾《とがのお》の明恵《みょうえ》上人という方が、初めは法然上人を尊敬していたけれども『選択集』を手に取ってみて、「これは怪《け》しからぬ本だ、仏教を破壊する本だ」と言われたのである。つまり、法然上人は菩提心を否定しているではないかと思われたのである。

『選択集』では、三輩往生の経文を解釈するところに「廃立」ということが出る。菩提心を発《おこ》して諸々の行を行ずる第十九願の立場を廃する。仏教がそれによって成り立っているのが菩提心であるから、それを否定するということは破壊思想ではないか。明恵上人からこのような駁論《ばくろん》が投げつけられた。そういう法然上人の三輩往生の経文解釈に先駆するのが、実は『往生要集』なのである。これは大変なことである。

たとえば、我われは第十八願が大事だと言う。第十八願成就文には、乃至一念という形で念仏の信心が述べられているが、続いて出てくる経文は三輩往生の経文である。三輩というのだからいろいろあるわけで、つまり諸行である。本願の経文から言えば、三輩往生の経文は第十九願の成就文ということになる。ところが三輩往生の経文をよく見ると、それがもとになって念仏往生・往生諸行が出てくる。決して諸行だけを説いてあるわけではない。

念仏は念仏で説き、諸行は諸行で説くという関係ではない。念仏往生を説いてあるけれども、さらに念仏を諸行と交《まじ》えて説かれている。その交、え、て説いてあることの意味深さ、それがいったい何であるのか。こういうことに注意しているのが、『往生要集』なのである。

「ただ念仏」から「一向専念」へ

「『往生要集』に云《い》わく『双巻経《そうかんぎょう》』（大経）の三輩《さんぱい》の業《ごう》、浅深ありといえども、しかるに通じてみな「一向専念無量寿仏《いっこうせんねんむりょうじゅぶつ》」と云《い》えり」（『教行信証』聖典一八八頁）。浅深があるから三輩というのだが、ここには一貫したものがあり、それは「一向専念無量寿仏」である、と源信和尚は見抜かれた。一貫しているという点が大事なのである。

諸行と交えるということは、つまり対決という意味である。念仏往生だけのときは、ただ念仏であるが、対決してみると、乃至一念の念仏が一向専念となる。一向専念とは、信心である。諸行と対決して磨かれてきた言葉であって、温室の念仏ではない。第十八願だけなら温室の念仏であるが、諸行と対決することにより、一向専念になる。一向専念ということが、法然上人を立たせたのである。

一向専念は、広く言えば鎌倉仏教の標識ではないかと思う。一向専念ということが、人間を初めて個として成り立たせているものである。一向専念ということにより、初めて人間は前後を際断《さいだん》して一人になることができる。諸行と対決することがいかに大事であるかがわかる。信仰でも対決のない信仰は、温室育ちのひ弱な信仰である。

法然上人が菩提心を否定した、という疑難に対して、親鸞聖人は応えたのである。和讃に「浄土《じょうど》の大菩提心《だいぼだいしん》」（『正像末和讃』聖典五〇二頁）と言われるように、これは法然門下の応えるべき課題である。菩提心を否定したのが法然上人ではないかという疑難が来ているのだから、それに対して応えなければならない。吉水の教団には、疑難に応える責任がある。

親鸞聖人の他に誰が応えたかは知らないが、とにかく親鸞聖人は「信巻」でお応えになって、菩提心を否定したどころではない、本来の菩提心がここにあるのだと言われた。その際、親鸞聖人に最も有力な力となり、権威を与えたのは、源信和尚の『往生要集』で述べられている「大菩提心」である。「信巻」で、天親菩薩、善導大師に続いて親鸞聖人が注意されたのが、源信和尚であることの意味がそこにある。源信和尚においては至心信楽という本願が念仏であり、回向された信心というものがすなわちこれ、菩提心である。その菩提心は純粋な菩提心であり、人間の努力の影を帯びない。これはいわゆる理想主義的な菩提心ではない。

そのことはなかなかわかりにくいところであるが、菩提心とは我われの発すものではない。我われに発らないものが、我われに発ったのである。我に発ったのだけれども、我を超えているのである。何かボヤーっとして発ったのではない。我が発したものではないからと言って、我われは知らん顔をしているというものではない。発す我が本当に生まれてくるのである。発ったところに、発す我がある。大菩提心が大事だというのは、こういうところである。五念門のなかで、要はどこにあるかと言えば、作願・観察の二門にある。作願の願は菩提心である。こういうところへくるわけである。

助念方法のなかに「答。大菩提心護三業、深信至誠常念仏、随願決定生極楽」とあった。ここに「護三業」ということが出ている。助念方法のなかでは、「対治懈怠」ということが課題になっている（同八一七頁参照）。懈怠を対治することは、頭で考えれば何でもないようだが、信仰という実践の問題になると、非常に深い意味をもってくる。我われは絶えず汚れていくから、汚れないよう神経衰弱以上になれ、というのである。神経衰弱くらいのことでへこたれるな、神経衰弱以上であれ、眠るな、いつでも目を覚ましておけ、というような意味である。宗教の問題というのは、そういう問題である。

そのときに、護三業ということが非常に大事な意味をもってくる。「対治懈怠」という大事な信仰の課題が、自分は信仰の純潔性を確保しよう、という関心に落ちる。信仰の問題が、別の問題に転落していくわけである。そのような関心から自己を護る。護るということは、戒ということである。戒は、外面生活を内面生活へと転じ、外面生活から内面の創造生活を護るという意味である。やりたいときにやる、というのでは何もできない。このように、否定ということが非常に大事な意味をもつのである。

『往生要集』の問答料簡には、善導大師の『往生礼讃』の「もしよく上のごとく念々相続して命を畢ふるを期となすものは、十はすなはち十生ず、百はすなはち百生ず」「もし専を捨て雑業を修せんと欲するものは、百にして時に希に一二を得。千にして時に希に三五を得」（真聖全一、六五二頁）という文が引かれている。そのなかの「上のごとく」という言葉に対して、源信和尚は「礼・讃等の五念門、至誠等の三心、長時等の四修を指すなり」と註釈されている（同八九八頁）。「三心」とは、『観経』の三心（至誠心・深心・回向発願心）、四修とは、長時修《ちょうじしゅ》、慇重修《おんじゅうしゅ》、無《む》間修《けんしゅ》、無余修《むよしゅ》である。源信和尚は、『往生要集』の大文第五助念方法で「第二修行相貌《そうみょう》とは、『摂論』等によりて四修の相を用いよ」と述べた後、四修それぞれを、『西方要決釈疑通規』や『往生礼讃』から引文しながら説明しておられる（同八一四～八一五頁参照）。

　我われは教学教学と言っているが、どういうものが教学かということがわからない。その教学というものを初めて明瞭にあらわしたのが、善導大師の『往生礼讃』であって、そこに安心《あんじん》・起行《きぎょう》・作業《さごう》がある（真聖全一、六四八頁参照）。安心は三心であり、起行は五念門、つまり行信であるから、それだけでよいようだが、そこに作業を加えて、その作業を四修と言っておられるのである。

一切を廃する念仏と、一切を包む念仏

「化身土巻」には、信仰体験の分析と批判が述べられている。漠然とした批判ではなく、信仰体験のどんな細かい点も見逃さずに、厳密に分析・検討し、そのことを通して批判してある。

　たとえば念仏について、何を行ずるかについては、雑行・正行という区別がある。しかし、ただ何を行ずるかについて区別するだけではなく、如何に行ずるのか、何が行ずるのかまでをも問題にされた。雑行と雑修とは、相好は一つだが、心は違い意味が違うのだと言われる。親鸞聖人以前は、雑行即雑修と漠然としていて、そこに区別はなかったのである。つまり、教学が粗かったのである。

教学が粗いということは、理論的に粗いのではなく、信仰体験の検討が雑駁なのである。親鸞聖人は非常に分析が細かい。そして、雑行・雑修の区別は、起行と作業を区別した善導大師に基づくのである。四修の一つに無間修というものがあるが、無間とは間断が無いこと、つまり常ということである。常が、要である。そのもとは『摂大乗論』にある。

「護三業」もそうだが、常ということが重要視されている。これらは頭で考えれば何でもないことであるが、実践ということになると問題になる。「正信偈」にも出ているように、「大悲無倦常照我」とある、その常ということである。やってみたりやらなかったり、やらなくてもよいことをやってみたり、というのではない。常とは、いろいろな心が雑《まじ》わらないということである。一日も一念だという、今日言うところの実存的態度が、常ということであらわされるのである。

宗教心とは、他の心の雑わるはずのないものである。昼間は家賃や月給の時間、夜は信仰心の時間と、引き出しから出したり入れたりできるようなものではない。いつでも信の一念に立っている。理論ではこういうことは出てこないのかも知れない。つまり信仰心とは、無間であろうと努力するものではなく、それ自身が無間なのである。

間という字には、間断、やめるということと同時に、間雑、雑わるという意味がある。このように考えてみると、無間修を修する心とは念仏心、念仏する心なのである。護三業は止善であり、念仏は行善である。菩提心および願は、この二つの善を扶助する。大菩提心と護三業と念仏とが要中の要というのはこういうことなのである（真聖全一、八四七頁参照）。

そこに有名な「往生之業念仏為本」（真聖全一、八四七頁）という言葉が出ている。法然上人が『選択集』に掲げたのは、これである。「往生之業　念仏為本」は、法然上人の御言葉としてよく知られているが、実は『往生要集』の言葉である。『往生要集』を飛び越えて「偏依善導一師」と言っても、『往生要集』がなければ法然上人の教学が成り立たないことを、親鸞聖人はちゃんと見通しておられる。

このように大文第五助念方法までいろいろ語ってきたけれども、その助念方法の結びである総結要行に、要中の要を「往生之業念仏為本」と押さえてある。結局は念仏一門に一切が帰するのだが、その念仏一門は一代の経文によるという豊かさをもって、明らかにされているのである。

否定の意味からは止善、肯定の面からは行善、つまり念仏である。否定の面があるというところが面白い。とにかく総結要行に、『往生要集』全体を解釈する基準となるものを、法然上人が見つけ出されたのである。

総結要行が、『往生要集』という名前のもとである。総じて行の要を結する、その要である。法然上人のように諸行を廃するとは言われないのである。一切を廃して念仏を立てるのではなく、一切を包んでの念仏である。学問なんかやめてしまえというのではない。念仏を明らかにするところに、学問も学問の意味があるということであろう。このように、天台をやめて念仏ということではなく、念仏によって天台も成り立つのである。だから、念仏は天台宗だけのものではない。

『往生要集』の冒頭に「道俗《どうぞく》貴賤《きせん》、誰か帰せざる者あらん」（真聖全一、七二九頁）と述べられているように、念仏は誰にでもできるということがある。天台宗の学僧にも、在家の生活者にも共通して、常に間断なくやれる法として、念仏を勧めている。やれないものを無理にやれとは言わない。

源信和尚は勝劣ということをあまり言われない。念仏は勝れていて諸行は劣っているという、勝劣ということは問題でないと言われる。問題はできるかできないか、つまり難易であり、勝劣ではない。『往生要集』には、そういう精神がみなぎっている。法然上人は易にして勝と言われる。難は劣り易は勝れていると言われるから、迫害されるのである。念仏を勧めることは、他が劣っているという意味ではない。念仏を勧めることは、決して他を否定することではない。誰でもできる道、実はそれが普遍の大道である。誰でもできるということが普遍である。

念仏によってあらゆる理論が、転じて信仰体験の記述になる

『往生要集』においては、念仏は単なる教理ではない。教理ではないゆえに、かえってあらゆる教理を包むのではないか。大文第四正修念仏の作願門のところに、三諦円融をあらわす三諦相即（真聖全一、七九〇頁参照）が出ているが、それは観念論ではない。こういう言葉を信仰体験の意味として読み取られたのであろう。聖道門の教理で念仏を説明しているわけではない。三観や一心三諦という天台教学のなかで、最高の観である理観に当たる諸法実相の観法の概念が、ここでは念仏の記述になっているのである。

決して理論になっていない。念仏は理論ではない。念仏によって、あらゆる理論が転じて信仰体験

の記述になる。こういうところに豊かなものがあるのかも知れない。学問・理論で信仰に心張《しんば》り棒を支《か》ったのではない。あらゆる学問がみな、信仰の記述に転ずる。学問を拒むのは、信仰が不純粋なのである。

こういうことがあって、正修念仏においては、観察門が大事である。その観察門のなかに、念仏は観という形で出ている。

「若《も》し相好《そうごう》を観念するに堪えざるもの有らば、或は帰命の想に依り、或は引摂の想に依り、或は往生の想に依て、応《まさ》に一心に称念すべし。已上意楽《いぎょう》不同故に種種の観を明かす。行住坐臥《ぎょうじゅうざが》、語黙作作《ごもくささ》に、常に此の念を以て胸中に在《お》くこと、飢ゑて食を念《おも》ふが如く、渇して水を追ふが如くせよ。或は頭を低《た》れ手を挙げ、或は声を挙げ名を称え、外儀《げぎ》は異なりと雖《いえど》も、心念は常に存せよ。念念に相続して、寤寐《ごび》に忘るること莫《なか》れ」（真聖全一、八〇九頁）とある。もし観に堪えられない者は、帰命に依り、乃至一念に称名すべし、である。序に「予が如き頑魯《がんろ》の者、豈敢《あにあえ》てせんや」（同七二九頁）と自分で断っておられる。自分のような者は一心称念に依れ、と言われるのである。重要なのは「行住坐臥、語黙作作に、常に此の念を以て胸中に在」け、ということである。「飢ゑて食を念ふが如く、渇して水を追ふが如くせよ。或は頭を低れ手を挙げ、或は声を挙げ名を称え」よ、と言う。長い伝統において、口称念仏と本願の信は、ここから出たのである。

「外儀は異なりと雖も、心念は常に存せよ。念念に相続して、寤寐に忘るること莫れ」と、ここにはっきりと、観のなかにあって念仏の信心に、本願の信心に生きている源信和尚がおられる。形は観だが、内面的には本願の信に立っておられる言葉が出ている。「常に此の念を以て胸中に在」け、と言われたように、こういうところに常という字がある。

外儀、つまり外面など問題ではない。内面が大事だと言われる。信仰は内面的なものだということである。出家か在家か、学問するかしないか、そういうことは問題ではないのだと言われる。信仰をもつというのは、人間が内面性をもつということである。根本的なことは内面性を一歩も離れない、ということである。このようなことが強調されている。ここに、観念と念仏とを混乱したものではなく、天台のなかにあって本願が根を下ろしている証拠がある。

一代の教法により念仏を明らかにする

「源信広開一代教　偏帰安養勧一切」。この初めの二句は『往生要集』全体の意義を語っている。特に「広開一代教」という『往生要集』独自の面目がそこにあらわされている。前述したように、源信和尚は一面ではどこまでも天台の学僧である。天台の実践教学としての意味は、特に摩訶止観にあるわけだから、『往生要集』は一面から言えば摩訶止観という意味をもっているわけである。

天台を捨てて念仏で宗を開くのは法然上人の事業であって、源信和尚は天台を捨てることはない。そこに一代の教をもって念仏を明らかにするという意味がある。その念仏とは「偏帰安養」である。ここに「広開」と「偏帰」ということがあり、『往生要集』の序分の精神が出ているのである。「念仏の一門に依りて、聊《いささ》か経論の要文を集《あつ》む」（真聖全一、七二九頁）とあるように、念仏一門によって偏帰安養ということが成り立つ。そして天台教学においては、教と言えば『妙法蓮華経』（以降、『法華経』と略）であり、その教法によって自己を明らかにする。その自己を明らかにする方法が摩訶止観であり、摩訶止観に行学がある。

だから、法華宗は天台法華宗と言う。天台とある所以《ゆえん》は、摩訶止観にある。天台教学には教観二門ということがあって、教と観の二門によって成り立っている。学問の道と安心の道は、教と観であって、それらは一致し難い。観心と言えば、観は自己を明らかにすることであり、つまりそれは安心の道である。そのような学問の道と安心の問題とは、なかなか一致し難いものであるにもかかわらず、矛盾なく総合しているところに源信和尚の教学の面目がある。一代仏教をもって念仏を明らかにするというのは、そういう意味がある。

『往生要集』大文第四の正修念仏門を見ると、念仏一門の内容が摩訶止観、つまり観仏という形で明らかにされている。形は観仏だが内容は本願の念仏である、と洞察されたのが法然上人である。そういう洞察をもって法然上人は、念仏一門は観のなかに包まれているが、むしろ観を超えているのが本願の念仏である、と理解されたのである。念仏は観を超えており、念仏一門が『往生要集』を成り立たせていると洞察する立場に立って『往生要集』を見られたのが、法然上人である。

もちろん、念仏に観を超えているという点がなければ、つまり法然上人のような洞察がなければ、源信和尚が七高僧の一人ということは言えない。けれども、源信和尚の念仏はどこまでも、観を否定した形ではない。摩訶止観と言って天台には三諦三観ということがあるが、そういう意味を否定していない。一代の教法により念仏を明らかにするところに、『往生要集』の意味があると思う。一代の教を否定して念仏に帰するのではなく、一代仏教をもって明らかにされるという意味をもっている。観を廃して念仏というのではなく、観に包まれ、また観を包んでいるような意味が念仏にある。念仏一門の意味をどこまでも一代仏教をもって明らかにされているという源信和尚の特色がある。浄土真宗ということを考えるとき、法然上人だけではなく源信和尚のような意味がなければ、浄土宗が真宗にならない。

他の一切の教を否定して安養が他の一切に相対するということであるならば、浄土宗である。真宗となると、一代仏教の帰結でなければならない。源信和尚について言えば、念仏に帰するために天台を取るとか捨てるとかいうことではない。そこには、『往生要集』の巻頭に、「夫《そ》れ往生極楽の教行は濁世末代《じょくせまつだい》の目足《もくそく》なり。道俗貴賤《どうぞくきせん》、誰か帰せざる者あらん」（真聖全一、七二九頁）とあるように、学問するかしないか、在家か出家か、あるいは顕か密かというような、そういう一切のものを超えているという意味がある。念仏に帰するために天台を捨てるというのではなく、捨てるも捨てないもなく、超えているのだという意味が、源信和尚にはあるのではないか。

観は対象的思惟ではなく、方向を回転した思惟

念仏は、天台のものでもなければ誰のものでもない。一代仏教の帰結が念仏だというのは、一代仏教が念仏の軍門に降《くだ》るということではなく、念仏は誰のものでもないという意味がある。源信和尚に

おけるこのような態度は、龍樹菩薩や天親菩薩の上にも見られる。龍樹菩薩には難行・易行ということがある。龍樹菩薩の教学は非常に広く、般若ということだけで決めることはできないが、根本的なものは『中論』で代表されるような般若の教学である。

しかし龍樹菩薩の教学では、般若を捨てて念仏に帰したということが、必ずしも明瞭になっているわけではない。天親菩薩の場合もやはり、瑜伽の教学を捨てて浄土の道を選んだということではない。般若の空は、諸法は空であるという空観である。唯識も、諸法の唯識観である。観が、仏道の実践を代表する言葉である。

観を広い概念に直せば、思惟の道ということだと思う。「教我思惟、教我正受」（聖典九三頁）ということが『観経』にも出ている。観は、思惟の道、正受といっても思惟の成就ということであり、観というのは非常に広い意味をもっている。観とは思惟と言ってよいのではないかと思う。思惟ということになると、人間性にとって普遍的な意味をもってくる。ただしこの思惟は、対象的思惟ではなく、方向を回転した思惟である。

対象を思惟するのではなく、思惟する自己を思惟するのである。そのために、たとえば観の前に摩訶止と付けて摩訶止観というように、止と付けてある。方向を回転された思惟であって、思惟しないのではない。思惟の方向が回転されたのである。今日の概念では内観、省察、あるいは内省に当たる。これらは、回転された思惟である。そうでなければ、信仰の道はただ神秘的なものとなり、思惟の道を徹底したものだということにはならない。その意味で、観が摩訶止という意味をもつということが、

『往生要集』の大事な特色ではないか。

思惟と言うと非常に広い意味であって、思惟の準備も思惟であり、思惟の成就もやはり思惟である。「教我思惟、教我正受」というのは『観経』だが、浄土の教学において思惟が大切だというところに、大・小の無量寿経の他に『観経』の大事な意味もある。

大・小の無量寿経では、本願がなるほど説かれてはいる。けれども、それは今日の言葉で言えば、ミュトス（Mythos）、伝説・伝承の形で説かれている。つまりメルヘン、物語の形として説かれている。本願の教えをもって自己を明らかにするところに、『観経』がある。大・小の無量寿経に依って教学を立てるとなると、『観経』に大きな意味があるわけである。そこには真宗学として考えなければならないいろいろな問題があり、簡単な話ではないが、三部経のなかに『観経』があるということはとても大事なことである。

『無量寿経優婆提舎願生偈』の「無量寿経」という場合、背景にあるのがどんな無量寿経かと言うと、やはり『観経』がそのなかにあるということを、曇鸞大師も言っておられる。『浄土論』は「観仏本願力」（聖典一三七頁）といい、あるいは「観彼世界相」（同一三五頁）といい、そしてその観の行の体系として五念門を立てる。そこで中心になるのは、作願・観察の二門である。やはり、奢摩他・毘婆舎那ということである。

そのように、瑜伽の行をもって無量寿経に相応せんとするのが、天親菩薩の『浄土論』である。五念門が瑜伽という意味をもつのは、作願・観察によるわけであるが、それを経典に求めるならば『観経』である。このように『浄土論』の観を経典の上に求めるなら、『観経』であるというのが、曇鸞大師の解釈である。しかし、『浄土論』の観と『観経』の観とが直ちに同じとは言えない問題もある。

そこが、観の広い意味である。つまり、思惟の準備も成就も思惟であり、観なのである。そのように観と言っても、『観経』に出ているのを注意して見ると、「想を作せ」というように、観想というような形で出ているものもある。

信仰には、根元的認識という意味がある

話は変わるが、田辺元氏が西田哲学に食いつかれたことがあった。西田哲学の独創的な概念として、行為的直観ということがある。行為的直観は止観であり、観行とは行為的直観である。止観を、今日では行為的直観と言う。自然科学などもみな、行為的直観として成り立つ。それに対して田辺氏は、行為的と直観とは矛盾概念であると、議論を投げかけた。観と言えば観想ばかりを観だと田辺氏は思われていたのかも知れない。しかし、観には観想だけでなく、唯識観で言えば妙観察智もある。これは観想の想というものではない。妙観である。

『浄土論』に「智恵《ちえ》をして観察したまえりき」（聖典一三八頁）とある。一般には観察で智恵を成就するように思われるが、智恵で観察するのだという。『浄土論』の観は、妙観察智である。こういうことで、観は広い意味をもつのである。善導大師は『観経』について、一経両宗ということを言われた。善導大師に依りながら、それはもっぱら観から念を区別するということであると言われるのが法然上

人である。『往生要集』において念仏一門と言われるのは、観という形をとっているが純粋内容は弘願の念仏だという見方、まったく観を超越した弘願の念仏だという洞察に基づくわけである。

しかし、そうなると、捨てて帰する、観を捨てて念に帰するということになる。それも大事なことではあるし、そういうところが、善導・法然の教学の特徴でもある。ここには、あれかこれか、エントヴェーダーオーダー（Entweder-oder）、二者択一の教学がある。観という努力に立つのか、あるいは本願に立つのか、その両方に立つというわけにはいかない。善導・法然の立てておられる信仰は、決断の信仰とも言えるものである。決断の行為が出ている。しかし、そればかりがよいとは言えない。インドでは龍樹菩薩、天親菩薩、日本では源信和尚といった高僧においては、捨てたということは言えない。

観を捨てて念仏に帰すると言うが、念仏がなければ観も成り立たないという意味があるのではないか。こういうことは今日、大きな問題だと思う。念仏が行だとわかったように言うが、よく考えてみるとわからないのではないか。学生に教えていて、南無阿弥陀仏が行だと何度言ってみても、何もわからないのではないかと思う。努力して修する行のなかの一つと解釈すると、念仏はわからないということがある。

念仏をわかるようにしようとすると、やはり観の方便ということになる。純粋な観というものは、容易でない。だから、ちょうど『観経』がそうなっているように、観ずることができないなら念ぜよ、念ずることができないなら称えよ、となる。それなら、念仏は代用品であり、代用品ならばわかる。

わかる形にするならば、代用品にしなければならない。

これは、念仏の心理的効果である。念仏の心理的な面、つまり念仏三昧というものが出てくるのである。一般的にわかるものとして念仏しようとするなら、心理的効果に過ぎなくなる。念仏はわかるけれども、信仰は出てこない。わかった途端に信仰ではなくなる。それも自覚の縁になる、というだけであって、自覚にはならない。信仰にならないと言うよりも、自覚にならないのである。

心理的効果という点で宗教的にはなるが、宗教にはならない。宗教になるためには、その信仰、信心が、自覚という意味をもたなければならない。『教行信証』では、「信知」という言葉が引文のなかに出ていたり、親鸞聖人ご自身の言葉として使われたりしているが、信知というように、信はただ感情というものではない。やはり信仰には、グラウベ（Glaube）、信念だけではなく、エアケントニス（Erkenntnis）、認識という意味がなくてはならない。では何を認識し、何を自覚するのかというと、自己の根元である。「心《しん》を弘誓《ぐぜい》の仏地《ぶつじ》に樹《た》て」（『教行信証』聖典四〇〇頁）には、根元の自覚という意味がある。

宗教的心理と言っても、せいぜい体験というような意味である。宗教的体験、experience、経験では、それによって宗教を明らかにすることはできないのではないか。根元の自覚、根元に目覚めるという意味をもたなければ、宗教を明らかにすることはできないのではないか。根元に目覚めるという内容があるならば、体験でも感情でも宗教となる。体験から宗教を導き出すのではない。根元的認識において初めて、我われの感情であろうが、意識状態であろうが、みな宗教的意味をもってくる。

根元的認識、つまり自覚ということを離れれば、宗教は成り立ちようがない。自覚を離れては、宗教を決定することはできない。主観・客観を破る、あるいは分別を破るというのも、その根元に達するという意味である。いかなる状態にあってもそれに動かされずに、そのなかにあるという確信は、主観・客観という意識の上には得られない。主観・客観で成り立っている世界には、安んずることはできない。何か、そういう世界を破って意識の根元に触れ、そしてその根元を意識の上に開いてきたのが、自覚であろう。

無為自然の法性に触れ、絶対否定・絶対肯定の運動が起きる

信仰は、無意識ではない。ただの意識ではないが、無意識でもない。意識を超えた根元を、意識の上に開く、open する。それが自覚ということである。そのような意識でないならば、他の意識状態とどこで区別するのか。諸々の意識状態から宗教という意識状態を区別するのはそれだけであり、それ以外に方法はない。根元的自覚という意味をもたなければ、信仰は成り立たないのである。「ただ念仏」は、あらゆる努力のうちの一つではない。それらを質的に超えた意味があるわけである。

南無阿弥陀仏が行だというのは、称えるから行だということではない。それならば努力であって、観の行の代用品ということになる。称えることには心理的な効果はあるが、称えるから行なのではない。念仏が行だという場合の行とは、念仏において、思惟を破って根元のはたらきを直覚するということである。つまり、根本直覚・根本直観である。説明しようとすれば、心理的効果にしかならず、

それでは宗教の行にならない。念仏が行だということにはならない。実在のはたらきが直観されるから、行になる。我われがそれを称えるから行になるというようなことではない。つまり、念仏が行だということは、信仰なのである。それが信心である。念仏において、根元・本願のはたらきに目覚めたのである。そこへ呼びかえされたのである。根元を忘れていたものが、初めて根元を憶念することができた。念仏は、そのように他の行とまったく質的に違ったものである。これが法然上人の信念であり、念仏一門とはそういう意味である。

念仏一門の一は、あらゆるもののなかの一つではない。あらゆるものと性質を異にした一である。観をまったく超えた意味がある。それが大切なことである。念仏の一門によった意味がなければ、源信和尚は天台の人ではあるかも知れないが、真宗の歴史を荘厳された人とは言えない。そういう意味があって、学問を超えた、あるいは思惟を超えたということが言える。信仰の道には、学問を超えるという意味がある。

それは認めなければならないが、しかし同時に、かえって思惟を超えたものこそが、思惟の根元だという意味があるのではないか。思惟は、人間から根元への道である。だから、思惟を離れると宗教が理解できない。思惟は人間から根元への道であるけれども、根元から人間への道が念仏である。根元が人間に呼びかけることにより、人間の思惟が成り立つ。

思惟を否定するのではない。思惟が、思惟を否定する思惟になる。思惟を否定する思惟というような、そこまで純粋な思惟を成り立たせるものが念仏である。思惟を否定する思惟と言ったのが、それが妙観察智である。観想というような意味の観を超えて、妙観となる。観が観を超えて、むしろ見ということになる。だから『浄土論』でも「見弥陀仏」「見阿弥陀如来」「見阿弥陀仏」（聖典一三八頁参照）と、見が出ている。また、『観経』にも「諸仏を見たてまつるをもってのゆえに「念仏三昧《ねんぶつさんまい》」と名づく」」（聖典一〇五～一〇六頁）と、見が出ている。

観は見を求めているのだが、その見は念仏によって成就する。観を否定するのではない。観が成就しているのが念仏であり、見である。見というのが、妙観察智である。観は想に対する概念ではなく、見が想に対する概念である。想は、漢字を見ると心の上に相を置いてあることからわかるように、前に立てるということ、フォアシュテルング（Vorstellung）であって、表象ということをよくあらわしている。想は、表象的思惟、表象の段階にある思惟である。それに対して見は、表象を破っている。見るもの自身を見たのである。見られるものは、かえって見るもの自身であるというのが、見である。だから『涅槃経』には、仏性を見るのは浄土においてであると書かれている。つまり、仏を見たときが仏に成ったということであり、仏に成ったということが仏を見たことなのだと言うのである。見としての観は、妙観察智である。観るという努力があるあいだは、観は成就していない。まったく努力を超えたような観が、見である。その意味で、思惟の道は否定の道と言ってもよい。否定の道が成り立つのは、念仏があるからである。

我われは否定ばかりしているが、大きな否定が成り立つのは大きな肯定があるからである。否定だけなら永久に、ああでもない、こうでもないと言っているだけである。「百非の喩《たと》えざるところ」

（『教行信証』聖典二九〇頁）とは、このことを言っている。「有る」のでもないし、「無い」のでもない。「有るにして同時に無い」のでもない。このように最後まで、ではない、ではない、と言うだけになる。これだけでは、悲鳴に終わりはしないか。他人を寄せつけないが、自分も出てこないということになる。

否定がなければ、人間はぼやける。信仰に自己否定があればこそ、機の深信もあるのである。しかし、そのような否定を成り立たせる裏には、肯定がある。真宗で言うならば、欲生がある。欲生心があって初めて純粋否定の真理があり、否定の信仰、信に死して、ということが成り立つ。欲生心があって、真理は成り立っている。南無阿弥陀仏というのは、欲生心の言葉なのである。

欲生とは、本願の叫び、実在の叫びである。それは否定の裡《り》の肯定と言ってよいかも知れないが、そういうものを欲生が人間の上に成り立たせる。否定を成り立たせる肯定と言ってもよいが、人間の上に弁証法的運動を起こすもの、それが念仏である。ただし、念仏そのものに弁証法的運動は何もない。それこそ、無為自然の法性である。

しかし、無為自然の法性に人間が触れると、人間の上に絶対否定・絶対肯定の運動が起きてくるのである。実在の上に運動があるわけではない。人間の上に弁証法の道が起きる。つまり弁証法とは、法の上にあるものではなく機の上にあるものである。このような意味で、観と念は大きな問題を含んでいる。これは、真宗学だけについて言えるのではなく、およそ人間の根元的思惟としての信仰の道ということを語るものである。

本願に帰するとは、理想が足下に見出されること

観を捨てて念仏に帰したというが、帰した念仏こそむしろ観を成り立たせるものであるということが言える。だから、龍樹菩薩の純粋な空観と、念仏とは、二つ並んでいるのではない。純粋なる空観を成り立たせているのが、念仏である。そこに、諸法実相の名号ということも言えるのではないか。天台の摩訶止観を純粋に成就しているという意味をもって、念仏一門があるということである。念仏を離れれば、三諦三観は理観である。

そもそも理観が容易でないから、『観経』に事観がある。そして、事観もできない者のために称名念仏がある。純粋な観は成り立ち難いということが、『観経』が影響を与えた所以である。観じることも想することもできないものが理であり、想することができるものが事である。

念仏を離れれば、諸法実相は単なるイデアであるが、念仏になると、単なる理念、イデアではない。ideal なものが real に出ているのが、念仏である。求めて得られなかったものが、求めずして実現している。理が単に理に止まらず、現実となっているというところに念仏があるのではないか。

唯識の教学で、大円鏡智というのは阿頼耶識の回転された場合であるが、その場合には、一切の種子が現行しているという。可能性が同時に現実性だというのである。可能性即現実性、理想即現実というわけである。人間の思惟を翻して念仏に立つと、永遠に理想であったものがことごとく現実だという。こういうことを成り立たせるのが本願であり、それをあらわすのが功徳成就である。功徳が大事にされるのは、そういうことがあるからである。

南無阿弥陀仏は「もろもろの善法を摂《せっ》し、もろもろの徳本を具せり。極速円満《ごくそく》す、真如《しんにょ》一実の功徳宝海なり」（『教行信証』聖典一五七頁）である。親鸞聖人は、「一実真如《いちじつしんにょ》の妙理《みょうり》、円満《えんまん》せる」（『一念多念文意』聖典五四三頁）と言われている。真如とは理であり、それが円満するとは実現されたこと、功徳成就ということである。可能性が現実性であるということ、ideal なものがみな real であるということが、観を超えて観を成就するということである。聖道の教理、聖道仏教の立っている思弁的概念が、念仏に立つや否や、信仰の事実に変わってくる。これが大切なことではないか。

源信和尚も曇鸞大師も、信仰問題を、法性法身や方便法身、あるいは相即無相で語られる。たとえば『論註』には、般若の論理、即非の論理が非常に多く語られている。これは、信仰の問題でわからないときは、もとの聖道の思弁で考え、聖道の思弁で困るとまた信仰を語る、というように、卑怯にあちらこちらへ躱《かわ》して逃げているのではない。念仏の信仰について、これはただ爺さん婆さんを騙すような安っぽい教えなのではないと言いたいとき、相即無相などということを言い、もっと高遠なものだというようなことを言う。

あちらへ行ったりこちらへ行ったり、こちらから攻められればあちらへ行き、あちらで攻められればこちらへという、そんな情けない話ではない。思弁が一挙に信仰の事実に転ずる。法性法身・方便法身というようなことは、形而上学の思弁ではない信仰概念として用いられているのである。だから、念仏を方便法身と言い、信心を法性法身と言うのである。

法性法身と方便法身はからくりではない。からくりで信仰をいただくのではない。方便法身が念仏であり、法性法身は信心である。そのように、思弁的表現が信仰概念へと、一気に転ぜられてくる。そういうことが、源信和尚の上にも考えられる。『往生要集』を見ると、「一色一香無非中道」(真聖全一、七八三頁)ということが出ている。これは聖道仏教では、永遠に思弁に止まっていたものが、足下に見出されているのである。本願に帰するとは、理想としてあったものが足下に見出されるということである。

念仏の信心は、公明正大、私のない道である

本願とは、足下をあらわす概念である。「一色一香無非中道」(『摩訶止観』大正四六、一頁c)とは諸法実相ということであるが、本願を離れると、これは観念に止まる。イデアとしてしか考えられない。しかし本願に立つならば、こういうイデアは即現実である。

聖道の教理を借りてあらわすことを寄顕すると言う。親鸞聖人は『華厳経』や『涅槃経』の経典をもって、『大経』の本願をあらわされているが、それは華厳や涅槃の教理をもって、本願を寄顕したのではない。『華厳経』や『涅槃経』に語られている法界はみな、諸法の実相である。そういうものも、本願がなければ成り立たないということを言われている。大乗仏教は、本願がなければ永遠に観念に止まるということを言われるのである。

阿弥陀仏の本願によって初めて、大乗仏教の求めているものが求めずして与えられるという。借りてあらわしたのではない。一切衆生悉有仏性を説く『涅槃経』も、信心より他にない。「行巻」にお

いても、また「信巻」においても、一切衆生悉有仏性ということをもって念仏を明らかにしてある。「行巻」には一切衆生悉有仏性ということをもって、念仏の一道を明らかにしてある。本願一乗の法があらわしてある（『教行信証』聖典一九七頁参照）。

「信巻」では、一切衆生悉有仏性をもって一乗の機を明らかにしてある（『教行信証』聖典二二九頁参照）。つまり一切衆生悉有仏性ということは、本願成就の行信として成就するのである。これは、借りてあらわしたということではない。

「偏帰安養勧一切」ということは大事なことだが、それは一代の仏教を否定して帰したということではない。一代仏教が本願を明らかにしているのである。それは言ってみれば、一代仏教を転じて本願の脚注にするというような豊かな念仏が源信和尚にあるということである。天台宗を捨てて浄土宗に帰するというような、捨てる・捨てないということではない。一代仏教を離れてしまうと、偏帰安養も念仏一門も、特殊なもの、special なものになってしまう。

一代仏教により、普遍の道になる。先に述べたように思惟の道とは、人間に普遍の道である。だから、一代教というところに意味がある。しかし同時に法然上人が洞察された偏帰ということがなければ、一代仏教の教学は、単なる解学に終わる。偏帰がない学問は、名利に終わる。名利にもならず、自分を明らかにするものにもならないのは、つぶしの利かない学問である。それは学問していないのと同じである。

つぶしも利かないし、自己の依り処にもならないのは、学問していないということである。偏帰がない学問は、名利の学問となる。名利の学問というのは、大学教授になる学問、学位を要求するような学問、それが名利の学問である。偏帰ということがないと、そうなる。しかしまた、そうかと言って、広開一代教ということがなければ、偏帰安養と言っても特殊な道となる。風変わりというだけの話であり、狂信的なものである。普遍性をもたないと、そうなる。

信仰の道と学問の道とは、一致し難いものである。しかし一致し難いからやめておくのではない。そこに問題が生ずる。問題というのは、解けないところにある。解けるものなら問題ではなかったのである。こういうところに深い意味がある。

「広開」と、開という文字がある。親鸞聖人の好まれた文字で、「開顕《かいけん》」（『教行信証』聖典二〇三頁）という言葉がある。また、善導章にも「開入」という言葉があった。「広開」と言われるのは、ただ文字についてということではない。「教巻」に「広開法蔵致哀凡小選施功徳之宝」（同一五二頁）と言われているが、『大経』では、「為衆開法蔵　広施功徳宝」（聖典二五頁）というように、「広」と「開」は離れている。それらを一つに結びつけることができたのは、『観経疏』玄義分の「広開浄土門」（真聖全一、四四二頁）という言葉によっているからである。

もちろん「開」も大事だが、「広」が大事である。「広大勝解者」（「正信偈」聖典二〇五頁）、「広由本願力回向」（同二〇六頁）とあるように、「広」は「開」とともに親鸞聖人が注意された字である。「広」にはopenという意味があるし、publicという意味がある。公《おおやけ》ということ、私的でないという意味である。こういうことを要求するのは、信仰は公明正大だからである。公明の公はpublicである。公明と広開は同じことである。開は明らかにすること、公明、そこに公明正大の道ということがある。一点の私もない。

念仏の信心には、公明正大、私のない道という意味がある。公明正大こそが、一番謙譲だということ、謙譲の帰結である。真に人間が謙譲に帰したという証拠は、公明正大にある。よく考えてみると、仏法を輝かせるのではなく自分を輝かせている場合が多い。仏法が明らかになれば、自分の努力は必要ない。仏法が明らかになれば、喜んで恥をかくことができるというものではないか。

本来、謙譲な人とは、公明正大な人である。公明正大でないということは、私があることである。私があるということは、自己に頼っているということである。自己を頼っている限り、恥はかきたくないし、よいところは誇りたい。そういうものが学位を要求することになる。人間は公明正大になることが、なかなかできないものである。

自己の分限を知らされて、自己の分限に安んずるところに公明正大の道が開けてくる。『往生要集』に「濁世末代《じょくせまつだい》の目足《もくそく》なり。道俗貴賤《どうぞくきせん》、誰か帰せざる者あらん」（真聖全一、七二九頁）と言われている。これが公明正大の道ということではないだろうか。念仏は誰のものでもない。誰でもそこに立つことができるのであって、誇るというわけにもいかず、遠慮する必要もない。法然上人のように一切を捨てて一に帰するという面も大事だが、公明正大という面がなければ、真宗にならない。浄土真宗と言えるためには、こういう点が大事である。

「広開」「偏帰」とあるのは、広開とは一切を、偏帰とは一を、明らかにされているのである。また同時に「勧」と言われる。「勧」は一切である。「広く一代の教を開きて、ひとえに安養に帰して、一切を勧む」のである。「偏帰」は自己一人を明らかにすることだが、釈迦一代の教をもって自己を明らかにするところに、一切を勧めるという意味が出てくるのである。一切を勧めるのは利他ということ、つまり自信教人信、大乗の仏道を成就するということである。偏帰安養の道により一代の仏法を捨てるのではなく、それを成就し、同時に一切衆生を成就するのである。

利他ということ、つまり一切衆生を利益する人類的事業であるとか、人間を成就する普遍の道、などと言うと、大きな法螺《ほら》のように、大言壮語したように思えるかも知れない。しかしそれは逆だと思う。本当の利他は、謙譲の道、公明正大の道である。一切衆生を利益するということは、謙譲の人にある言葉ではないか。自信の他に教人信ということがないということは、謙譲である。本当の謙譲ということである。

どうも法然上人には、自信の他にもう一つ教人信があるように見える。源信和尚の良いところは、自信の他に何もなく、それが同時に教人信だというところである。一代仏教を成就し、一切衆生を成就するような大事業は、単に空虚な大言壮語ではない。最も謙譲なる道を明らかにする道ではないか。

源信和尚は、哲学者という形をとった宗教者である。哲学的人格、哲人的人格である。ここに、法然上人と非常に違う源信和尚の風貌がある。隠棲の人であって、内観思索の人、運動などを起こさない人、信仰運動などをやらない人である。そういうところに、天台の学僧としての宗教者という意味があると思う。

21、専雑執心判浅深

専雑執心判浅深　報化二土正弁立

専雑《せんぞう》の執心《しゅうしん》、浅深《せんじん》を判じて、報化二土、正《まさ》しく弁立《べんりゅう》せり。

「判ずる・弁立する」は、安心の批判をあらわす言葉

「源信広開一代教　偏帰安養勧一切」という、この初めの二句が『往生要集』の面目、つまり『往生要集』における「顕大聖興世正意　明如来本誓応機（大聖《だいしょう》興世の正意《しょうい》を顕《あらわ》し、如来の本誓《ほんぜい》、機《き》に応ぜることを明かす）」（「正信偈」聖典二〇五頁）という事業の意味を明らかにしている。これは先述した通りである。

その次の「専雑執心判浅深　報化二土正弁立」の二句では、安心の問題が明らかにされている。浅深を判ずる・弁立するとあるのは、安心の批判ということがあらわされている言葉である。

初めの二句、「源信広開一代教　偏帰安養勧一切」は、総じて選択本願の仏法を明らかにするという事業をあらわしている。それを通して、内なる安心の批判が、続くこの二句で出されているのである。

この問題は、『教行信証』では「化身土巻」に出ている。「信巻」以下はすべて安心の問題が主にな

るが、特に「化身土巻」は、真仏土・化身土、つまり身土の真・化を通して安心を明らかにしている。そもそも、教・行・信・証は衆生に属する概念であるが、身土は仏に属する。衆生の自覚を通して仏に接する。そこに、真仏土・化身土ということがある。

仏身・仏土は、純粋な安心の世界をあらわす言葉である。仏身・仏土について報か化かということが論ぜられるが、それらも我われを離れれば何の意味もない。これは、我われ衆生の自覚を通して仏に接するということである。その仏の世界に報・化があるということ、つまり所安の世界に真・化を分かつということは、実は能安の信の批判をあらわす。仏身・仏土ということは我われに無関係のことのようだが、念仏を通しての所安の心境である。

その意味において、仏身・仏土は純粋な安心の内容、念仏を通してどういう心境が見出されるかを語っている言葉である。能安の心には形がない。所安の境の相を通して、相なき能安の信の相を明らかにするのである。だから、報化二土ということで、専雑の執心の浅深をあらわす。浅深ということが判決されているわけである。「化身土巻」に出ているこういう問題が、「正信偈」のここに取り上げられている。

ここに「専雑執心判浅深　報化二土正弁立」と出されたのは、『往生要集』の「別して」の意味を語っている。『往生要集』の教学が、無量寿経の教の意味を、特に「別して」明らかにしたことをあらわす。親鸞聖人がこのことを大変尊重されているということが、この言葉に出ていると思う。報化二土という問題は、教学の歴史から言うとずいぶん遠いところに起源があり、唯報非化、是報非化と言って、道綽禅師や善導大師によって取り上げられている。安楽浄土の仏身・仏土は、報仏・報土であり、化身・化土ではないということが強調されているのは、源信和尚が初めてではなく『安楽集』から始まっている（真聖全一、三八三頁参照）。

それらが、特に善導大師や懐感《えかん》禅師らの解釈を通して、源信和尚により取り上げられている。『往生要集』には、懐感禅師の『釈浄土群疑論』（真聖全一、七七七頁、以降、『群疑論』と略）を通して引用されている。「真仏土巻」には『観経疏』から引かれているところがあるが、そこに阿弥陀仏の浄土は本願成就の浄土であることが述べられている（『教行信証』聖典三一八頁参照）。そういう意味で、阿弥陀仏の浄土は、報仏・報土と言える。道綽禅師も善導大師も、阿弥陀仏の浄土は化土でないと言われている。それらは、『大経』の本願以外の教学に対して『大経』の立場を明らかにするために、化土ではなく報土であるということを強調されたのであって、外に対する弁証という意味をもっている。

仏身・仏土という問題は、修道を通したいわゆる成仏の世界を語るものとして、すべての大乗教学がみなそれぞれの立場で明らかにしている。そこに三身・四身というようないろいろなことがある。そのような問題が出てくるのは、仏が本願によって自己を浄土として成就されたところにもとがある。純粋な如来自身を与え、如来自身を衆生の国土として荘厳する。こういうところに本願というものがあるのである。

凡夫こそが本来を自覚する場所

本願の機は、特定の人を言うのではない。機を選ばないということが特色である。いかなる衆生であっても救済しようという本願の仏法において大事なのは、凡夫の身を機とするという点である。凡夫の身とは、言い換えれば現実ということであり、現実の存在ということをあらわす。どこまでも現実の存在を離れないということが、大切である。現実の存在を否定して仏を明らかにするのではなく、どこまでも現実の存在の上に、現実を超えた如来自身というものをあらわすというのである。

現実の存在をダーザイン（Dasein）、現存在というならば、そこにおいてあらわす如来自身はザイン（Sein）、存在性である。Dasein の上に Sein をあらわしてくる。仏教の概念で Sein とは、法性である。甚深、広大、あるいは不可思議と言われるのは、存在の存在性である。こういうものは、現実の存在に覆われている。存在性を覆いつつ、現実の存在が成り立っている。

存在性自身は、現実の存在の下にまったく覆われてある。しかもその現実の存在というものを離れて、存在性自身の場所があるわけではない。場所と言うが、時処、時間・空間というようなものは、Dasein の規定である。だから Sein 自身について、時間・空間を考えるわけにはいかない。時間や場所を超えた存在性というものがある場所は、現実である。現実をやめて Sein 自身を自覚するのではない。現実において Sein を自覚する。どこまでも Sein を失っている現実存在、そここそが Sein を自覚する場所なのである。この点で、凡夫という概念が非常に大切なのである。

エクシステンツ（Existenz）は現実存在ということである。本質存在に対して、事実存在ということがExistenzである。英語で言えばbeということだが、コプラ（copula）、つまり連結詞のbeではない。主語と客語を結合する「何々は何々である」という「である」ではなく、「がある」の「ある」であり、本質をあらわす言葉である。これは、一般者において、ある特定の自体を限定する、つまり、ものの本質を規定する言葉である。概念を明らかにするということである。

「である」という意味の「ある」はコプラ、～is～、というようなisの変化である。それに対してExistenzは、「である」ではなく「がある」である。それを、特に現実存在と訳す。実存、あるいは実在と言ってもよい。凡夫が凡夫と言われる限り本来を失っているのであるが、凡夫こそが本来を自覚する場所なのである。そうであって初めて、本来を自覚する場所をもつのである。自覚するところに実在がある。如来が実在なのである。

汝の本来の面目と言うが、本来の面目とは如来かも知れない。しかしその前に、汝のところ、ということが付いている。汝を離れれば、本来はない。汝というものをどう考えるかが大切であり、面倒な問題である。考えるということも、現実存在にある。現実存在は普通、現実存在から考える。その考えを常識と言うのであるが、現実存在というものは、実はそれを超える超常識的なものなのではないか。

凡夫の存在は、凡夫自身が考えるよりも驚くべきものである。常識では考えられない意味をもっている。我われは、どこまでも凡夫としてあらわされるような、現実の存在を離れることはできない。しかし現実の存在は、現実の存在として我われが考えるようなものではない。我われが、いわゆるいろいろな判断によって解釈するようなものではない。

根元を自覚すると言うが、根元が根元を自覚するという形で、初めて現実存在は明らかになるのではないか。一番近いものが、かえって一番疑われてくる。我われ凡夫が凡夫を経験知識で解釈するのであれば、経験知識にとって一番近いのは感覚である。感覚という我われに一番近いものは、一番疑うことのできるものである。近いものは、かえって遠いものである。

報土と化土の二土を語るのは深い懺悔である

凡夫を機とするということが、大事なことである。これを離れると、本願・名号ということは、意味を失う。凡夫に目覚めれば凡夫は消えてしまうというようなものでなく、どこまでも凡夫によって如来をあらわすのが、浄土や本願の意味である。凡夫によって如来自身を限定する、つまり荘厳する。そういうところに、浄土という意味がある。凡夫の生まれる世界には、こういう意味がある。

凡夫の生まれる世界であるけれども、どこまでも如来の世界であり、如来の浄土である。凡夫をはねのけて、如来が如来自身を語っているのではない。どこまでも如来の世界、如来の浄土であるが、そういう如来の浄土は、凡夫を通して明らかにされている。

こういう意味をもっているのが、阿弥陀仏の浄土である。これを、阿弥陀仏の本願を離れた浄土に対する形で論じてくるのが、唯報非化であろう。阿弥陀仏の浄土は、報身・応身・化身の三身のうちのどれかという一般論のなかに、『大経』の本願の浄土を入れるわけにはいかない。しかし、一般のところでないと議論ができないので、いったんそういう立場に下がり、そして外に対して、阿弥陀仏の浄土は凡夫が生まれるが、かえって凡夫を超えた世界である報土である、と語る。このように、道綽禅師・善導大師の浄土論は、一般の大乗に向けての、どちらかと言えば対外的な形になっている。

親鸞聖人はそれを受けて「真仏土巻」に、弥陀浄国は化土ではない、報土であると言われる（『教行信証』聖典三一八頁参照）。本願の報土である。しかし、その報のなかに化がある。報の立場で報のなかにかえって化を包んで、報中の化ということが出ている。ただ、唯報非化と言うだけではない。化でない報だと言うのは、本願全体の主旨をあらわすのである。弥陀の浄土は、本願荘厳という意義をもつ、本願の浄土である。如来が自己を衆生の浄土として荘厳するという意義をもっている。その意味においては、報土である。

しかし、報土と言っても必ずしも唯報ではない。そのなかに化を包んでくる。化もまた報であるという。化土をとったのは本願だが、とらしめたのは人間である。報として荘厳するのは如来だが、報のなかに化があり、化もまた報だという。もっぱら報で貫くところに本願の世界ということがあるのだが、そこに純粋なる報土と、化としての報土という、二土が出てくる。その区別を与える現実的な根拠は、衆生である。

根拠を成就するものは如来の本願であるが、仏の世界に二つの区別を立てさせる現実的根拠は衆生にある。超越的根拠は本願・如来にあるのだが、現実的根拠は人間にある。化というのは方便という意味である。つまり、方便するのは如来であるが、方便せしめるのは人間である。如来を区別してくるのは人間だが、区別する人間を捨てずに、区別する人間に応じて如来が形をとるという意味である。純粋なる一如の世界を区別してくるところに人間があるのだから、二土を立てて語るところには深い懺悔があるのではないかと思う。

方便ということから言えば、そこに広大なる恩徳ということがある。無限の差別に応ずるところに、むしろ差別によって差別を超えた広大さということがある。「真仮を知らざるに由《よ》って、如来広大の恩徳を迷失す」（『教行信証』聖典三二四頁）という厳しい言葉が、「真仏土巻」に出ている。真仮ということが重要であると、注意されてある。こういうことが「真仏土巻」の結語にあり、それを受けて「化身土巻」が始まっている。法然上人らの教学には見られない源信和尚の『往生要集』のこのような功績を、親鸞聖人は特に見出されたのである。

『往生要集』は広開一代教であり、自分の解釈というよりも、広く経論を集めたものである。だから二土の問題も、背景はすでに道綽禅師・善導大師らに始まっている。『菩薩処胎経《ぼさつしょたいきょう》』という経典があり、それらのものがみな、懐感禅師を通して引かれている。材料にしているという点から言えば、懐感禅師がこう言っているではないか、と言っているようなものであるが、そこに貴重な意味があるということを親鸞聖人は注意しておられるのである（『教行信証』聖典三三〇頁参照）。

疑いのない信仰に、疑いを通して触れる

浄土とは、最も内面的な、念仏以上に内面的な言葉である。念仏は本願の言葉であり、その言葉に

よって本願に目覚めた世界が浄土である。最も内面的な、安心の内容を語っているのが浄土である。その内容は一つではなく、信ずるか疑うかで割り切れる世界ではない。自覚の問題は、割り切ることはできないのである。

信ずるか信じないかどちらかというのではなく、そこに疑いというものがある。疑いをもって、かえって信仰を掘り下げてある。これは大事な点ではないか。疑いのない信仰も一つの到達点かも知れないが、疑いのない信仰に初めから触れることはできない。疑いのない信仰は、やはり疑いを通して触れてくるのであって、初めから疑いなく信ずるのだ、というのでは、自覚にならない。天下りということになる。どこまでも疑いを通して、信仰に入るということを明らかにする。

簡単に言えば、疑いのない信仰、あるいは信仰のない疑いは、無いものではないか。現実にある信仰は、必ず疑いをもっている。信仰だけが宗教なのではなく、疑いもまた宗教という意味をもっている。疑うということも、やはりそれ自身、信仰の意味をもっている。しかし疑いと言っても必ず信仰に関係するというわけではなく、関係しない場合もある。

仏教の学問においても、一般の仏教の阿毘達磨《あびだるま》から考えれば、疑いは必ずしも信仰に関係しない。仏教の立場を離れて考えると、デカルトも疑いということを言い、方法論的懐疑を提唱する。また、懐疑論という場合の懐疑もある。しかし、そういう一般的な疑の概念ではなく、信仰概念としてある疑いがある。

疑いというものは、信仰を予想している。疑いというところには不安がある。だから、安心ばかりが信仰ではない。不安心もまた信仰ではないか。信仰の問題に触れなければ、不安であることもできない。こういうことがあるので、信ずるか疑うかではなく、信ずるなかに浅深があるということ、あるいは報土のなかに二土があるということが、七高僧では特に源信和尚の上において、深い意味が認められたのである。

無量寿経の歴史において、このような問題が無かったわけではない。もとから無いものが新たに付け加えられたわけではない。『大経』にかえれば、開顕智慧段というところにある。釈尊の説法が終わると、そこに言葉を超えた事柄が記録されている（聖典七九頁）。阿難は釈尊に無量寿仏を礼拝するよう命じられ、それに従って西方に向かって五体投地し、頭を上げるや否や、そこに浄土を見たという。説→聞→見となっている。

それに対して『観経』では、第七華座観に「苦悩を除く法を分別し解説《げせつ》したまうべし」（聖典一〇〇〜一〇一頁）とある。この場合の法は、観法である。そして、「この語を説きたまう時、無量寿仏《むりょうじゅぶつ》、空中に住立《じゅうりゅう》したまう」（同一〇一頁）とある。説法を聴許、約束し、まさしくその説法を始めるに先立って、そこに空中住立ということが出ている。「除苦悩法」の内容は華座観の説法であり、その華座観の説法に先立ち、空中住立ということが出る。除苦悩法の観の説法に先立って、そこに空中住立を見た。『観経』では、観に対する見という。『大経』の阿難の見は、『観経』ではこの場所に相当する。

除苦悩法は観、華座観である。それに先立って説法を約束することと、説法をすることとのあいだに、説法を超えたもの、つまり見が出ている。ちょうどそのように『大経』では、聞が終わるや否やそこに見が出ている。浄土を見た、と言う。見たときにはもう見られている。穢土を照らす光によって浄土を見たということが出ている。

『観経』ではこの空中住立に、「無生法忍」（聖典九五頁）という大きな問題を含んでいる。韋提希が、無生法忍を得たのはどこかということが『観経』解釈の重要問題の一つである。空中住立が無生法忍を得たときだとするのが善導大師であるが、もちろんこれは誰もが言うことではなく、善導一流の解釈である。第七華座観こそ、まさに無生法忍を得た場所であるということを明らかにされたのが、善導大師である。

『大経』の、聞を破って見が出たというところには、それとは別の大きな問題が出ている。『観経』の見には、むしろ観を破って観を超えた意味が出ている。しかし、『大経』のほうでは、形は同じようであるが、それを序として、まったく新しい問題が展開されている。だから顕開智慧と言う。つまり浄土を見るが、その浄土が一様ではなく、二様である。それが胎生・化生ということである。唯報非化ではなく報中化と言われるのは、ここに根拠があるわけである。

浄土は、全体が報であるが、化を超えた報ではなく、報のなかに逆に化を包んでいる。『観経』では無生法忍が問題になったが、こちらでは胎生・化生ということが重要問題として出され、展開されているのである。

源信和尚による開顕智慧段の解明

「顕開智慧」（真聖全一、四八七頁）という言葉が、善導大師の『観経疏』における解釈にある。親鸞教学において信心の智慧、信心が智慧であると言われる根拠はここにある。信心は、ただの感情などではなく、どこまでも智慧という意味をもたなければならない。前に述べたように、凡夫の意味は凡夫にはわからない。根元の智慧の内容が、凡夫である。

根元の智慧を開けば、凡夫が消えるのではなく、かえって凡夫が実在を荘厳する場所になる。凡夫というものが、ただ迷ったものというのではなく、実在を実現する場所になる。現実が実在になるのである。現実が、実在を荘厳し創造し建立する場所となる。

信仰に智慧ということが出てくるが、その根拠は「顕開智慧」にあるのである。胎生・化生ということによって、浄土は一様ではなく二重になっているという問題が展開されている。浄土は仏の世界だから、我われに関係ないということではない。

仏を区別させた現実的根拠は人間にあり、超越的根拠は如来にある。ただ区別するのではなく、区別する人間を捨てずに、区別する人間において、自己を区別した。そのことを通して区別を超えさせるという意味がある。

善導大師の第十三観の解釈に、「如意」という言葉があるのを、親鸞聖人は如是我聞の如是の義として取り上げておられる。

「「如意《にょい》」と言うは二種あり。一つには衆生《しゅじょう》の意《こころ》のごとし、……二つには弥陀《みだ》の意《おんこころ》のごとし」（『教行信証』聖典二一四頁）と言われている。この「意」は、一応は衆生の意であり、再応は如来の意であるという意味である。如来が衆生の意に従うことによって、かえって衆生を自己自身の意に従わしめるというのである。相手をはねのけるということなく、どこまでも衆生の立場に立ち、その意に応ずることにより、その道を通してかえって如来自身をあらわしてくる。こういうことが、二土の意味である。

形をとらしめるものにより、形を超えるのである。批判も、ただ批判するだけではなく、信仰の批判である。信仰を批判するということも根元的な信仰なのである。信仰が批判されるとき、そこにはもっと根元的な信仰が前提されているのでなければならない。信仰でないものが、信仰を批判するということはできないのである。信仰を批判するものは、一層深い信仰ではないか。ただ批判するということに意味があるわけではない。

批判するというのは一面であって、もう一つの深い意味は実現である。批判を通して実現してくる。それが自覚の道程である。ただ破るというのではない。信仰が、信仰自身を脱皮していくのである。自己自身をアウフヘーベン（Aufheben）、止揚していく。こういうことが、二土ということにあるのではないか。

胎生の胎は、胎内という意味であるから、closedという意味がある。つまり、閉ざされているということであり、閉ざされたる世界である。そして化生というのは、それ自身、形がないから、あらゆるものに形をとっていく。化していく。そこにはopenという意味がある。それ自身、自己をもたないから、あらゆるものに自在にはたらく。それが化である。応化という意味がある。一如の浄土について、閉ざされたる世界である胎生と、浄土ならざるはないという化土がある。一如の浄土をこのように区別しているということは、信仰自身が閉ざされた信仰であるか広開された信仰であるかという問題である。如来自身には胎生も化生もないと言ってよいだろう。そのなかで、人間が区別する。人間の区別に応じて、如来自身が区別してくる。「わしは区別されないものだ、誤解は嫌だ」などと言わず、誤解されていくことにおいて、無限に誤解を転じていく。誤解されたり利用されたりするのを嫌うのは、人間の心ではないか。いくら誤解されても差し支えないというものを、誤解することはできない。

浄土に二土が立てられてくるという問題が、『大経』に出ている。そういう経典の意味が、初めて明確になったのは、源信和尚の解釈による。「専雑執心判浅深　報化二土正弁立」ということによって、初めて開顕智慧段の精神が明瞭にされた。「ただ念仏」ということだけでは出てこない。安心を内面的に批判し、掘り下げてそれを基礎づけている。これは法然上人の教学からは出てこない点である。

信心は自覚、行は生命

源空章に「決以疑情為所止（決するに疑情をもって所止とす）」（「正信偈」聖典二〇七頁）とある。疑うなと言い、疑いを排除した信仰を述べてある。これが、法然上人の「ただ念仏」であろう。しかしこの源信章では、疑いを包んで信仰が掘り下げられている。行という面から見ると、源信和尚は法然上人の光の前に消えてしまうのではないかと思うほど法然上人は大きい。しかし自覚という問題になると、源信和尚の大きな意味が出てくるのではないか。

法然上人の行は、むろん内に信を包んではいる。行が信を包まなければ、行はただ動いているだけという話になるから、行とは言えない。行のなかに信がなければ、それは行ではなく、むしろ願と言わなければばならない。『一枚起請文』で言われているように、南無阿弥陀仏の他に別に信はないと言われているように、行は信を包んでいる。しかし、包まれている信は、包まれているという意味を脱してくる。そうなるとかえって信のほうが包んでいる行より大きな問題になる。

位から言えば行のほうが大きく、そのなかに信を包んでいる。しかし、包まれているというだけに終わってしまえば、包まれているということもなくなってしまうのではないか。包まれているところに大問題があるのである。包まれたほうの問題は教・行・証より大きいのであって、「信巻」から「化身土巻」に至る巻は、行のなかに包まれている問題を明らかにしたものである。

「行巻」だけなら、単純なものである。包まれている信の問題は、今のことから言えば自覚という問題であり、包んでいる側の行は、自覚の基礎づけであり自覚のもとになる。自覚されたものは、かえって自覚以前にあったものということである。自覚が生み出したのではなく、それから自覚も生まれてきたのである。行は、そういう意味から言えば、生命という意味をもつ。信心を自覚と言うならば、行は生命である。

生命のなかで、生命を自覚する。生命は、自覚が生み出したものではない。自覚をも包んでいる。そこには、大きな優位がある。行が信を摂するとは、そういう意味である。行中に信を包んでいる。自覚ということを明らかにしなければ、生命も眠った生命となる。わからずにただやっているというだけの話になる。包まれている信の意味を開いてみると、行という点では『往生要集』の念仏の一門がはたして称名念仏かどうか、疑問になる点がある。

観仏と念仏とを区別していないのが、『往生要集』の特色である。念仏一門と言っても、法然上人の言われるような称名念仏ではない。観を包む念仏であり、決して観を否定しているわけではない。その点で、行の面から言うと、源信和尚は影が薄いと見られるかも知れない。安心の問題ということになると初めて、『往生要集』の深い意味が出てくるのである。そこには観があっても、そのことによる混乱がない。

行という問題、つまり称名とは何であるか、名前が行であるというようなことは、いくら説明しても理解されないものである。それを私は学校の講義で経験した。私は学生を教えるというようなことは下手で、とてもできない。自分は思うことを言っているのだ、聞くほうも思う通り聞いたらよいのだ、というのが私の立場なのであるが、答案やレポートを書かせてみると、ここまで違うものかと思うぐらい、何も伝わっていない。一年間朝早く起きて通ったけれども、教育という面では、こちらが落第生だということが、答案を見てわかった。我ながら柄にもないことをやったものだと思う。

名前が行だと百年言い続けても、何も始まらない。そこには、根本直覚というものがなければならない。教理というようなものでは、何にもならない。教理で言うならば、心理的効果しかない。ちょうど、『観経』がそういうものである。本当を言えば観こそ仏教の正門であるのだが、観に堪えない者は、仕方がないからせめて口で称えよというのである。観の代用品というわけである。どこが代用になるかというと、「なんまんだぶ、なんまんだぶ」と発音するなかに、ある種のサマディ（三昧）が与えられるという心理的効果があるというのである。その程度の意味しか出てこない。

根本直覚を離れて、教理として名が行であるということは成り立たない。意識に覆われたものが意識を破って根元を自覚したというところに、初めて大行ということの直覚が生まれるのである。自覚したから有り、自覚しないから無いというものではない。我われは自覚しないけれども、向こうは我われに語りかけていた。その場合には、南無阿弥陀仏全体が願である。それを自覚するや否や、全体が行となる。自覚の上に行ずるのである。

願を自覚すれば、その自覚の上に願が行じてくる。自覚を離れれば、何とも説明のしようがない。説明できないということと、説明無用ということとがあるのが、根本直覚というものだろう。

所安の境により、能安の信を立てる

専雑執心ということは、『菩薩処胎経』（『教行信証』聖典三二六頁、三三〇頁参照）に依って明らかにされている。「大文第十　問答料簡」（真聖全一、八八九頁）として、いろいろな疑問を通して念仏の意義を明らかにしてある。非常に懇切に、およそ念仏に関するあらゆる問題を取り上げてある。そこに報化二土、報土か化土かという問題が出ている。ノエマ的には報化二土であり、ノエシス的には、専雑の執心である。ノエシスには形がなく、ノエマ面に初めて形がある。

　ノエマにおいて区別する、弁立することによって、かえってノエシスの浅深を批判してくる。ノエシスには形がなく、ノエマによってノエシスの形をあらわすのである。意識の構造としては、そうなっている。唯識で言われる境とは意識の対象ということであり、所縁ということをあらわすのが境である。

　ところが、所縁縁ということがある。所縁の縁と、所縁縁の縁とは意味が違う。所縁の縁は取という意味で、今日の言葉で言えば志向をあらわす。主観が客観を取るとか、あるいは主観が客観を縁ずるというのが所縁の縁であり、所縁が境という意味である。ところが所縁縁の縁は、因縁の縁、つまり意識現象の上に見出される縁である。それを所縁縁という。意識現象にはもう一つ、等無間縁があり、等無間縁・所縁縁は、意識現象における因縁関係である。これは、物質の上に見出されない因縁である。

　意識現象の場合には、所縁に対して能縁がある。これは心である。能縁は、縁生と言って、所縁を縁として起こる。能縁の心が生起するのは、所縁の境が条件であるという。所縁が縁となって能縁が起こる。能縁を起こす縁を所縁縁と言い、能縁の心の生起に対する条件である。それは、物質現象にはない。机の上に茶碗があるということなら、能縁・所縁は関係がない。机から茶碗が起こったということはあり得ない。机の上には本も置ける。

ところが、意識現象は所縁が前提となって能縁が起こる。つまり意識というものは、何かを意識する、その何かによって何かを意識する意識があらわされる。だから、能縁から所縁を生産するのではない。所縁が条件になって、能縁が起こる。意識が起こるや否や、何かによって何かの意識が起こってくる。

これが唯識における意識の構造である。もちろんこれは唯識であるから、意識一般について言うのであるが、信仰もやはり一つの意識なのである。疑うのも意識であるし、信ずるのも意識である。他力回向の信心であっても、意識ではないもの、と言うことはできない。それは、一つの心境なのである。浄土も心境である。だから心境を縁として、信心から浄土が生ずるというよりも、浄土を所縁縁として信が立てられるのである。

所安の境により、能安の信を立てる。信自体は形が無いものであり、たとえば色識や香識という概念と同じである。識そのものによっては区別できないので、色や香という、境の名前によってあらわす。色で知覚をあらわす。つまり、知覚されている色で知覚している意識をあらわすのである。なぜこういうことを言うかというと、識が色を知覚したり、香りを知覚したりするというのなら、所縁縁ということは言えないからである。所縁縁ということを言うなら、色で色の識をあらわし、香で香の識をあらわすということでなければならない。一つの主観がいろいろな客観にはたらくのではない。そういうものは、所縁縁ではない。知覚内容が知覚作用をあらわすのである。知覚内容が、それを知覚するものの特徴をあらわしてくる。色の知覚は香りの知覚には還元できないであろう。知覚は、知覚内容で区別するより他にないのである。

これが意識の構造である。だから今、信仰の意識についても、信仰の意識内容はみな同じということはない。何かそこに違っているものがある。それによって、信仰の区別が見出されてくる。報化二土ということで専雑の執心が批判されてくるというのは、そういうことである。たとえば、浄土のない信仰は考えられない。何の心境もない信仰というものは、考えられないのである。

於いてあるものが、かえって於いてある場所を証明する

信仰は、我信ずる、である。我信ずるという心が起こると、そこに衆生の心が明らかになる。明らかになれば、衆生の心境が仏の境界に転じてくる。至るところに仏の境界を見出してくる。仏でない境のなかにも、仏の境を見出してくる。教・行・信・証を通して仏身・仏土に接するとは、そういうことである。我われの境遇は、もっと深い意味では、信仰によって与えられているという意味がある。

貧乏ということは、その人の経済能力に与えられているということもあるが、経済能力を超えて信仰に与えられているという意味をもっている。境遇における問題は、その人間の能力に与えられていることもあるが、それよりももっと深い意味がある。境遇の語りかける問題は、その人についてもっと根元的なところに語りかけているという意味がある。

人間の意識には、あらゆる問題において、自己自身を問題にするという構造がある。諸問題は、境遇が与えた問題である。それは、ただこうすればこうなるというように、人間の能力に与えられてい

る面もあるが、もっと深いところに与えられている問題でもある。どんな問題も、自己そのものが問われているという形で、自己に与えられている。だから、自己そのものが明らかになれば、境遇が語っている問題が解けてくる。そういうところに、心境の転化ということがある。境が、安心の境に転じてくる。相対有限の境遇のなかに、絶対無限の意味を展開してくるのである。

デカルトは、「我思う、故に我あり」というところに立って神を基礎づけた。自然も精神もその立場から基礎づけたので、それがデカルトの根本的立場になるであろう。

しかし、同時に基礎づけられた神こそが、「我思う、故に我あり」という自覚を与えたものである、ということがあるのではないか。自覚によって見出されたものこそが、かえって自覚を与えたザイン(Sein)である。こういうことは、デカルトには出てこないが、そのような問題を含んでいるのではないか。神までも「我思う、故に我あり」という自覚に包もうとすると、近代の主我主義になる。自覚によって自覚された神こそが、自覚の母胎である。こうなれば近代の我の問題は克服できるのではないか。

「我思う、故に我あり」と自覚する場所こそが、神を論証しているのではないか。論証というより、自覚的証言である。証明されている神の実在は、「我思う、故に我あり」という、その我のもとである。神を、人間によって自覚するのである。神を神で自覚するということはない。人間の優位を認めるというところは近代であるが、自覚から神が出てくるのではないか。近代の自覚を通してくると、神というものが中世のような神ではなく、もっと根元的なものになりはしないか。

本願と自覚ということについてもそうだろう。本願が自覚されるということがなければ、本願も自《みず》らをあらわすことができない。そして、本願を自覚することこそ、かえって本願が与えたものである。このように有限と無限との関係が両々相俟っているのではないか。

無限とは、有限を蹴飛ばしてあるものではない。有限がなければ、無限を自覚する場所がない。しかし、有限は有限である。有限から無限を演繹することはできない。有限は無限に於いてあるものである。しかし、於いてあるもののほうが、かえって於いてある場所を証明する。両々相俟ってということがあるのではないか。

不安というところに、我われはすでに信仰に触れている

「源信広開一代教　偏帰安養勧一切」。『往生要集』を無量寿経の歴史の上に置き、無量寿経の意味を総じて、この二句であらわしている。ここに、「顕大聖興世正意　明如来本誓応機」という精神的事業の意味が、あらわされている。

そして、続く「専雑執心判浅深　報化二土正弁立」は、『往生要集』の教学が、無量寿経の教の意味を、特に別して明らかにしたことをあらわす。源信和尚の教学が明らかにした安心ということ、その安心に対する教相が、この句の意味である。

教学とは教相である。この専雑の執心について、専雑を判ずるということと、報化二土を正しく弁立するということの二つがある。執には、執取するということもあり、その場合には固執という意味

になる。その他に、執持するという意味もある。ここでは執取ではなく、執持する心である。これは名号を執持するということである。『仏説阿弥陀経』（以降、『小経』と略）に出ている「執持名号」「一心不乱」（聖典一二九頁）である。体から言えば一心であり、その一心は執持のはたらきである。持という字は、重要な意味をもっている。『浄土論』には、「不虚作《ふこさ》住持《じゅうじ》」（聖典一四一頁）のように、住持という言葉がある。「化身土巻」では、一心を解釈して、持を「不散不失に名づくる」（『教行信証』聖典三四五頁）と言われる。執持という語を、「「執」の言は心堅牢《しんけんろう》にして移転せざることを彰《あらわ》すなり。「持」の言は不散不失に名づくるなり」（同頁）というように、綿密に解釈しているのである。この場合の「持」の解釈は、曇鸞大師による住持についての解釈に基づいている。「不散不失」とは、統一しているということである。「一心不乱」と、一心を執持するという言葉であらわすのが『小経』である。『観経』では深心、そして『大経』では、信楽という言葉であらわしてある。それを『小経』では執持の一心と言う。これらは同じものをあらわすのである。

名号と言えば本願である。名号によって信心を発さしめ、その信心が名号を執持する。つまり、本願をもって自己自身とするということである。ものは同じだが、執持という言葉であらわされているところに、『小経』の特色がある。『小経』は第二十願に基づいた経であるというのが、親鸞聖人の解釈である。これは、善導大師などにはない、親鸞聖人独特のものである。『小経』の教学の原理となっているのは、四十八願中の第二十願であると言われる。

第二十願の精神が、深心や信楽ではなく、執持ということによってあらわされている。我われは、

『小経』が第二十願によって成り立っているということを、親鸞聖人から教えられた。教えられてみて初めて、なるほどそうなっているのか、と気づく。第二十願が、執持という言葉で的確に具体化されている。「執」とは執持であり、執取ということではない。もっと言えば、「執取でなく執持である」と注意しなければならないほど、この二つは密着しているのである。

執取と言えば執着のことである。執持は、執着ではないというより、むしろもっと根元的な執着とも言える。とにかく執持という一面に、死んでも死にきれないというものが出ている。そういうものがなければ、信仰の問題は出てこない。死んでも死にきれないというような問題をもつところに、信仰がある。いい加減なところからは、信仰の問題は出てこない。我われが執持すると言えば執着になるが、そうでなく如来の執持という意味がある。執持心の体は一心である。とにかく、執持名号とは一心のことである。一心というものが、同じ一心と言っても『浄土論』の一心とは違い、執持心ということであらわされている。

親鸞聖人の解釈では、『観経』は善導大師の解釈を通せば、経文に隠顕がある。すると『観経』は、『大経』とは違った立体的な構造をもつ経典であると言える。それから推していくと、『小経』にも隠顕があるのではないか、と親鸞聖人は言われるのである。「一心不乱」とあらわすところに、隠顕がある。二心をやめて一心となるという形である。『浄土論』は二のままが一という純粋な形で出ている。『小経』では二をやめて一にすると言う。

「一心不乱」は、我われから言えば人間関心の極度のものであるが、それが如来からたまわった信心であるからには、信心そのものが如来のはたらきをもっているということがある。そこに隠顕がある。顕には我われが一心不乱になると説いているように見えるが、実は如来こそが真に一心不乱である、ということが叫ばれているのである。如来の心より他に、不乱の成り立つものはない。不乱は覚めた心にのみあるのである。夢の心に不乱は成り立たない。覚めた心だけが、夢によって乱されない。夢見られたものによって、夢見る心が乱されるのである。

「浅深」という言葉があらわすように、いくら努力したところで、我われの心は深くなったり浅くなったりするものではない。我われの心は、いくら一心不乱であっても浅いのである。如来の心は「信楽」と、安らかな言葉で語られている。それこそが、かえって深い意味をもっている。

専の執心というのは『小経』の精神であるが、浅深を判ずるということには、『観経』の深心という精神が出ている。専の執心こそ、深心である。専の執心とはつまり一心、念仏を執持する心であり、信心のことである。浅深を判決し、正しく弁立するという。そこに、信仰に対する批判ということが出てくる。

三国の高僧のうち、上三祖はもっぱら純粋なる三経の真実をあらわした。こちらは、方便を交えない真実の教学である。それに対して、道綽禅師以後では、三経に隠顕がある。隠顕という形で、真実をあらわしてくる。方便を通して真実をあらわすのであり、上三祖の教学のように平面的でない。教えが立体的である。不純粋な信仰への批判を通して、純粋な信仰をあらわしてある。こういう問題を取り扱っているところに、『往生要集』の別して重要な意味があることを、源信章はあらわしている。

ここに報化二土と、土ということがある。土と心とは同じ問題であり、同じものの二面である。一心・執心は心のほうである。対象化されないものを心と言うのだから、広く言えば、主体的側面と言ってもよかろうノエシス面により心をあらわし、ノエマ面においては土としてあらわす。こういう関係がある。

信仰自身に、浄土の結びつく所以がある。外から結びつけられるのではない。信心自身が対象となるのではない。浄土には、信の内容をあらわすものが出ている。ノエマ的内容が出ているのである。土を明らかにすることは、心を明らかにするという問題ではないか。心の問題は済んだから、次は土の問題というようなものではない。土の問題を明らかにすることが、心の問題を明らかにすることである。

信仰に安心ということが言われるのは、土が関係するからである。信仰は、土があってもなくても成り立つというものではない。信仰には、安が本質的に結びついている。不安も、信仰がなければ成り立たない。不安も安も、本質的に信仰に結びついているものである。不安というところに、我われはすでに信仰に触れているのである。

浄土は純粋安心の世界

安心ということを言ったのは、禅などが早いのではないかと思うが、安心が厳密な術語として生まれてきたのは、善導大師による。しかし術語としてではなく、一般的な形であらわされているものに、

『論註』がある。そこでは「修行安心の宅」（『教行信証』聖典二九六頁）というように使われている。入の四門のうち「宅門」「屋門」という、屋宅二門を語るところである。宅・屋ということで、浄土とは、根元的な意味においてホーム（home）、あるいはハイマート（Heimat）、つまり故郷という意味をもつということがあらわされている。

浄土、あるいは国土という言葉は、根元的にはハイマートという意味をもったものではないか。自分がそこから出てきたところ、それがハイマートである。だからハイマートには、かえるということがある。帰命の帰ということは、浄土の問題に根元がある。かえるということも、浄土が基礎にあって言えるのではないか。教・行・信・証などと言うより前に、浄土がある。土という問題がある。浄土が浄土自身を明らかにする道が、教・行・信・証であり、それが教学なのである。

浄土とは自分の出たところである。自分とは実存である。実存の出たところが浄土である。実存と言えば、人間というものである。浄土は、人間の出てきたところである。人間の出てきたところは、存在である。人間の出てきたところ、実存の出てきたところは、存在なのである。実存に対して、存在はハイマートの意味をもっている。浄土には、そのような意味がある。実存が、存在に触れたときに初めて安んずる。安んずるとは、「そのまま」である。人間に「そのまま」を成り立たせる。

人間を「そのまま」として自覚した、その自覚として浄土がある。「そのまま」と言えるもの、それが宗教の根本的な問題でもあり、また哲学の根元でもある。思惟の基礎なのである。存在が、思惟としてあらわれる。存在が、思惟という形で、実存を存在に目覚ます。そういうものを、般若の教学では空であらわす。色即是空と言う。色即是空は、浄土があって成り立つ。色即是空から浄土が出てきたのではなく、色即是空は浄土がもとになって成り立つ。色即是空の即は、「そのまま」ということである。浄土がもとになっていることを忘れると、色即是空ということも、どこへ行くのかわからない。どこへ利用されるかわからない。仏教の弁証法など、いろいろなことにも利用される。たしかに利用できる面もあるのだが。

そもそも空という言葉は何であるかと言うと、やはり浄土がもとになって初めて空の意味がある。それ自身、何ものでもないから、いかなる実存をも成り立たせている。それが、空である。空性ということが、人間において何を意味するかと言えば、浄土ということを明らかにするのである。

心と土とが別にあるのではない。ノエシスの面から言えば心であり、ノエマの面から言えば土ということである。よく安んずると言えば心であり、よく安んぜられたと言えば土である。心は能安の心である。能が主体をあらわす。いわゆるノエシスをあらわすのが、能である。安心とは信心であり、信心というものの本質的契機である。信心とは安んずる心である。信ずることにより、人間は人間自身に安んずる。

浄土とは、純粋安心の世界をあらわす言葉である。つまり教相というものを超えた意味である。教・行・信・証までは教相であるが、もちろん単なる教相ではなく、安心を包んだ教相である。教・行・信・証までは、教相に包まれた安心である。

能安の心は、教相であるが、能安の心そのものは、教相を超えた純粋安心である。直接に心というものをあらわすことはできない。能安の心を明らかにするのが、教相である。能安の心そのものの内容は、純粋安心に属するものであり、浄土は純粋安心の世界である。土は、ふつうには所安の境と言われるが、曽我量深先生はこれを心境と言われる。

境遇において境界を見出し、境遇に安んずる

今日、心と言うと何か主観としか考えられていないようだが、そうではない。デカルト以後の伝統で、心と言えば主観と考える。それを見直さなければならない。

よく考えてみると、現代の仏教には心が大事である。現代人は、心を失っているからである。心を失っているから、存在を忘れている。存在を忘れれば、実存は世間に疎外された、自己喪失的実存となる。心こそ、いわゆる本当の意味の存在論的なものである。

境は対象という意味だが、それを心境と言ってしまうと何か違う。世親菩薩の『唯識二十論』には、境と言うことと、境界と言うことがある。境と境界とは語感が少し違うが、境を境界と言い、境界を境とも言う。しかし、二つを区別しようとすればできる。『唯識二十論』では、境はartha、境界はgocaraとあり、原語にも区別がある。境は対象、ゲーゲンシュタント（Gegenstand）であり、境界は領域ということである。浄土は、対象というよりも、心がはたらく領域、心がそのままにしてはたらく領域である。

『浄土論』には、「第一義諦《ぎたい》　妙境界《みょうきょうがい》の相」（聖典一四〇頁）と言ってある。妙境界の相とは、心の

境界ということである。心を離れて外境があるわけではない。妙境界の相には、心がそこにおいて内容をどこまでも展開し、無尽の深さをもってくるもの、という意味があるのではないかと思う。心には、それ自身無にして、そこに無限の形が展開してくるということがある。信仰は、信仰自身のなかに無限の境界を開いてくるのである。

信仰には境と境界ということがあるが、我われに与えられた境遇ということもある。これは実存と言うのが正しい。境遇と言うと、運命的になる。境遇を与えるものは業であるが、三界の境遇において三界を超えた一点を見出す。その一点が妙境界である。境遇において境界を見出すから、境遇に安んずることができる。このように、境遇も境界も、対象を言う言葉ではない。

境に界や遇を付けた場合には、認識主観に対する対象を言うのではなく、我われがそのなかに生きているということをあらわす。生きているということが、境遇である。対象ならば、境遇とは言わない。生きていることの自覚が、境界である。一心の境界とは、信仰の自覚である。制限された境遇のなかにおいて、制限を超えた境界を見出してくる。こういうことが、妙境界の相と言われる内容である。

心境と言っても悪くはないが、心境となるとノエマになり、いわゆる相分、つまり表象になる。表象は、対象である。主観の相分が、境になる。唯識においては、外境はなく、外境に似て現じた相があるのであって、それが相分ということになる。境界と言えば、意識を破った意識であるのに対して、相分の場合は意識を破らない。

心境と言うと、気持ちということになるから信仰概念としては問題がある。信仰も、気持ちの転換ということになり主観的なものになってしまう。それでは信仰にならない。相分でない浄土は、表象されたものではなく、表象を破ってそのままになっているものである。つまり主観から脱出したのである。ある意味のエクスターゼ（Ekstase）、脱我である。境界にはこのような意味がある。

相分は、主観の内容である。そうではなく、主観が主観自身の底を破り、そして世界そのものに触れた。こういうところに、境界というものがある。心境を破った心の世界である。境界は、むろん物質ではなく心理現象でもない。それこそが、実在そのもの、事実そのものではないか。存在それ自身に触れる。それが、境界である。存在それ自身に触れた存在は実存、自覚的存在である。実存の自覚的内容は、単なる相分ではない。

下がった頭に開ける世界が、浄土である

意識の底を破ったというのは、意識がなくなった、無意識になったというのではない。存在を自覚したことである。その自覚内容を、境界という言葉があらわす。そのことによって、浄土のもつ意味がわかる。それは、かえるべきところにかえったということである。浄土は信仰にとって偶然でないのみならず、仏教にとっても偶然でない。浄土もある仏教なのではない。浄土によって初めて般若や涅槃の教学の意味がわかるのである。だから、浄土は教相をも超えている。

一心は、教相のなかにあり、教相に包まれた安心である。そして、浄土は安心それ自身、安心の当

体である。真に内面的なものは、主観的ではない。内面的なものは、かえって客観的なものである。主観は、内面ではない。内と外とを分けるには、基準をどこに置くかが大きな問題である。人間を基準に内外を決められない。実在そのものから内外が決まる。

実在が実在の内にかえり、実在の内面を開く。我われが実在にかえれば、かえった自己の上に、実在が自己の胸を開くのである。二十九種荘厳功徳は、実在が自己を我われに開いた意味である。意味であるということがわからないから、ものとしてとらえようとする。意味がはっきりわかれば、ものを超える。意味ということが、本当の実在の真理である。実在の真理は意味である。主観を破った一心を場所として、そこに意味がはたらくのである。無意味なのではなく、意味を見出すということである。意味とは、実在の意味である。

専雑執心と報化二土とは、一心と一心のなかに展開している境界である。これで終わりということがない。意味を見出し、その見出された意味が一層深い意味を呼び起こす。呼び起こされた意味が、またさらにより深い意味を見出す。二十九種荘厳功徳は、無尽蔵ということをあらわす。無尽蔵ということが、二十九種荘厳功徳の体であろう。このような意味の世界をあらわすのが、『浄土論』の意義であると思う。

だから、どういう境界を見出したかにより、能安の心が吟味されるのである。どのような境界を見出したかによって、その能安の心がどういうものであったかがわかる。能安の心は、対象化されないから無なのである。対象化されない心自身が、底のない底をあらわしてくる。あらわされた浄土によって、能安の心が初めてわかる。能安の心を明瞭にすることができるのである。

土に二土あるのは、執心に専雑の二執があるように、土にもまた報化の二土があるということである。二十九種荘厳功徳の問題について『大経』にかえってみると、開顕智慧段に二土として浄土が二重に出ている（聖典七九頁参照）。阿難が説法を聞き、五体投地して浄土を拝んだ。つまり、下がった頭に開ける世界、それが浄土である。直前まで釈尊の説法があり、阿難は浄土を見たと言うときに、阿難は初めて説法を超えた。説法を聞き得たときに、見たというように語られている。「聞其名号、信心歓喜」を通して、見たのである。

聞くことは見ることであると言えるかも知れない。「煩悩、眼を障えて見たてまつらずといえども」と、見ずといえども、ということがある。聞いたものに、遇う。それが見るということである。ものそれ自身に遇うことを、見ると言う。聞いてから、あらためて見るのではない。聞いていたものに遇うのである。

聞は方便法身であり、見は法性法身である。方便法身を通して、法性法身に触れる。『観経』では観によって見をあらわし、『大経』では聞によって見をあらわす。『観経』に見が出ているのは、第七華座観である。観という方便を通して見をあらわした。『大経』は、聞によって見をあらわしてある。『大経』の見ということの経文は、浄土を見たということであり、その直前までは聞である。このことから考えても、浄土は見るものであり、直接のものである。純粋安心とは、こういうものである。

所安の境が二重である、それが能安の心の批判

聞くのは教学であり、教学を聞くことにより自覚を開く。浄土は、自覚の内容である。浄土は見てみれば、不思議にも二つになっている。それが「胎生」と「化生」（『大経』聖典八一頁）ということである。『観経』にはなく、『大経』にある胎生・化生という問題は、つまり報化二土ということである。この一段は「開顕智慧段」と言うように、智慧に関係している。そして「仏智《ぶっち》・不思議智《ふしぎち》・不可称智《ふかしょうち》・大乗《だいじょう》広智《こうち》・無等《むとう》無倫《りん》最上《さいじょう》勝智《しょうち》を了《さと》らずして、この諸智《しょち》において疑惑《ぎわく》して信ぜず」（同頁）と、仏智疑惑ということが出ている。

「化身土巻」には、『無量寿如来会』の開顕智慧段の経文が、第十九願成就の経文として引いてある（『教行信証』聖典三二九頁参照）。「専雑執心判浅深　報化二土正弁立」とあるのは、この開顕智慧段によるのである。浄土の二種の相によって、つまり所安の境が二重であることによって、能安の心の批判が出ている。非常に重要な意味をもった経文であり、こういう重要な問題が源信章で取り扱われているのである。

それまでの教学では、浄土と言えば一重であった。ということは信ずるということも一重であったわけである。信じるか信じないかという二つのみであり、信心そのものについての吟味はなかったということである。信心とはみな一つのものであって、信ずる対象が違うだけだと思われていた。南無阿弥陀仏を信ずるか、鰯の頭を信ずるかが違うだけで、信そのものは同じであった。そうであれば、至心信楽するということは願を必要としないから、至心信楽の願ということは成り立たない。

信の対象の吟味であって、信それ自身の吟味がなかった。信じないなら、それで終わりであった。それ以上は放っておくしかない。しかし親鸞聖人においてはそうではない。信は安心であるが、その信が不安を包んできた。不安によって、単なる安でも単なる不安でもなくなった。安のなかに不安がある。不安がすでに安を孕んでいる。このような意味があるのである。

胎生について、「化身土巻」に引かれる『菩薩処胎経』の「懈《け》慢界《まんがい》」（『教行信証』聖典三三〇頁）があるが、それを三部経に求めるならば、『大経』では「疑城胎宮《ぎじょうたいぐう》」（同三二六頁）ということで言われている（聖典八一～八三頁参照）。『観経』では九品の浄土である。『小経』の浄土にはないかと言えば、『小経』と『観経』の浄土は同じことである。つまり、九品とは、いろいろあるということであり、それはつまり別々ということである。百人いれば、百の浄土があり、その安心は別々である。

それでは、国土と言っても国土の意味をなさない。国土ではない国土である。安心しているのではなく、耳をふさいでいるのである。九品、つまりいろいろあるということが大きな問題である。普通一般には、いろいろあるということは問題ではない。信仰が違うというのは、対象が違うのではない。対象は一つであるが、信ずる主体はいろいろある。水は一つであるが、味わえば百人が百人とも水の味は違うのである。境は一つであるが、境の意識内容はみな違うというのが、一般の考えであって、それでは何の疑問にもならない。

ところが親鸞聖人は、対象が一つだというのではなく、信心そのものが同一だと言われている。こうなると、普通の信仰概念を破っている。信仰が自己の主観性を突破しているところに、非常に深い意味がある。信仰が学問や道徳で破られるのではない。信仰が、信仰の一番深い底を破っている。信仰が破られるのは信仰以外のものによってではなく、一番深い信仰によるわけである。

『大経』では「疑城胎宮」、『菩薩処胎経』では「懈慢界」という言葉で、胎という問題が出されている。これらの経典が、浄土の問題について報化の問題を取り上げている。それを、『群疑論』などを通して『往生要集』が拾い上げたのである。親鸞聖人はこれを、本当ならば『群疑論』だ、と言われるのでなく、『往生要集』の功績とされ、「専雑執心判浅深」と言われた。こういうことは、『菩薩処胎経』からくる言葉である。

懈慢とは、疑惑を含んでいる信仰

『菩薩処胎経』は、「懈慢界《けまんがい》」（『教行信証』聖典三三〇頁）という形で疑城胎宮をあらわす。源信和尚がそれを直接にではなく、『群疑論』を通して『往生要集』で問題にされたという点に、親鸞聖人は深い意味を見出し、『往生要集』の功績にされた。そこには法然上人の教学にはない意味がある。懈慢は仏智疑惑という煩悩である。信仰のなかに疑惑を含んでいる信仰を、懈慢という言葉であらわしてきた。懈は懈怠という意味である。慢にはいろいろあるが、腰を下ろしているということである。

懈は怠っていること、つまり停滞しているのである。懈慢とは、安心のなかに停滞するということである。疑いによって停滞が起こるというのが、懈の意味である。これが胎である。胎は、胎宮と言って母胎のなかにあるということである。胎は、閉鎖した浄土である。そのことによって、信仰は閉鎖的信仰ということになる。宮殿《くでん》から出ることができずに、各自各自が閉鎖しているのである。『大経』には「金鎖《こんさ》」（聖典八三頁）という言葉もある。閉鎖して、いい加減なところに停滞しているということである。浄土をセンチメンタルに思い描くことによって、現実に一歩一歩重い足を運んでいると言える。懈慢を水に喩えれば停滞した水である。停滞すると、どんなきれいな水でも腐ってしまう。信仰生活の歩みも同じで、腰を下ろすと、無限に自己を展開していくというようなことがなくなり、精彩を失ってしまう。

それに対して化というのは、方便化身の化ではなく、『浄土論』の「正覚《しょうがく》の花より化生《けしょう》す」（聖典一三六頁）の化と同じである。化は、それ自身形がないから、どんな形にもなり得る。世界に開け、公開していく。自己が自己に止まることなく、世界の形をとっていく。各自各自の形をとっていく。各自が各自であるがままが一如であるということである。各自をやめて一つにするのではない。

化は公開（open）された浄土ということである。こういうことで、信仰が公開的な信仰となる。親鸞聖人は「化身土巻」に、閉ざされた信を「自利各別」（『教行信証』聖典三三一頁）と言われ、純粋な信仰、能安の心を「利他通入の一心」（同頁）とあらわしてある。能安の心が利他通入の心であることをあらわすのが、化生である。各自が各自でありつつ、互いに通入する。その反対に、各自が自己に閉じこもっているというのが、自利各別ということである。自利各別は、主観的なものである。

利他通入は世界の底を破っている。いわゆる相分を破っている。境を破って境界になっている。公開された浄土とは、境界としての浄土である。胎生の浄土は単なる境であり、主観的心境としての浄土である。化生はそうではなく、主観的信仰を破った境界である。信心の主観性を破ったようなものが、かえって信心の内容になっている。こういうことが語られている。

浄土は本願によって、帰る世界になる

源信章四行八句前半の二行四句について話してきた。「源信広開一代教　偏帰安養勧一切」は、『往生要集』の序を要約されたものであり、この二句に源信和尚の面目がほぼあらわされていると言える。

一代の教を開くとは、広く開示するということである。善導章に「開入本願大智海（本願の大智海《だいちかい》に開入すれば）」（「正信偈」聖典二〇七頁）とあり、開入ということが出ていた。善導大師の教学には、『法華経』の教学がある。『法華経』の精神に依るというのではないが、『法華経』を包んで本願をあらわしてある。そのことは、善導大師のいろいろな点に見られるが、開入ということもその一つであり、『法華経』方便品の「開示悟入」という言葉が要約されているのである（「諸仏世尊。唯以一大事因縁故出現於世。諸仏世尊。欲令衆生開仏知見使得清浄故出現於世。欲示衆生仏之知見故出現於世。欲令衆生悟仏知見故出現於世。欲令衆生入仏知見道故出現於世」〈大正九、七頁a〉）。本願大智海を開示して、本願大智海に悟入せしめるということである。

源信和尚も天台におられたので、「公開」の開は開示、「偏帰」の帰は悟入、「偏帰」は自ら悟入するということになる。一切を勧めるとは、自ら帰するとともにそれを通して一切を勧めること、「自行化他」である。自ら安養に帰し、また一切を勧める。「偏帰安養勧一切」の「勧帰」は、自他の悟

入をあらわす言葉である。

この「広開」ということが、源信和尚の面目である。これはちょうど善導章で、仏の正意を明らかにするのは七高僧に一貫していることであるのだが、「独明」に善導大師の面目があらわされているのと同じである。ここでは広く開くということである。そして、悟入するのは「安養」と言われている。安養とは、安養浄土であって純粋安心の世界をあらわす。

「広開」に、源信和尚の教学が非常に公明であるということがあり、「安養」で教というもの、すなわち仏教の帰着点を明らかにするのである。このように広開ということと、偏帰安養ということ、つまり学問と信仰とが調和しているのである。天台を捨てて念仏に帰するのではなく、天台のままで念仏の信仰をもたれた。信仰と学問は互いに調和し難いものであるが、ここに見事に調和されている。こういうところに源信和尚の教学の面目があるのではないか。

広開も安養ということがなければ、いわゆる解学になってしまう。また安養だけで広開ということがなければ、学問の中心をなくす。帰着点を失うのである。広開ということがあるからこそ、自ら安養に帰するとともに、一切を勧めることができるのである。そういう意味で、源信和尚には哲人とも言うべき面影があるのではないか。それが法然上人と違う点である。

『往生要集』では、念仏は正修念仏と言われてあるが、『浄土論』の五念門で解釈してある。これを見ると、五念門の中心は作願・観察であって、念仏と言っても一応は観仏である。観にはやはり、天台の摩訶止観に関係する意味があり、『往生要集』は、一応天台の止観と言ってもよい。念仏であっても、背景には一心三観をもつ。

『往生要集』と『選択集』について、源信和尚は源信和尚だけ、法然上人は法然上人だけと別々に見たのでは、それらには何の連関もないように思われる。しかし法然上人は、「偏依善導一師」（真聖全一、九九〇頁）と言われてはいるが、善導大師に触れられたのは源信和尚を通してである。だが、一度善導大師に触れたら、源信和尚を必要とせず、『選択集』を見ても源信和尚には立場を与えられていない。それを親鸞聖人が、善導大師と同じ立場で源信和尚をご覧になった。これは、歴史というもの、本願史観、つまりダルマ（dharma）の史観があるからである。

人だけを見れば違っているように見えるが、その人は単なる人ではない。法から生まれて法を伝承する人である。法は本願である。選択本願の上に立って、本願の歩みとして『往生要集』と『選択集』を見てくると、互いに呼応する。本願を取り去ってしまえば、『往生要集』は『往生要集』、『選択集』は『選択集』と孤立したものとなる。本願に立つときに、呼応関係が生まれてくる。それが親鸞聖人の立場であろう。史観ということを通して、そこには本願の歴史が動いている。

このように、源信章は初めの二句が『往生要集』の源信和尚の面目をあらわしている。そして安養に帰すると言っても、それは漠然としたものではないということが、次の二句で示されてくる。

「専雑執心判浅深　報化二土正弁立」とある。専雑の執心を判ずるというのだから、専雑の得失というようなことである。そして、浄土について報化を分かつということが出されている。安養は報土か化土かという問題は、道綽禅師・善導大師によってすでに触れられ、唯報非化と言って、安楽浄土は報土であり化土ではないと言われている。

しかし、『安楽集』や『観経疏』によって歴史を見てみると、念仏の信心の道が、坦々たる大道として伝えられてきたものではなかったことがわかる。いかに内外のいろいろな誤解に覆われていたことか。一般仏教の立場から念仏を見ると、念仏についていろんな疑難が出てくる。そのために、純粋に道を求める民衆が惑った。報化二土という問題も、一般の仏教からくる疑難である。道綽禅師や善導大師はそれらの疑難に応えることによって、純粋な信仰の道を擁護されたのであろう。

ここでは直接関係はないが、『摂大乗論』の疑難というのは、最も有名な疑難ではないだろうか。報土・化土という一般仏教の概念の範疇をもって、『大経』の教説に当てはめようとする。このように、外からの疑難に応えるという点が、道綽禅師・善導大師にはある。それは、やむを得ないことであるが、安楽浄土において大事なことは、本願の成就ということである。本願に触れなければ、浄土と言っても一般の浄土であり、浄土一般ということになる。

いかに優れた者でも、優れているから生まれるというわけではなく、いかに人間が劣っていても、劣っているために生まれ得ないというものでもない。このような本願成就の世界、本願が本願自身を成就している世界が、安養である。一代の教を開いて安養に帰すると言うが、本当に帰する世界をあらわすのが、浄土である。

人間を捨てることにより、人間の根元にかえる。善導大師は、「本国」（『観経疏』真聖全一、四八七頁）あるいは「本家」（『往生礼讃』同六七六頁）と言う。もとの国、もとの家、「弥陀の本国四十八願」（『観経疏』同四八七頁）という還帰の言葉である。人間のもとになるのは、仏教では法性という言葉であらわされているものである。ダルマター（dharmatā）である。法性は、人間にとって国や家という意味をもつ。そこに、ハイマート（Heimat）、故郷という意味をもつものとなる。今日の哲学の言葉を用いるならば、人間存在において、存在は人間にとってのハイマートの意味をもっている。存在の祈りがあるのである。

存在に目覚めた人間は、実存であろう。本願に触れなければ、念仏も浄土も、一般的なものとなってしまい、そうなると、念仏が行となるということは理解できない。念仏は、せいぜい行の代用品でしかない。浄土も、本願を離れれば、一つの理想である。本願によって、理想ではなくなる。本願によってこそ、浄土は往く世界ではなく、かえる世界になってくるのではないか。

善導大師が『摂大乗論』の疑難に応えて仏の名号を解釈され、「「南無《なむ》」と言うは、すなわちこれ帰命《きみょう》なり、またこれ発願回向《ほつがんえこう》の義なり。「阿弥陀仏《あみだぶつ》」と言うは、すなわちこれ、その行《ぎょう》なり。この義をもってのゆえに、必ず往生《おうじょう》を得《う》」（『教行信証』聖典一七六頁）と言われた。これは、善導大師が南無阿弥陀仏は願行具足の名であると言われた有名な言葉である。この解釈によって、南無阿弥陀仏が本願の名であるということを明らかにされたのである。本願に触れない一般の仏教の立場から言えば、名は本願の名ではなく、人間の呼び声であろう。単なる人間の祈りをあらわす言葉に過ぎない。人間の声であって、存在の声ではない。人間の語る言葉であって、存在の言葉にはならない。そうなると、代用品となる。善導大師の名号釈の意義は、名号が徹頭徹尾、本願の言葉であるという意味を明らかにすることにある。

本願の言葉は、声なき声

名の義という場合の義は、本願をあらわす。本願が義である。善導大師は「またこれ発願回向《ほつがんえこう》の義なり」（『教行信証』聖典一七六頁）と言われ、「この義をもってのゆえに、必ず往生《おうじょう》を得《う》」（同頁）と言われるが、この義は意義の義である。「帰命《きみょう》　亦是《やくぜ》発願回向之義《ほつがんえこうしぎ》」（『観経疏』「玄義分」真聖全一、四五七頁）とも言われているが、曇鸞大師は天親菩薩の帰命を釈して「天親菩薩帰命《てんじんぼさつきみょう》の意《こころ》」（『教行信証』聖典一六九頁）と、意という字を用いておられる。義は、意義なのである。名は何かをあらわしているのだが、表現しているのは概念内容ではなく、意というものなのである。

言葉は声の屈曲であってアルファベットの結合であるから、その意味ではジンリッヒ（sinnlich）、感覚的なものである。ジンリッヒという形においてジンリッヒを離れない何かをあらわしている。ジン（Sinn）というのはセンスである。しかし、そこに即して言われる意味もやはりジンである。ジンリッヒ・レス・ジン（sinnlich-less-Sinn）ということである。そのように考えてくると、義と言っても意であろう。

こういうところに、声なき声ということがあるのではないか。本願の言葉は、声なき声である。声のない声というのは、人間に関していかなる意義をもつかを、人間が発見することである。これは総じて言えば、安養に帰するということであり、人間が人間の根元に帰するということである。そういうことから言えば、声なき声から人間に関する意義が読み取られたものが、往相・還相の回向、すなわち教・行・信・証ではないか。

このような意味で、名とは本願の名である。そうしてみれば、浄土も本願の浄土ということが大事である。本願に触れなければ、単なる一般論・公式論になってしまい、本願や念仏というものは理解できなくなる。そのような一般論・公式論に対する弁明に努め、苦労なさったということが、道綽禅師や善導大師には見られるのである。

本願の浄土であるならば、本願の報土であるがゆえに、いかに優れた人間であっても、努力によってそこへかえることができるものではないし、また人間がいかに劣っていても、それだからかえれないというものでもない。本願の報土なるがゆえに、である。優劣や、あるいは一般的な善悪を総じてもって超え出る本願の意味というものは、公式論のなかに入るものではない。

報土・化土と言われ、報中の化と言うが、広くは報・化ともに報土であると言える。化土というのも、報と別に化があるのではなく、報のなかに化がある。唯報非化というのが、善導大師などの努められた点であるが、これは他に対する弁明というような意味がある。本願そのものから見れば、安楽浄土こそが純粋の報土であろう。真の報土と言われる意味が、本願成就の世界と言われるものである。本願を離れるならば、報土と言っても化土に過ぎない。

理想として描かれたものは、みな化土である。しかし報土はそれを包む。報の外の化ではない。報のなかの化である。「真仏土巻」に「真仮を知らざるに由《よ》って、如来広大の恩徳を迷失す」（『教行信証』聖典〈三二四頁〉とある。報化を明瞭にしないことによって如来の恩徳を迷失すると言われるように、「報化二土正弁立」とは判定であり、そこには非常なる批判精神が出ているのである。

所帰の世界の二重性は、能帰の信仰の二重性に依る

『大経』の開顕智慧段に関係をもつのがこの二句であり、「化身土巻」にそのことが明らかにしてある。『大経』に依れば、阿難が浄土を見たが、その浄土は胎生と化生の二つになっていたという。安楽浄土が報土であって化土ではないというだけではなく、二重になっている。それはなぜかという問いに答えているのが開顕智慧段である。

安養に帰するというときに、その所帰の世界が二重になっている根拠は、能帰の信仰の二重性にある。つまり専雑の執心の二重によるのである。それを、浅深と言われている。本願成就の世界は純粋報土であるだけではなく、さらに化土という形をもってできている。そのように本願を二重にせしめたものは、我われにある。浄土の相を通して、因である専雑の執心の批判ということが出ているのが、開顕智慧段である。

執心とは行を執持する心であり、信心のことである。執着ということではない。土とは、心の境であり心境と言ってもよい。境と言うと、対象という意味があるが、この場合は境界という意味である。曽我量深先生は心境と言っておられる。これは心と境とを半分ずつ寄せるというのではない。心のほうは能帰の心であり、境のほうは所帰の境である。心はノエシスの面を、境はノエマの面をあらわす

ということから、このように言える。この境ということについては、能帰・所帰ということが大切である。

「偏帰安養」と、帰するという字が用いてある。これが非常に大切な点である。我われの自覚という問題は、我われが目覚める、あるいは教を受けるという点から言うと、ノエマよりもノエシスという面がより重要な意味をもつ。自覚という点から見ると、心が大事な問題になる。ノエシスは自覚という点からは大切であるが、しかし我われが自覚をもつということは自覚に固執するというのではない。自己の根元を自覚するということは、実は、根元にかえるという意味がある。

自覚を離れてかえるわけにはいかないが、しかし自覚そのもののもつ意味は、存在に帰するというところにある。自覚しなければ、帰することはできない。その意味において、信心が重要な意味をもつ。自覚すればかえらなくてもよいのではない。自覚そのもののもつ意味は、かえって存在にかえるというところにある。あるいは、存在自身にかえすもの、呼びかえすもの、という意味がある。

存在は、自覚よりももっと根元的なのである。重さは境にある。信が重要であるということがあるが、信そのものは境を奪うのではなく、かえって境にかえる。ものを自覚するのは、もの自身にかえるという意味があると思う。そうでなければ帰という字を使えない。帰するという意味をもつのは、境というよりも境界と言ったほうがよい。

境と言うと対象という意味になってしまうが、境界と言えば単なる心の対象ではなくなり、領域という意味が出てくる。そもそも安養という字は境界をあらわしているのであり、対象をあらわしているのではない。安らかであるということ、安らかに身心を養うという、オアシスというような意味である。人間が人間自身に安住することを得た、安んずることを得たということである。これは、単なる対象というよりも、対象領域ということである。我われが真に安んじ、我われ自身がそこで自己を養うことができるということは、単なる境でなく境界であろう。対象性よりも、領域性をもつ。

国や家というのも、単なる対象ではない。我われがそのなかに住むものが、国であり、家であり、ハイマートというものである。それは、単なる認識対象ではない。根元の国が二重の形をとるのは、実は我われの自覚、我われの信のほうに二重性があるからである。この意味で、信が重要なのである。

だから「広く一代の教を開きて、ひとえに安養に帰」するのであるが、安養に帰するための教は、結局「専雑の執心」を明らかにするということ、つまり自覚を明らかにするという点に帰着する。自覚を明らかにするという、その自覚によって、我われが安養に帰することができるのである。

人間の努力や学問の思索は、いかに重ねても浅い

一代の教の意義は教えられるということにある。教えられると言えば、心が教えられるのであり、心が明らかになるのである。心は悟であり、境は入である。悟入の悟は、心が教えられた、明らかにされたということである。教とは何かと言うと、心が明らかにされること、心が目覚まされることである。そして、悟は目覚めることである。目覚めた心が、境界に入る。信心は悟であり、浄土は入、つまり悟入である。教の意味は、心を明らかにするということに帰するのである。

こういう浄土の問題、専雑の得失ということは、道綽禅師・善導大師二師にも出ている。また、ことにこの二句の語っている問題点は、懐感禅師の『群疑論』などによって触れられているのだが、それを特に源信和尚が引かれ、そこにおいて往生の安心を批判決定されたのである。専雑の得失、報化二土という問題を、根底的に明らかにされたという意味を、この二句にあらわしてあるのである。

初めの「源信広開一代教　偏帰安養勧一切」は、『往生要集』全体が非常に公明な教学であることをあらわす。一切の教を捨てて安養に帰したのではなく、一切の教をもって安養に帰せしむ。こういう公明な教学である。その教学の要点が、後の二句で示されているのではないか。後半の二句では、「真仮を知らざるに由《よ》って、如来広大の恩徳を迷失す」と言われる、重要な問題が明らかにされている。

結局、教をもって安養に帰せしめるということを推していけば、専雑の執心を判定して「報化二土正弁立」するという事業に帰着するのではないか。報土が二重になっているのは、如来の大悲である。報土だけが本願成就というのではなく、化土も本願成就である。このように、本願成就の世界が二重になっている。二重にせしめたもとは、我われにある。

専雑の執心にもとがあるのである。専雑の執心と言われるところには深い懺悔があり、そして報化二土と言われるところには、恩徳がある。この恩徳が「如来広大の恩徳」であることによって、雑修による執心はいかに努力しても浅い、ということになる。それに対して、専修の執心、つまり念仏により開かれた信心は、それ自身が深いものであると言える。浅深とは、『観経』の深心ということからくる。人間の努力や学問の思索によって重ねたものは、いかに重ねても浅いのである。

しかし、本願の念仏によって本願に目覚まされた信心は、それ自身深い。仏の深心をたまわるからである。つまり浅と深とは質が違うのであり、報と化もまた質が違うのである。だから、本願を離れれば、報土も化土でしかない。本願成就の信心によって初めて、本願成就の世界に入ることができる。それは、いかなる善人の努力によっても可能なものではないし、またいかなる悪人にも不可能なものではない。

こういうことが、広く教を開いて浄土の安心を明らかにするという事業の帰着点ではないだろうか。この四句で、『往生要集』の全体と中心を明瞭にしているわけである。「専雑執心判浅深」ということは、つまりここに初めて純粋なる信仰を明らかにするわけである。純粋な自力無効の信において初めて、純粋なる世界に触れることができると言える。

専雑の執心ということとは人間であり、報化は仏である。専雑の執心はどこまでも衆生にある。仏の世界は、衆生を明らかにするということに基礎がある。衆生の自覚を明瞭にすれば、そこに仏の世界はあらわれる。人間の自力無効の信において初めて開かれるのである。

宗教の心とは、人間の根元の名告りをもつことである

『観経』には、三心（至誠心・深心・回向発願心）ということがある。『観経』の三心は、一応は定散二善の安心であって、初めから念仏の安心なのではない。そこに、隠顕と言われる所以がある。至誠心

と回向発願心は、親鸞聖人の教学では『大経』の第十九願に基づいた教説、第十九願の安心である。第十九願では「至心発願　欲生我国」と言われる。「至心」は至誠心、「発願」は回向発願心と言われている。

これは、親鸞聖人の独自の教学であって、善導大師や浄土宗はそういうことを言わない。第十九願に基づくのが『観経』の原理であり、『観経』の原理を本願の上に求めるならば第十九願なのである。第十九願は諸行であるから、『観経』に定散二善が説かれているのは第十九願に基づくのである。したがって『観経』の三心は、一応は定散二善に通ずる安心である。しかし『観経』の三心と第十九願を比較してみると、第十九願に至誠心と回向発願心はあるが、深心だけはない。深心は、かえって第十八願の信楽に当たる。このように、二重になっているのである。

第十九願を超えた第十八願の信楽が、第十九願の位にあらわされている。それは、『観経』の教説が立体的であるがゆえである。まったく第十九願を超えたものが信楽であるが、それがかえって第十九願の範囲のなかにあらわれている。第十九願は一般の宗教心である。菩提心ということが第十九願に出ているが、宗教心は人間の心である。宗教心は人間が宗教の心をもった場合の心のことであり、意識である。しかし、実は人間が宗教の心をもつということは、そのなかに人間の根元の名告《なの》りがあるわけである。

人間に出なければ宗教心はない。しかし、人間に出た心のなかに、実は人間を超えて人間の根元が人間において名告っているという面がある。人間を超えたものが人間にあらわれているという意味が、一般的な菩提心にはある。そこに深心ということがある。深心は、第十九願のなかに入らない。深心を掛値なしに見なければならない。深心ということによって浅に比較する。浅くはないのだぞ、というのである。

人間は、努力いかんによって浅くなったり深くなったりするものではない。人間は、いかに努力しても本来浅いものであり、底があるということである。深心には、文字通り底がない。人間が深心に触れれば、埋没させられ、飲み尽くされる。人間が飲み尽くされたときに、飲み尽くされたものだけが、飲み尽くす力を得てくる。我われを沈める深さが、浮かばせる深さである。同じものなのである。沈んだけれども浮かばないというのは、沈まないからである。つまり深いものを覗いているからである。

深とは、「深広無涯底」（『大経』聖典五〇頁）というように底がないということである。そのように深心と人間の心とは質が違うということがある。しかし、浅の形で深があらわれている。初めから深と言っているのではなく、浅のなかに、浅を破って深があらわれてきているのである。

このように見てみると、境とはartha（対象）、界とはgocara（領域）と言えばよいのではないか。浄土は対象でない。願生・往生・願往生心の土というように、ただ見るものではなく、必ず生まれるということが付いている。だから、そこに於いて、ということがある。そこに生まれて、そこに死ぬ。浄土には世界という意味があるのである。世界は対象ではないから、境というだけでは足りないように思う。

広いものは必ずしも深いとは限らないが、深いものは必ず広い

もう一度前に戻るが、善導章の「開入本願大智海」は、『法華経』の形式をもって『大経』の本願をあらわしている言葉である。開示悟入である。『法華経』では、開示悟入の内容はただ諸法実相であるが、諸法実相を『大経』では本願海というように具体的にあらわしている。諸法実相なら、言葉はなく離言である。諸法実相であれば、存在は沈黙している。

そうではなく、それが言葉となる。言葉となるような実相を、本願と言う。言葉となるような存在である。存在の存在性というものを、願と言ってもよいであろう。呼びかける、というような言葉である。ギリシャ語のロゴスなどにそのような意味があるかどうかは知らないが、ヨハネ伝では「初めにロゴスありき」と言うときに、ロゴスをダバールと言っている。ダバールは神の言葉、ロゴスは人間の言葉である。

ダバールには、我われに迫るような意味がある。「汝《なんじ》一心に正念《しょうねん》にして直ちに来《きた》れ」（『教行信証』聖典二二〇頁）というような、命令するような意味が、ダバールにはある。開示悟入される実相を「本願大智海」と言うのだが、これは『大経』自身の言葉から言えば、「智慧海」（聖典五〇頁）である。善導大師は、智慧の慧を願と言われる。『大経』にある「如来智慧海　深広無涯底」というところに立たなければならない。その意味で今、「本願大智海」と言われるのである。

智慧海と言われるその智慧は、深くて広い。慧は因位の智を言う。果位を智と言う。深心なるものは智、広大なるものは慧である。弘願と言われる所以である。仏の側からは、広が因位の智慧であり、

深が果上の智慧である。人間にくると裏返って、我われの信心においては深心が因位の智慧であり、広大は「広大無辺際」（『浄土論』聖典一三五頁）の果の境界である。深心という、人間を絶した深い仏の心に目覚める。仏の深心に目覚めれば、そこに開示されてくるのは広大なる世界である。

深心に対して、報化二土の報土は広大である。深いものは広い、ということをあらわす。広いものは必ずしも深いとは限らないが、深いものは必ず広いという意味があるのではないか。

広く一代の教を開くのは、安養に帰する心を明らかにするためである。明らかにするのは、安養に帰する心と帰した安養である。帰した安養の広大は、帰する心の深さによる。だから、初めの二句が源信和尚の面目を語り、その初めの二句の要点を次の二句が示してくる。この四句で総じて教学というものがあらわされている。ここまでのところは、どこまでも偏帰安養と言われて、一切を勧めるということ、つまり「顕大聖興世正意　明如来本誓応機」ということを、初めの四句で明らかにしているのである。

後の四句では、これに即して源信和尚ご自身の表白が出ている。「極重悪人唯称仏　我亦在彼摂取中　煩悩障眼雖不見　大悲無倦常照我」。「極重悪人唯称仏」に当たる言葉は念仏証拠門にあり（真聖全一、八八二頁参照。もとは「極重悪人無他方便、唯称念仏得生極楽」）、「我亦在彼摂取中」は正修念仏門にある。これらは、場所は離れているが無関係ではない。『教行信証』においても「極重悪人唯称仏」は「行巻」に、「我亦在彼摂取中」は「信巻」に置かれている。そこに行信ということがある。

初めの四句は教えということであり、後の四句は告白的である。この告白的な言葉が大事である。

本願は、法然上人によって初めて明らかにされた。これは誰でもわかる。しかし、実は法然上人ご自身は源信和尚に位置を与えておられない。親鸞聖人が源信和尚に、本師源空に劣らぬ意味を見出されたのは、特に日本の高僧だからである。つまり、仏教が日本民族に根を下ろしたのはいつであったか、という問題である。

それは法然上人だと言う人もあるが、そうではないだろう。法然上人は咲いた花に過ぎず、根ではない。根は、源信和尚にある。花だけを見ていたら、専修念仏は法然上人が初めてで、それ以前にはなかったと思ってしまうが、そうではない。源信和尚による大きな準備がある。

受容された仏教が、生み出された仏教になった

本願が根を下ろしたと言えるのは、自覚という点においてである。本願が根を下ろす以前は、仏教は教養であり自覚になっていなかった。自覚になるということは、それまでただ外から受容されただけの仏教であったのに対して、初めて仏教が生まれたということである。日本民族が、仏教を生み出したのである。外から来た仏教を受け入れたのではなく、生み出された仏教、日本的仏教ではなく仏教日本である。それが、根を下ろすということである。こういうことを見届けることが、大切である。

親鸞聖人が、根を下ろしたのは源信和尚であるということを見出された。源信和尚の御言葉は、本願が教えや教育としてではなく自覚となっている人間、本願のなかに自己を見出した人間でなければ語ることのできない言葉だということである。本願のなかに自己を見出すということ、自己のなかに

本願を見出すということがなければ、成り立たない言葉なのである。だから、そこに本願が根を下ろした証拠がある。源信和尚の御言葉は「ここに証拠がある」とわかる言葉である。

源信和尚は天台の学僧であられたが、「極重悪人」という言葉は、内面においては源信和尚にこうした自覚があったことを語る。これは道綽禅師について、「一生造悪」（『入出二門偈』聖典四六五頁）、「暴風駛雨」（同頁）と言われていたことが、再現されているのである。善導大師について、このようなことがないのは、書かなくても明瞭だからである。あまりにも明瞭だから、その意義を前後に譲ってある。とにかく、ここにも「一生造悪」が再現している。そこに、本願の歴史が動いているのである。

人間を場所として、極重悪人の自覚において、本願が成就するのである。厳密に言えば、本願に触れて極重悪人の自覚が生まれる。極重悪人の自覚が生まれること、それは本願の智慧である。極重悪人と知らせるとともに、極重悪人を消し失わずして、それが本願の場所となる。本願に触れないから極重悪人があり本願に触れてそれが消える、ということではない。

本願に触れないからたすからない、本願に触れたらたすかるというのは、理屈である。本願に触れて初めて、極重悪人と自覚し、自覚すると同時に、その極重悪人が実は、触れた本願を実現する場所になるのである。極重悪人を消し失わずして、それがしかも本願の場所となるということがある。そういうところに信心が成り立つ。信心の自覚が成り立つのである。

極重悪人は消えて仏自身にかえる、という自覚もないことはない。しかしそれは証という自覚、つまり悟りである。信も証も自覚であるが、証という自覚ではなく信という自覚が、本願の信の自覚である。信という自覚は、極重悪人ということがなければ成り立たない。『大乗起信論』（以降、『起信論』と略）の言葉で言えば、証は本覚であり、信は始覚であろう。信は初めであり、証は終わりである。「自覚自覚とうるさく言っても、仏に目覚めないから衆生なのだ。仏に目覚めれば、衆生は消える。妄想している限りにおいて衆生があるのであり、妄想から覚めれば衆生はない」という自覚もあるが、それは本覚である。仏を知るものは、また仏である。

悟りには、悟り始めるということがある。元よりの自覚が元よりあるのではない。元よりの自覚に、初めて触れるということがある。初めがなければ目覚めることはないのであって、何々から目覚めると言う。だから『起信論』にも不覚という言葉が使われている。不覚に対して本覚があり、本覚に対して始覚あり、と言う。不覚から覚へと、何々から何々へ、ということがある。

目覚めると言った場合、目覚め始めるということがあるが、その目覚め始めたときに、極重悪人を見出すとともに、見出された極重悪人が本願のはたらく場所となるという意味がある。場所となれば、極重悪人をどうにかしようというはからいを超える。悪人が悪人であることを恐れなくなる。悪人が、自分が悪人であることについてのはからい、つまりコンプレックスから解放されるのである。こういうことが、「我亦在彼摂取中　煩悩障眼雖不見　大悲無倦常照我」という言葉であらわされる。

「雖」は初めの依経分にもあり、「雖破無明闇（無明《むみょう》の闇《あん》を破すといえども）」（「正信偈」聖典二〇四頁）と言ってある。それがここにも効《き》いている。無明の闇を破すけれども貪瞋の煩悩はなおあると言われ、かつ、貪瞋の煩悩ありといえども無明の闇はもう破されていると言われる。大悲のなかに摂取されているといえども、煩悩に眼が障《さ》えられてそのことが見えないが、そのことが見えないといえども、大悲は常に我を照らすという。「雖」が、このように二重であることが大切である。

極重悪人は下々品にもとがある言葉であり、人間の限界状況である。人間において、どこまでも人間の根元を自覚する。人間において、人間を場所として、その根元を自覚する。自覚すれば人間が消えてしまうのではない。人間において人間の根元を自覚すれば、人間そのものは根元の影となる。人間が永遠の影となる。人間は、ものではない。人間がものであるときに、コンプレックスがある。人間がものであるときに、悪人は悪を恐れる。しかし根元を自覚すれば、人間が永遠の影となるのである。摂取不捨ということが、影ということであろう。

報化二土を通して、専雑執心の得失が明らかになる

「専雑執心判浅深　報化二土正弁立」。この句について、くわしくは「化身土巻」に出ている。この専雑の得失という考え方の根元は、『菩薩処胎経』にある。「化身土巻」の化土とは、『観経』の九品の浄土である。そして『菩薩処胎経』の「懈慢界」や『大経』の「疑城胎宮」も、同じものを指している。『観経』に九品あるということが、すでに化土である。数があるということは、つまり、それぞれの個人の主観に描かれた世界なのである。『大経』では仏智疑惑として、胎宮という形で出ているが、これは開かれない世界、閉ざされた世界ということをあらわしている。

『菩薩処胎経』は浄土の経典ではないが、そこに懈慢界ということが出ている。これは、閉ざされた世界が、懈慢という言葉であらわされているところに特色がある。『往生要集』にそれが引かれるが、『群疑論』を通して引かれている。もとになっているのは『菩薩処胎経』についての懐感禅師による解釈なのである。それを、源信和尚が『往生要集』に引かれたということ、そして、源信和尚がそういうものを尊重されたことを、親鸞聖人もまた尊重された。ゆえに、「化身土巻」において『群疑論』は「首楞厳院《しゅりょうごんいん》の『要集』に」として『往生要集』を通して引かれているのである。

「化身土巻」にくわしく出ているのであるが、それが繰りかえされて「正信偈」にも取り上げられている。これは、果から言えば報化二土であるが、因から言えば専雑の執心である。浄土が二重になっているということの根拠は、信心が二重であることにあるから、報化二土ということを通して、専雑執心の得失が明らかにされている。専雑の得失については、善導大師が『往生礼讃』に雑修の十三の失を出されている。これを親鸞聖人は「化身土巻」に、前の九は第十九願の信心の過失（『教行信証』聖典三三七頁参照）、後の四は第二十願の信心の過失をあらわすという形で述べられている（同三五五頁参照）。

「失」は「化身土巻」に、「得」は「行巻」（『教行信証』聖典一七三～一七六頁参照）に出ている。専雑執心の問題を報化二土という形で徹底的に明らかにするということを、『往生要集』の業績として、親鸞聖人はご覧になった。善導大師などでは、阿弥陀仏の浄土は報土であって化土ではないという、唯報非化という形になっている。このような解釈は、外の疑難に対して答えるということであり、そういう面が道綽禅師・善導大師の二師にはある。

「報化二土正弁立」という問題は、『往生要集』に始まったことではなく、すでに道綽禅師のときからその問題は取り上げられている。しかし、それはどこまでも釈明的であり、弁証的解釈であった。報土・化土という仏身・仏土の一般的解釈を前提として、それに当てはめてみて化土ではないかと言ってくる外からの疑難に対して、報土であると答えている。

これは、一般論から見た立場であって、阿弥陀仏の本願独自の立場から応えられているのではない。阿弥陀仏の本願に立った浄土は、報仏・報土と言っても、一般的な報ではないと思う。阿弥陀仏の本願における報土の意味は、本願のはたらきにより本願の世界に生まれるということにある。善人であっても、そこに生まれることには必ずしも善が役立たない。また悪人であっても生まれることができないわけではない。このような意味が、道綽禅師・善導大師ではまだはっきりしていないのである。

しかしここでは、報は報だが報のなかに化がある、浄土が二重であると言う。これは『観経』の教学では出てこない。『大経』の教学に照らして初めて出てくる。前にも述べたように、『大経』では化土の問題、「報化二土正弁立」の問題は、下巻の開顕智慧段の経文にある。阿難が浄土の光により浄土を見た。見たら浄土の世界が二重になっている。その意味を弥勒が問いただすのである。それがこの問題である。

内にいても内を知らなければ外になり、外にいると自覚すれば内になる

浄土が二重であるということだが、二重たらしめたものは、衆生の疑惑であり、衆生の信心である。しかし、二土としてあらわされたのは、如来の方便である。方便せしめているのは、衆生の疑惑である。そのように、二重になっているということが、意味深いのである。

浄土・穢土と区別するが、その浄土のなかでもまた、胎生・化生を区別する。もともと、三十六願経では穢土の生が胎生であり、浄土の生が化生である。穢土の生死が、胎生なのである。つまり、我われは閉ざされた世界にいるということである。人間の心で生きているということは、すでに閉ざされた世界にいるということなのである。本願の眼を開くことによって初めて、化生ということが言える。胎生が穢土であり、化生が浄土である。ここでは意味が直截簡明である。このような問題が展開して、浄土が二重になってくる。初めは、穢土と浄土という二重、そして今度は浄土に二重が現われてきた。

平面的に、発展的に考えるならば、穢土と浄土とがあり、その浄土のなかに報と化とがあるというように世界は三つになる。しかし、そうではない。二土ということ、世界が二つになることに意味がある。それが宗教心である。宗教心を取り去れば世界は一重であり、二重にならない。文明に対する野蛮は、穢土ということではない。野蛮であろうが、文明であろうが、それは同質の世界である。そうではなく、世界と世界が対立し、その二つの世界のあいだには橋はかからないということが大切である。三つの世界ということになったら、平々凡々たる話になる。二つであるところに意味がある。

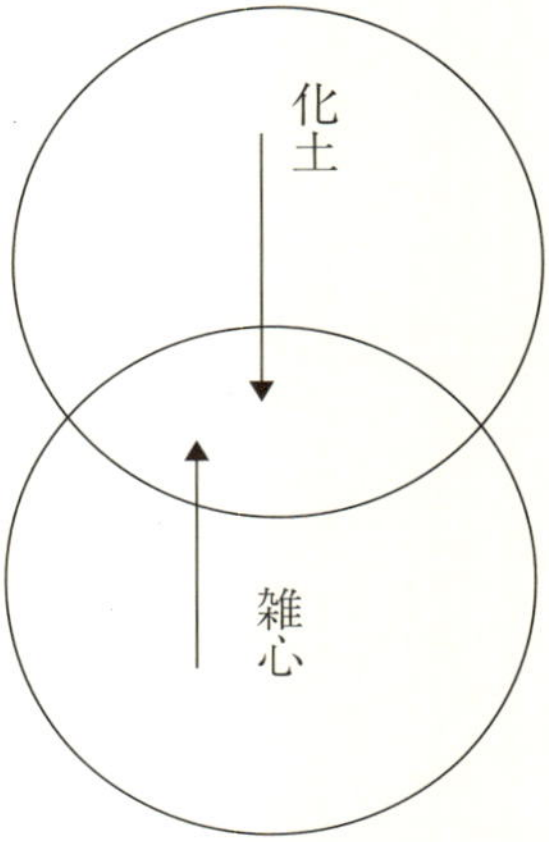

図1

二つであるが、この図1のように越境するのである。我われが越境するから、浄土もまた穢土に越境する。雑心に対して、この浄土が化土となる。別の形で二重になった。穢土が浄土のなかに越境しているのであるから、つまり二重になっている。だから、浄土のなかにいるのだが、いるのは外の心である。如来の世界のなかにいるが、いる心は人間の心であるから、いるのは外である。

如来の世界にあっても、真に如来に触れないならば、外にいることになる。浄土にいるという形で外にいる。外にいることを自覚すれば浄土になる。内にいても内を知らなければ外になる。外にいるのだと自覚すれば、そこで初めて内になる。このように自覚の展開を語っているのである。自覚の展開を離れて三つと考えると意味がないし、何の展開もない。世界は二つだというところに意味があるのである。

浄土は浄土、穢土は穢土というのではない。自分の独断した浄土も浄土、如来の世界も浄土というように、浄土の真仮を明確に知らないから、「如来広大の恩徳を迷失す」るのであると、親鸞聖人は強い言葉で言われる。「報土か化土かなど、どうでもよいではないか、とにかく浄土に生まれるなら、たとえ報土でなくても穢土よりはましだ」と言っているような考え方が、つまり傲慢である。もらい得というのが、傲慢なのである。そこに親鸞聖人の痛烈な批判がある。

浅深を判ずる、あるいは弁立する、と言ってあることは、深い批判である。批判精神である。信仰が批判的であることが出ている。穢土だけならば自覚もないし、浄土だけでも自覚はない。穢土が浄土となり、浄土が穢土になるところに、自覚が成り立つのである。同一というところに、自覚はない。矛盾や逆説というところで、自覚が成り立つ。矛盾のない世界ならば、独断である。

得失の問題は善導大師のなかにもあるが、源信和尚にはこのように得失の問題を徹底的に解明されたということがある。ここに、それによって初めて、『大経』の教学の値打ちが出ているのである。『観経』に立っていては、こういうことはできない。

往生浄土とは、根元を失った人間が根元を取りかえすこと

専雑の得失の問題に続いて「極重悪人唯称仏」以下の四句である。専雑の得失も極重悪人の問題も大悲無倦ということも、一貫して信仰の問題である。これは、源信和尚が法然上人に対して際立っている面である。念仏ということについては法然上人が非常に明瞭であるが、安心という点においては、法然上人に劣らぬ意義が源信和尚にある。親鸞聖人が法然上人に先立って源信和尚を見出されたのは、念仏の内面ということである。それは念仏よりもむしろ地下にある。地上の事業は「念仏為本《ねんぶついほん》」（『教行信証』聖典三九九頁）と言われたように法然上人が明確であるが、地下の準備はかえって源信和尚にあるということが言える。報化二土というその言葉自体が、内面的である。

「極重悪人」という言葉は『往生要集』大文第八の念仏証拠門にある（真聖全一、八八二頁）。親鸞聖

人が「文類」と言われるのは、証拠という意味、証明する根拠という意味をもつ。証拠というのは、文章である。『往生要集』の念仏証拠である。往生浄土という言葉で、人間の存在があらわされている。往生浄土は、人間に無関係のことではない。人間の実在ということである。

そもそも、宗教問題はそのように考えていかなければならない。宗教問題は、昔も今も変わりはない。現代は、人間が空《から》になっているという特徴がある。人間が対象化した世界によって、かえって人間が飲みこまれている。そのようになったのは、人間を主観的自我として考えたからである。それによって外に目が散って、自己の世界が無の主観、無内容の主観となっているのが現代である。

これは、本丸が空になっているのと同じである。階級闘争で搾取ということが言われるが、経済的搾取に先立って、人間がすでに自然を搾取した。搾取されたものによって、かえって搾取した自分が飲まれている。それは、無内容な主観だからである。自分の根があったのだろうが、切れているのである。根があった時代を中世というが、そこへかえるわけにはいかない。根とは、キリスト教を例にとれば神である。神は死んだのである。だからもう、かえれない。中世にかえることは、形而上学にかえるということである。仏教もまた、人間存在の外にもう一つ、超越的な存在として如来を立てれば、形而上学的なものとなる。

そのような神は死んだのである。それを立てても、もう近代意識はそれを受け入れることはできない。それはちょうど、汽車に乗るようになった者が、再びワラジを履くことはできないのと同じである。超特急のできている時代に、東海道をワラジで歩くことはできない。形而上学にかえることは、その困難と同じである。そこでは根はあったが、その根にかえるわけにはいかず、かといって現に自己は空である。

空の内容を満たすものはもうない。そういうところに現代の脅威ということがある。そのために過去にかえるより仕方がないのであるが、過去にかえれと言えば、すぐに反動だと言われる。現代はとにかく急ぐ。横の線を超えて、縦の線を見出さなければならない。過去にかえるのではない。過去のなかに噴出しているものがある。それを指し示す言葉がつまり、証拠である。

風変わりな好みで古い本を読んでいるのではない。そのような空虚な自己が、過去にもかえれず、未来に求めても得られないものが、根元において自己を満たす実在に向かって出発した。その精神をあらわすのが、願生浄土である。往生という形で、根元を失った人間が根元を取りかえすということ以外に、実在の問題はない。この意味で、願往生という問題がある。それが念仏一門の意義であるということが、強調されているのである。

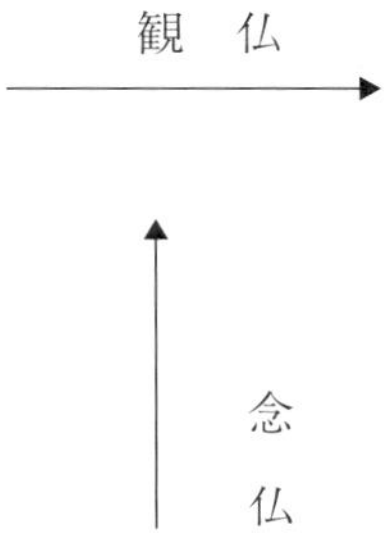

図2

邪見や無見を超えて、根元を反映する正見を見出す

過去の道を『往生要集』であらわすならば、観であると言える。そのなかに念がある（図2参照）。

法然上人が『往生要集』を親鸞聖人ほど評価されなかったのは、観仏と念仏が区別されていないからであろう。初めに述べたように、大文第四正修念仏が『往生要集』において念仏を明らかにされているところである。そこでは『浄土論』の五念門によって念仏を解釈してある。『浄土論』において、五念門のうちで中心になっているのは、作願・観察である。しかし、曇鸞大師を通して五念門を見れば、讃嘆門が中心である。

曇鸞大師によって讃嘆門が見出されているが、親鸞聖人ご自身では回向門が重要な意味をもってくる。『往生要集』では、作願門・観察門が中心である。もっと簡単に言えば、観が中心である。行は観なのである。だから念仏と言っても、法然上人の言われるような選択本願の称名念仏というものではない。

観というのが偶然に来ているわけではなく、天台の摩訶止観から来ているのである。『浄土論』には、作願門では奢摩他、観察門では毘婆舎那があらわされている。五念門は浄土止観ということをあらわしている。だから比叡山におられた源信和尚においては、摩訶止観として浄土止観が取り上げられている。天台の教学も念仏も、止観として一つなのである。

これはつまり水平面においては空になっている人間が、人間自身において人間を取りかえす方法なのである。止観の止は三昧をあらわすのだから、内面という意味である。外を観ずるのではなく、内を観ずるのが止観である。止観とは、広くは観行である。古来、観行者ということが言われる。止観をもって行者の行とする。前に述べたように、外に向かっているのは空《から》の人間である。そういう、外の方向を転じて、内にかえすのが止観である。

止観ということは、インナーハンドルング（Innere 内の　Handlung 行為）という言葉に当ててもよい。

行はタート（Tat）、行為である。タートハンドルング（Tathandlung）ということである。こういうことが一貫している。念仏も、外を向いている自分を方向転換して、自己の根元に向けていく、インナーハンドルングの一つの方法としてみる。これは、いかにも自然な考え方である。その意味では、過去にかえるというのは、観としての行を通してのことである。

しかし、ただ過去を手本にして、すでに何度も試みられた過去の道にかえるというのではなく、噴出しているものに触れることである。ただもう一度観を繰り返すのではなく、観のなかに噴出している念仏に触れるのである。

だから、善導大師では観を破って念仏が出ているという形になっており、観と念仏は、むしろ敵対している。しかし『往生要集』では、必ずしも敵対していない。人間は思惟をしてきたが、今の若い人は、思惟は観念論だといって、直接行動に飛び込む傾向がある。状況に追い立てられて、考えることをやめにするのである。考えたら過去の観念論だとレッテルを貼り、アナクロニズムだと言う。それは、考えること、思想一般の否定となる。考えることの失敗が、考えること自体への不信を生んでいる。信仰と哲学とは違うと言う。たしかにそういうことはあるが、しかし考えることをやめて飛び込むのでは急ぎ過ぎではないか。観を捨てて念仏、あるいは思想を捨てて行動というと、いかにも明解なようであるが、行き過ぎがあるのではないか。

なぜなら、見がすべて邪見だと言えば、正見もないことになり、無見が正見ということになる。邪見を捨てて無見ではなく、やはり正見でなければならない。見を否定するわけにはいかない。問題は、根元を反映する見を見出すということではないか。七高僧のなかに、念仏を包んで観を説くという立場と、観と念とが敵対している立場とがあるようである。七高僧にも二通りある。親鸞聖人は、包んで混乱したのではない。包めないような両方を包んで、本願展開の歴史的展開として見出されたのである。

善導大師は観を否定したようであるが、『往生礼讃』では「ただ念仏の衆生《しゅじょう》を観《み》そなわし」（『教行信証』聖典一七四頁）と、観について、「みそなわし」と言われる。念仏において、かえって、みそなわす観ということが生まれてくる。

他の声を聞くのではなく、聖教に実在の声を聞く

あらゆる思想を試みたが、思想そのものがだめだというのではない。思想に、問わせるものをもつことが肝心である。「如是我聞」はそういうことではないか。聞は、思想をやめることではない。聞が、思想を失っている者に正しい思想を与えるのではないか。聞がないと、思想は形而上学となる。聞によって初めて、ニヒリズムでも形而上学でもない思想が生まれてくる。聞ということが大事である。

現代人はものを征服する思想はもつが、実はそれによって自己自身が無になるのである。それが、現代人が思想を失った原因である。自己自身を回復するような思想がないのは、聞がなくなっているからである。今日の人間は、自己を失くしている。これは、現代の大きな特徴である。世界というの

は本来、生きた世界ではないか。主観に対するのは対象的世界であるが、そういう客観界は近代の生んだ世界観である。

近代的人間を生んだ世界を、客観というのであるが、本当はどんな世界でも客観ということはない。生み出した客観が、かえって主観の人間を食い尽くす。客観という意味をもつ世界は、かえって人間を飲み尽くす。聞かない人間ということである。聞くことがなくなったのは、空《から》になっているのと同じである。

聖者の声を聞くのではない。実在の声を聞くのである。他の声を聞くのではない。他の声を聞くということになると、教会の声、あるいは神の声を聞くというように、中世にかえることになる。科学をもった者が、過去の遺物の声を聞くわけにはいかない。実在の声を聞くのである。大学でもあれこれといろいろやるよりも、聖教をよく読んだほうがよいのではないか。その他に学問はないのに、読んでいない。読んではいるが、聞かないのかも知れない。

極重悪人について、「我亦在彼摂取中」に、『観経』の「光明、遍照十方世界、念仏衆生、摂取不捨」（聖典一〇五頁）という経文の意義を見出してこられたのが、親鸞聖人ではないか。もちろん善導大師も注意されていたが、親鸞聖人が本当の意味で注目されたのである。摂取不捨とは、「摂取不捨の利益」と言い、信仰の利益である。

「専雑執心判浅深」は、信仰の批判であって、それを通して真実の利益を述べるのである。「極重悪人唯称仏」以下は、摂取不捨の利益ということをあらわすのであるが、法然上人では、臨終来迎も摂取不捨もみな念仏の利益とされている。親鸞聖人では、摂取不捨には臨終来迎を俟たないということがある。臨終来迎と一線を画する。善導大師が注意されたが、本当の意味で注目されたのは親鸞聖人である。「光明、遍照十方世界、念仏衆生、摂取不捨」が大事な経文であるということは、親鸞聖人を俟って明瞭になるのである。親鸞聖人が本当の意味の注意をしたら、すでに注意している人があった。それが源信和尚である。

「煩悩障眼雖不見　大悲無倦常照我」という言葉は、念仏の衆生にのみある

大文第四正修念仏門雑略観に、善導大師の言葉が出ている。雑略観と言われるように、正修念仏は観である。観もいろいろあるが、そのなかに雑略観というのがあり、そこで光である仏を観ずる。こういう言葉は、『観経』の「光明、遍照十方世界、念仏衆生、摂取不捨」から出ている。これは観仏には違いないが、観仏のなかに摂取不捨ということが、しかも源信和尚自身の体験として述べられてある。『観経』にこうあった、というようなものではない。

「煩悩障眼雖不見　大悲無倦常照我」には、信仰の了解が出ているのである。このような言葉は、誰からでも出るものではない。これは、念仏によって、つまり本願の言葉によって、その根元にある本願に目覚めた人、つまり本願のなかに自己を見出した人だけにある言葉である。こういう言葉が源信和尚にあるということが、親鸞聖人が源信和尚を七高僧のなかに置かれた根拠である。どこにでもある言葉ではない。真に本願が人間の自覚として根を下ろしたところでなければ出ない言葉である。

こういう言葉は、どこから出ているのかが大切なのである。受け売りではない。誰にでもある言葉ではない。念仏の衆生だけにある言葉である。

さらに言えば、善導大師は『往生礼讃』に、『観経』の言葉を用いて阿弥陀の名義として摂取不捨を明らかにされている。名義とは、南無阿弥陀仏の意味である。念仏の意味として、摂取不捨を明らかにした。これは、非常に意義深い。『観経』と『小経』とを結合して、阿弥陀の名義を摂取不捨として明らかにされている。

どういうことかと言うと、「何のゆえぞ阿弥陀《あみだ》と号する」（『小経』聖典一二八頁）と名義を問題にしてくるのは『小経』である。問題にしているのみならず、『小経』自身が答えている。善導大師は答えの内容として、『小経』の代わりに、『観経』の答えを与えている。これは、大切なことである。比較してみると、「光明、遍照十方世界、念仏衆生、摂取不捨」（聖典一〇五頁）が、『観経』である。『小経』では、「光明無量、照十方国、無所障碍」（聖典一二八頁）となっており、内容的にはほぼ同じことを言ってある。無量・無辺・無碍である。『小経』は「何のゆえぞ阿弥陀と号する」と言っている。

阿弥陀の名義を問うたが、名義とは概念、つまり字引にある言葉である。無量・無辺・無碍ということが、阿弥陀ということである。『小経』の場合は阿弥陀の意味である。無量の徳があるから無量仏というだけのことで、平々凡々である。「かるがゆえに」と頑張る必要がない。これだけなら字引にある意味である。

『観経』の答えのほうは、概念の分析からは出てこない。だから善導大師は阿弥陀の名義に対する問いは『小経』から「彼仏何故　号阿弥陀」を採られ、答えは『観経』からもってこられたのである。「光明、遍照十方世界」ではなく、「念仏衆生、摂取不捨」をもってきている。このような区別がある。阿弥陀の名義を光明としてではなく、摂取不捨として語ってあることが大切な点である。「光明、遍照十方世界」とは、仏の光明である。衆生を照らすということは仏にあることだが、摂取不捨は衆生にあることなのである。

照らす側から言えば、念仏の衆生だけを照らすというのではない。念仏してもしなくても照らす。だから十方と言う。信・不信を超えて照らす。仏の心にかえってみれば、つまり浄土に生まれてみれば、信・不信の区別はないのだろう。信も不信も、人間の世界の話であって、仏の世界にはそうしたことはない。それは、本覚というものではないか。

このようなところにばかり注意していると、本覚法門の仏体名号のようなやかましい議論が出てくる。『安心決定鈔』などがそれである。「仏体の上に我われをたすけねばおかぬという仏が成就したのだから、我われはすでにたすかっている。それを我われは、ただ忘れているのではないか、信ずるというが思い出すことなのだ」と言うのが、鎮西である。本覚であるという考え方である。

この意味するところは、聖道門と同じである。本来これ仏、と言う。つまり西山は、せっかく法然上人に触れたにもかかわらず、もとにかえった。いや、もとにかえったのではなく、もとを捨てていなかったのである。捨てたような顔をしていただけである。自分の立場を捨てずに脇へ除《の》けておいて、法然上人の説かれることは、ただ参考に聞いていたのであろう。だから法然上人が亡くなられると、もとのところへかえったのである。鎮西は、思弁的なのである。思弁的というのは、形而上学ということである。

南無阿弥陀仏の謂れが信心であり、謂れを聞いて信ずるのが信心ではない

仏は誰をも照らすが、照らされるのは本願に目覚めた衆生である。仏は、念仏する衆生もしない衆生も照らす。念仏をしない者とは雑行であり、「遍照十方世界」の「十方」のなかには、念仏も雑行も専雑ともに入っている。専・雑ともに照らしている。しかし摂取されるのは、念仏の衆生のみである。この意味で善導大師は「ただ念仏の衆生《しゅじょう》を観《み》そなわし」（『教行信証』聖典一七四頁）と言われる。ただ（「唯」『往生礼讃』〈真聖全一、六五三頁〉）というのは雑行を選んだ者への批判である。

専修の執心にだけ、摂取不捨ということがある。念仏の衆生とは、別の言葉で言えば信心である。念仏している衆生と、していない衆生とをどこで区別するのかというと、声を出すか出さないかではない。信心である。摂取不捨は、信心のなかにある。信心のなかにある利益を、摂取不捨と言う。信心の外ではない。信心は現在であり、現在のなかにある利益を摂取不捨と言う。だから摂取不捨が、現生不退である。

現生の利益は、信心を獲てから求める利益ではない。信心のなかにある。もっと推していけば、信心を獲たことが最高の利益である。そうなって初めて、弥陀の名義は信心であるということになるの

ではないか。阿弥陀仏の謂れは、本願や光明ではない。南無阿弥陀仏の謂れは、信心である。信心が謂れであり、謂れを聞いて信ずるのではない。

南無阿弥陀仏の謂れを聞いて、それから信ずるというように、あらためて信を発すものではない。それでは信と言っても、南無阿弥陀仏を我われが理解したというような、主観にただ置きかえたことになる。我われが信心を獲るということが、南無阿弥陀仏のはたらきなのである。意味がはたらく。謂れとは、はたらく意味である。対象的なことではない。これが大切なことである。善導大師はこのようなことに一応注意をされているが、法然上人は法の徳ばかりを見ておられる。

摂取不捨とは機にあるのであり、法にあるのではない。念仏は、衆生に応えている法、機を成就している法である。念仏の要義は、信心である。「ただ（「唯」）念仏」と言われているのは、念仏に一生懸命になるということではない。信心の他にはないということである。信心決定するのが「ただ」（唯）である。そこに他に何ものも求める必要のない利益を与える。摂取によって他に求める必要がない。これが、空の人間が実在を見出したということである。内容のある自己となる。

今日の人間に一番失われているものは、こういうことである。世界を征服してそれによって自己を満たそうということは、自己そのものは空であるということである。自己は、何かを得て満たされるのではない。得る必要などないというものを与えられる。そうした充実した自己を回復することが信仰である。

『大経』智慧段の胎生・化生の経文は、第二十願成就に当たる

先ほどから「専雑執心判浅深　報化二土正弁立」について述べてきた。繰り返しになるが、報化二土ということで言われるのは、浄土が二重になっているということである。『大経』開顕智慧段の胎生・化生を語るところに、浄土の二重ということが述べられている。浄土の二重ということは、専雑の執心の浅深をそれによって明らかにするという意味である。浄土が二重であるということは、執心の二重をあらわす。このような問題を源信和尚が注意されている。そこに親鸞聖人は、法然上人に先立って源信和尚に深い意味を見出されたのである。

報化二土ということは、道綽禅師・善導大師においてすでに問題となっている。しかしそこでは、一貫して安楽浄土は浄土であって化土ではなく、唯報非化と言われる。そもそも仏教には仏身・仏土という問題があり、それぞれの教学においてその問題がある。仏身に関しては、三身・四身ということがある。善導大師などは、そのような一般論の立場から出された解釈に対して、自分もまた一般論の立場に立って浄土の意義を応えている。それが、浄土は報土であって化土ではないという言い方である。

しかし、『大経』に立って考えると、浄土は安楽浄土であり、ただ報土というのではなく、胎生・化生という二重になっている。こういうことによって一般論の立場ではなく、本願において浄土の意義を明らかにしてあるのである。化と言うが、報中の化である。報土と言うと果の問題のようだが、実は因の問題を明らかにするためのものである。結局、報土・化土とは、信仰に開けた境界であろう。心境と言ってもよい。ノエマの面において二重であるということが、ノエシス（能安の心）の面の二

重をあらわす。

報化の二土を弁立することによって、実は執心の浅深を批判する。この『大経』の胎生・化生のところには、仏智疑惑の罪ということがある。浄土は一重のようであるが、本願の内に入っても、入った心は外の心のままである。本願の内にありながら、外の心のままで内にいる。本願を信ずる心のなかに自己の固執が残されている。すると、仏智を疑惑して名を称するということになる。そういうことをあらわすのが、浄土の二重という意味である。

それゆえに親鸞聖人は、「化身土巻」において胎生・化生の経文を、第二十願成就に準ずるものとして取り扱われている。他のところでは、本願の願文を出される場合は一貫して願文と願成就とを揃えて出される。ところが第二十願の文だけは、願文だけ出してあり、成就文の代わりに、いわゆる胎生・化生の経文が置いてある（『教行信証』聖典三四七頁参照）。第二十願成就文はないが、もし求めるならば、この経文こそ第二十願成就に当たるという考え方であろう。

一般に第十八願成就と言われる経文に「聞其名号」「至心回向」（『大経』聖典四四頁）ということが出る。そのなかで、本願成就として重要なのは「至心回向」であろう。「聞其名号」の名号を受けて、「至心回向」である。しかしそもそも、その「聞其名号」「至心回向」の言葉は、本願文においては実は第二十願にある。第十八願では「至心信楽」であって、「至心回向」ではない。

第十八願成就と言うが、実はそこにあらわれているのは、第二十願である。第二十願成就の経文がないのは当然であって、第十八願成就というところに第二十願が包まれているのである。これが第二十願の原始的意味である。第二十願は第十八願のなかに包まれており、第十八願と分化していないということが言える。つまり、第二十願には名号がある。そこが、第十九願と違う点である。

選択された願が第十八願であるから、ある意味では、第二十願では第十八願に触れているのである。ということは、第二十願の念仏と第十八願の念仏という二種類の念仏があるということは、言えないのではないか。

本願が成就しなければ、本願を信ずることはできない

一般には自力の念仏と他力の念仏と、二種あると言われているが、そうは言えないのではないか。自力の心で称えても、他力の心で称えても、変わらないのが念仏である。二種類は念仏にあるのではなく、称える心にある。つまり、信心にあるのである。だから、三願というのも、行信が三つあるのではない。行は念仏すなわち本願と言う場合には、諸行から区別されている。諸行は努力である。努力に立つか本願に立つかであって、その他に第三の行というものはない。

『歎異抄』に「念仏よりほかに」(聖典六二六頁)という弟子からの問いが出ているが、念仏の他はないのである。念仏ではっきりしないのなら、南都北嶺の学僧たちに聞かれたらよかろう、と言ってある。念仏で腹がふくれぬからと言って、他にそれを満たす第三の行はないのである。いわゆる念仏か諸行か、本願か自己の努力かは、キルケゴールの言う「あれかこれか」である。

廃立とは、「あれかこれか」の信仰をあらわすもの、つまり決断の信仰である。信仰は決断である

というのが、廃立である。廃立の根拠として、選択本願ということを明らかにされたのである。選択が廃立の原理である。念仏において第十八願と第二十願を区別することはできない。念仏往生の願というところに、すでに第二十願が語られているからである。第十九願と異なるところである。

第十八願成就が、つまり念仏往生なのである。続いて出てくるのは三輩往生の経文であり、それは諸行往生である。そのように念仏か諸行かであるということによって、衆生往生の道を明らかにしてある。往生とは、生まれ変わるということである。願往生心という宗教的要求の問題を解決する方法として、念仏と諸行の二つが示してある。

それは、『往生要集』も同様である。第四正修念仏と第九往生諸業とを示す。この根拠は『大経』にある。だが、二つあるけれども往生の要はいずれにあるかと言えば、念仏にあるということであろう。その点から考えると、第十九願はまったく第十八願の外にあるが、第二十願は第十八願の内にある。

では、どこで第十八願と第二十願の区別をするかと言えば、「至心信楽」という点においてである。「至心回向」に対して、「至心信楽」というのが第十八願である。この点において初めて、第二十願から区別される第十八願の意味がある。親鸞聖人が第十八願成就をまさしく第十八願成就と見られるということは、ただ漠然と念仏往生の願でなく、至心信楽の願成就という意味においてである。そのために、「心を至し回向《えこう》したまえり」（『大経』聖典四四頁）と訓点を改められたのである。改めなければ第二十願になってしまい、至心信楽の願にならない。名号をもって「信心歓喜、乃至一念」（同頁）を回向すると言われるのである。願の名前をただ第十八願などと数で言うだけでは、第十八願の意味がはっきりしない。やはり至心信楽の願と言わなければ、願の意味がはっきりしない。親鸞聖人以前には、念仏往生の願という言い方はあったが、至心信楽という意味は見出されていなかった。願の意味がまだ自覚されていなかったと言ってよい。つまり、信ずるということには本願を必要としない、と考えられていた。我われが本願を信ずることは、本願を必要としない、信じようと思えば信じられるのだ、と思っていたことになる。しかし、そうではない。本願を信ずるためには、本願が成就しなければ、本願を信ずることはできない。

信ずるという形をとった疑いを自覚させるのが、報化二土の教説

本願の、他力のと言うときの、ドイツ語でいう二格は、単なる二格ではない。単に、本願の、という二格ではない、本願が、という一格の意味の二格である。本願が成就して、本願を信ずることができる。本願が成就した信心だから、本願の信心と言うのである。他力を信ずるから他力の信心と言うだけではない。他力の信心という言い方には、他力が成就した信心だから、という意味がある。他力が成就した信心という意味が、基礎である。他力が成就したことによって、他力を信ずることができるのである。

至心信楽とは、人間が本願を信ずるということには違いないが、根元的には如来が衆生を信ずるという、如来の確信である。如来でなければ、その確信はもてない。衆生がいかに衆生自身としては如来の外にあっても、如来はそれを内に見る。外に出たままが内にある。夢から覚めた如来の心だけが、

夢に惑わされずにそれを信ずることができるのである。

至心信楽というのは、やはり如来の確信なのである。いかなる衆生も如来の外にはないという意味がある。信仰とは、夢の意識ではなく、夢から覚めた心の信念である。如来の信念である。そういう意味で「正信偈」に「至心信楽願為因（至心信楽《しんぎょう》の願を因とす）」（聖典二〇四頁）と言われるのと、このことは同じである。つまり、我われの往生成仏の因としての信心は、実は願因である。願因により願果を得るのである。いかに外にいても、如来にとっては内である。

そのような、外にあっても内にあるという如来に目覚めなければ、内にいても外にいるわけである。内にいても外にいるということは、つまり、二重ということである。そういう雑修の執心への批判が、報化二土にある。それが明らかに出ているのは、胎生・化生の経文である。これを親鸞聖人は、第二十願成就に当てておられる。

「化身土巻」に、第二十願成就とは言っておられないが、第二十願文を引き、その後に「また言《のたま》わく、この諸智において疑惑《ぎわく》して信ぜず、しかるになお罪福を信じて、善本を修習して、その国に生まれんと願ぜん。このもろもろの衆生、かの宮殿《くでん》に生まる、と」（『教行信証』聖典三四七頁）と、『大経』の開顕智慧段のところを引いておられるのだから、そこが第二十願成就に当たるというのが親鸞聖人のお考えであろう。他の願については、このようなことはない。第二十願に限って成就文がないということは、深い注意を要する点である。

実はこの問題を扱うのは、経典では『菩薩処胎経』である。『菩薩処胎経』の胎は胎宮ということに関係し、閉鎖されているということがある。本願のなかにあって自己を閉ざしている。垣根を作っているわけである。信ずると言いながら、疑っている。それは、信ずるという形をとった疑いである。信ずるという形をとっているから、疑いということを自覚できない。それを自覚させるのが、報化二土ということである。こういうことは経文では『菩薩処胎経』にあり、それが懐感禅師の『群疑論』に出ている。「判浅深」ということは『群疑論』にあり、それを「化身土巻」に引かれてある（『教行信証』聖典三三〇頁参照）。『群疑論』に「執心不牢《しゅうしんふろう》の人」（同頁）、「報の浄土に生ずる者は極めて少なし、化の浄土の中に生ずる者は少なからず」（同頁）という言葉が出ている。『往生要集』が明らかにしたのではない。根元的には、懐感禅師が明らかにされたのである。しかし、そこに源信和尚が注意されたということである。法然上人はそれに触れておられない。

親鸞聖人は『群疑論』よりも源信和尚の功績にしておられる。源信和尚は内観の聖者であろう。その点は法然上人と違った特色である。それゆえに親鸞聖人は、源信和尚の功績に譲って、源信章で「浅深を判じ」と言われているのである。

諸行と念仏を合わせて説く深い意味

深心ということは、『観経』から来ている。人間も努力すれば浅い心も深くなる、ということではない。人間の努力そのものが浅いのである。『往生要集』には「三輩《さんぱい》の業《ごう》、浅深ありといえども」（『教行信証』聖典一八八頁）とある。源信和尚の三輩往生の経文の解釈に基づいて廃立を明らかにされたのが、法然上人である。三輩往生の経文には興味深いことがある。法然上人以前にそこに注意されたのは、七高僧のうち二人（曇鸞大師と源信和尚）である。

第十八願（第二十願）……念仏
第十九願　　　　　　……諸行

割り切れば右のようになる。第十九願は修諸功徳の願、つまり諸行だからいろいろあるということで、三輩往生と言われる。第十八願は念仏、第十九願は諸行、と割り切っていないのが、経典の配慮である。諸行のなかに念仏が入れてある。それゆえに法然上人も三輩往生の経文について、念仏は念仏、諸行は諸行と切り離して説かずに、念仏を説き、さらに念仏と諸行を合わせ説かれた、その御心をどういただいたらよいか、を示しておられる。

つまり、助・正・傍という三様の解釈である。三つ出された上で、「読む人はこれでなければならないということはないが、私に問われるなら廃立をとる」と言われている（「ただしこれらの三義、殿最知りがたし。請ふ、もろもろの学者、取捨心にあるべし。今もし善導に依らば、初め〈廃立〉をもつて正となすのみ」〈真聖全一、九五一頁〉）。「本願に触れた私には、諸行は必要ない。これが私の信念である」という意味で、廃立をとられているのである。経典に諸行は説いてあるが、それはただ説いてあるわけではない。法然上人がこのように言われるもとは、源信和尚にある。

源信和尚は「三輩《さんぱい》の業《ごう》、浅深ありといえども」（『教行信証』聖典一八八頁）と言われているから、三輩往生の経文には諸行が説かれているとお考えであることには間違いないが、さらに続けて「しかるに通じてみな「一向専念無量寿仏《いっこうせんねんむりょうじゅぶつ》」と云えり」（同頁）と言われている。三輩に通じて第十八願の念仏が説かれているということに、源信和尚は注意されたのである。

念仏と努力を、混乱してはならない。「あれかこれか」の問題である。それは、質の相違である。三輩往生の経文には質の違っているものを合わせて説いてある。こういうところに、深い意味があるのであろう。

平凡な言い方であるが、念仏だ念仏だとそればかり言っていては、念仏が自覚的にならない。温室育ちではだめなのである。諸行と対決するということによって初めて、一向専念というように、磨《みが》きがかかってくるのである。一向専念というところに自覚的信念がある。念仏だけでは、念仏もまた、というようにもとれる。諸行と対決することによって「ただ（唯）念仏」（『教行信証』聖典一七四頁）になる。念仏が唯念仏となる。一向専念とは、唯ということである。一向専念が唯というよりも、一向専念で唯という信心があらわされてくるのである。唯は一向専念に対して言えば、一心かも知れない。一心が唯であろう。行から言えば一向であろう。

一向専念で一心が表現されている。ただ（唯）念仏、ということによって、信仰が告白される。一向専念ということで、初めて力が出てくるのである。念仏も、と言っているときには、何も出てこない。一向専念というところに、初めて一切を捨てて本願に帰するというものになってくる。可愛い子には旅をさせよと言うが、諸行と対決のない念仏はだめである。念仏も、温室育ちはだめである。

このように、法然上人に先立って源信和尚が、三輩往生の経文に注意されるが、もう一人、源信和尚に先立って三輩往生の経文に注意された七高僧の一人として曇鸞大師がおられる。我われはこのようなことがなければ、注意もせず気づかずにボーっと見送ってしまう。このお二人は、言葉遣いも非常に似ている。

　曇鸞大師は「三輩生《さんぱいしょう》の中に、行に優劣ありといえども、みな無上菩提《ぼだい》の心を発せざるはなけん」（『教行信証』聖典二九二頁）と言われる。曇鸞大師は「発無上菩提心《ほつむじょうぼだいしん》」（同二四二頁）で一貫していると見られる。ところが、源信和尚では「一向専念」で一貫していると見られる。同じ一貫したものでとらえても、とらえ方が違うのである。曇鸞大師は、行にはいろいろあるが、心《こころ》が一貫している、信は一貫しているととらえる。源信和尚は、いろいろな行のあるなかで、念仏の行が一貫しているととらえる。このように、お二人はとらえ方が違うのである。曇鸞大師のとらえ方の深い意義を明らかにしたのが親鸞聖人である。

　親鸞聖人の「信巻」を俟って初めて、本当の意味で菩提心が明らかになる。法然上人はむしろ菩提心を否定したとして問題になり、まじめな明恵上人から法然教団に対して疑難が出されている。それに対して応えたのは、私はよく知らないが、親鸞聖人だけではないだろうか。

　法然門下においては、親鸞聖人以外は誰も応えずそれを黙殺したのではないか。そもそも応えようとしなかったのか、それとも応えようとしたができなかったのかは知らないが、応えると言ってもなかなか応えられるものではない。「信巻」の問答を通して初めて、菩提心を浄土の大菩提心として明らかにされている。三輩往生はそのように深い問題を含んでいるのである。

本当の否定は、生かす力をもつ

この曇鸞大師の御言葉と源信和尚の「三輩《さんぱい》の業《ごう》、浅深ありといえども」(『教行信証』聖典一八八頁)という御言葉を、親鸞聖人は結合して明らかにされた。行はいろいろあるというところに、実は信心の問題が出ているのである。行の問題なら「三輩の行に優劣ありといえども」と続くべきところをそう言わずに、源信和尚は「浅深ありといえども」と言われた。それは、行にいろいろあるという問題のなかに、実は信仰の問題が含まれているということである。行にいろいろあるというだけでは、信仰と言っても単なる人間確信ということになってしまう。自己の努力を信ずるというのは、深いようだが浅い。

「深心」(『観経』聖典一一二頁)ということが出てくるのは、『観経』にもとがある。親鸞聖人も「化身土巻」に「諸機の浅信に対せるがゆえに「深《じん》」と言《のたま》えるなり」(『教行信証』聖典三四〇頁)と、深は浅に対するものであると念を押しておられる。努力すれば深くなるというのではない。深とは、『大経』の「深広無涯底」(聖典五〇頁)、底がないということである。信仰は、無底の深淵という意味をもっている。努力無効、と我われの努力を飲み尽くし、しかしそれが同時に浮かべるものでもある。人間を飲み尽くすものがまた、人間を浮かべるものとなる。

人間が努力すれば深くなるという深さは、殺しもしないが生かしもしない。私は浅いものだと自分を否定しても、ただ悲観しているだけである。その程度の信は、人間を否定し尽くさない。同時にまた、人間を浮かべさせるだけの力もない。本当の否定は、生かす力をもつ。行に「浅深ありといえども」とあるときには、問題は行のようであるが、裏には信ということがあるのである。専雑の執心について浅深ありと、浅深という語を正しくあるべき場所に置かれたのである。深さが我われを浮かばせないのは、我われが深さをのぞき見ているからである。眺めているから浮かばないのである。

執心とは、執着するというのではなく、執持するということである。執心には、執受するという意味もある。執受の受は、自己自身とするということである。阿陀那識《あだなしき》という言い方があるが、これは執受識・執持識とも言われる。『小経』では「執持名号」「一心不乱」（聖典一二九頁）とある。『観経』では流通分に「汝好持是語」（聖典一二二頁）と言ってあるが、この「持」は執持という意味である。持ということは、とても重要である。『浄土論』には「不虚作住持《ふこさじゅうじ》」（聖典一四一頁）とあり、その持という字の解釈をもって親鸞聖人は『小経』の執持の義を解釈されている（『教行信証』聖典三四五頁参照）。持は「不散不失」（同頁）ということである。

執持識についてであるが、唯識の解釈では、環境に関して持ということは言わない。持とは、自己自身について、身について言うのである。執受の受も、自己自身とするという意味である。「自身は現にこれ罪悪生死《ざいあくしょうじ》の凡夫《ぼんぶ》」（『教行信証』聖典二一五頁）というような言葉があり、また仏身・仏土ということが言ってある。これは、身という字がただ肉身・生理的身体ではないということであろう。

身の実在的意味をあらわすのが業である。身が業という意味をもつということが非常に大事である。我が身とは、「そくばくの業《ごう》」（『歎異抄』聖典六四〇頁）をもつ身である。身体というのは、単に生理学的な意味ではなく、実存的な意味をもあらわされているということが、大切である。身体とは、自身自体、つまり自己自身・自己自体ということである。

　自己とは何かと言えば、自己自体であり、では自己自体は何であるかというと、ここにこうしているのが自己自体である。たまたまそうあるものであって、こうならなければならないもの、ということではない。しかし、あらしめているものがある。今ここにいるということが、条件によってあらしめられているのである。だから　Here I am. Now I am. である。それは、条件によって、業因縁によってたまたまそうあらしめられている。それが自己自体なのである。

　現実の状況、たまたまここにあるという状況が、自己自身・自己自体なのである。無に浮かんだ有に過ぎないということが、身体の意味ではないか。単にボディ（body）ではない。こういうことが言える。今までは身体をただ単に生理的なものであるというくらいにしか考えなかったが、そうではない。状況の他に自己自身はない。あると言っても、なってある状態なのである。なってあり、なっていくものという、そういう状況が自己自体である。身体は、自身自体であるが、つまり自己自身・自己自体と、そのように考えることもできるのではないか。

22、極重悪人唯称仏

極重悪人唯称仏　我亦在彼摂取中
煩悩障眼雖不見　大悲無倦常照我

極重の悪人は、ただ仏を称すべし。我《われ》また、かの摂取《せっしゅ》の中にあれども、煩悩、眼《まなこ》を障《さ》えて見たてまつらずといえども、大悲倦《ものう》きことなく、常に我《われ》を照したまう、といえり。

仏教は、理論でも無理論でもなく、道理である

執持は、唯識では、ある状態を執持しているというだけでなく、その状態と運命を共にするというような深い意味をもっているのである。阿頼耶識は、業因縁によってある状況をとっている。ダーザイン（Dasein）のダー（da）が状況である。とってあらわれ、またとっていく。於いてあるものと於いてある場所とが、運命を共にする。阿頼耶識は、於いてある状況と運命を共にする。好き嫌いがない。好き嫌いは分別である。真の実存とは、与えられた状況をあるままに受け取っていく自己自身であろう。

執持は、持して失わぬことである。執受の受とは、己《おのれ》を自己自身とすることである。因縁によって

与えられた運命、他から与えられた限定を転じて、自己の限定とするのである。こういう概念が、執持であり執受である。

本願をもって自己自身とするのである。念仏すれば救われるという結論があって、念仏するのではない。我われを往生せしめる行だと聞いて、それなら念仏しようというのではない。地獄に堕ちてもさらに後悔しないと、念仏と運命を共にする。こういうところに、執心ということがある。雑修の執心・専修の執心ということにおいて、信心をあらわしてあるのである。その専修念仏の信を受けて、次に「極重悪人唯称仏　我亦在彼摂取中」と述べてくる。

『往生要集』の大文第八念仏証拠に、念仏の一門によって一切を勧めることの証拠・証文がいろいろ出してある。そこで、ただ念仏の一つをとって、それを勧めておられる。つまり、「偏帰安養勧一切」である。法然上人のように諸行は自分には必要はない、と否定するのではない。ただ念仏一つを勧めると言っても、諸行をつまらないものとしてさえぎるのではない。念仏を立てるのは、他を廃するためではない。「今念仏を勧むることは、是《これ》余の種種の妙行を遮せんとには非ず。只是《ただこれ》男女・貴賤、行住坐臥を簡《えら》ばず、時処諸縁を論ぜず、之を修するに難からず」（真聖全一、八八一頁）と言われる。このような言い方が、『往生要集』の面目であろう。人も簡ばず、行住坐臥も簡ばず、場所も問わない。人も時も処も簡ばない。諸行は時・処を簡ぶ、特殊のものであろう。誰にでもできるというものではない。それに対して、念仏はいつでもどこでも誰にでもできるものとして勧めるのである。まあ試しにやってみろというのではなく、できるものとして勧める。そこには大道というものがある。

念仏は、特殊なものではないということである。誇ることもできないが、遠慮することもできない。学問をやめて、念仏の軍門に降《くだ》ったということではない。「種種の妙行」に対して、大道というものはかえって目立たないものなのである。逆に大道に比して妙行は、けばけばしく派手なものかも知れない。妙行はかえって目立つものではないか。そして妙行は魅力のあるもの、魅惑するものであり、ちょうど理論のように人をひきつけるものである。人は理論に弱く、理論を欲しがるものである。これはなかなか深いところに根がある。

教学と言っても、理論の体系を立てることだということになると、それはキリスト教神学である。理論があるのは利点ではなく、かえって難点である。仏教は無理論ではない。仏教は理論でもないが、理論がないのでもない。言葉がなく、ただ実行だというのでもない。曽我量深先生は、道理と言われる。

理論も道理もロゴス（Logos）かも知れないが、仏教には法爾道理、存在のロゴスということがある。これは理論でもなく、無理論でもない。中道ということをいうときには、契会《かいえ》という言葉が用いられる（『成唯識論』大正三一、一三頁a「遠離二辺契会中道」）。中道に契会する。理論を立ててそれに合わすのではなく、道理にかなうのである。これが万人の大道であり、「平常心是道」（『無門関』大正四八、二九五頁b）と言われるように、決して目立つものではない。決してけばけばしいものではない。落ち着いている。自慢することもないが、遠慮もない。念仏自身が我われを落ち着かす。雑行こそがかえって妙行なのである。

摂取不捨は、仏を憶念する衆生の上にある

学問をするのは大変なことで、いい加減なことではできない。ある意味では学問などできないものかも知れない。目立つのは、実は学問になっていないからではないか。本を読んだという程度のことでは学問にならない。自分のもっているものが叩き潰され、脳漿が磨り減らされるようなものでなければ、学問とは言えない。だから、聖道の菩提心は「自力《じりき》かなわで流転せり」（『正像末和讃』聖典五〇二頁）なのである。学問は、学問なるがゆえにできないものなのであろう。

「息慮凝心《そくりょぎょうしん》」「廃悪修善」（『教行信証』聖典三四〇頁）ということがある。善導大師は『観経疏』「玄義分」に、浄土の要門について定散二善を開かれたのが『観経』だと言われている。定散二善とは何かと言うと、息慮凝心を定、廃悪修善を散とする（真聖全一、四四三頁参照）。これは、言葉の定義である。ところが、親鸞聖人はこれを読まれて「定心修しがたし、息慮凝心《そくりょぎょうしん》のゆえに。散心行じがたし、廃悪修善のゆえに」（『教行信証』聖典三四〇頁）と言われている。定散二善を定義した言葉が、同時にそれが成就し難い理由であるとされている。学問は学問なるがゆえにできないものなのである。

それが、聖道の菩提心は「自力かなわで流転」するということである。学問が学問なるがゆえにできない。つまり、自力の菩提心は、自力の菩提心なるがゆえにできないのである。菩提心がつまらないものだからではない。こちらのほうが脱落しているからできないのである。

聖道の菩提心から落ちたところが、念仏である。落ちたところにあるような、つまらないものに誰が誘惑されようか。しかし自力は、努力すれば有効になるというものではない。努力は本質的に無効

なのである。自力無効というのは、行が無効なのではない。自力の能力が、無効なのである。

行をもって自己を確信するという、その信念が無効なのである。できないにもかかわらずできると、ただ勝手に確信しているのに過ぎない。行住坐臥を簡ぶような、諸行に覆われているものに妄執しているのである。学問するから学者だというわけにはいかない。学問するが、学問してどうかしようとする凡夫なのである。単に、学問するような縁に遇っている凡夫ということである。そこに開かれている大地が、念仏である。そういう点から、もう一度学問の意味が見直されてくるのではないか。

『往生要集』大文第八念仏証拠門に、極重悪人ということについて『観経』が引いてある。「『観経』（意）に云く、「極重の悪人は他の方便なし、唯《ただ》仏を称念して極楽に生ずることを得と」」（真聖全一、八八二頁）とある。本によっては「唯称弥陀」となっているものもある。この言葉を要約されたのである。これは『観経』下々品から出た言葉である。諸行から脱落した人間が出遇ったものが、念仏である。念仏は、出遇いである。出遇ったものであって、いろいろあるなかから簡びとったのではない。諸行から脱落したところを、下から支えられたという出遇いではないか。極重悪人とは、そのように諸行から脱落した者のことを言う。その極重悪人が、底に出遇う、大地に出遇うということが言われているのである。

そして「我亦在彼摂取中」は、『往生要集』でも別のところ、第四正修念仏門にある言葉である。五念門によって念仏を明らかにしているので、観察、観仏ということを説明する。正修念仏雑略観のなかに、『観経』の第九真身観にある「光明、遍照十方世界、念仏衆生、摂取不捨」（聖典一〇五頁）の経文が引かれ、それに対する源信和尚の解釈が述べてある（真聖全一、八〇九頁参照）。それを結合してここに示してあるのである。

「唯称仏」というのは専修念仏である。「極重悪人唯称仏」という信仰を次にあらわしている。『観経』の言葉を、ただ経文がそう言っているというのではなく、そこに「我」という言葉を置き、極重悪人というところに自分を置いて、極重悪人の我と言われているのである。「我」は、念仏衆生という経文を、源信和尚が自己自身の上に明らかにされた言葉である。源信和尚ご自身の信仰を述べられた貴重な言葉になっている。このような言葉は、どこにもない言葉である。こういうことが大事である。

摂取不捨ということはこのように、念仏する人にある念仏の信心である。念仏する人が、信心なのである。人を成り立たせるのが、信心である。「正信偈」に「仏言広大勝解者」（聖典二〇五頁）、あるいは「是人名分陀利華」（同頁）とも言われている。この「者」や「人」を成立させるのが、信心である。なぜかと言うと、信心とは本願に目覚めることだからである。本願に目覚めれば、極重悪人であっても本願自身が極重悪人の上に成就する。無碍に成就し、極重悪人であることと本願成就が矛盾しないのである。

極重悪人のままに、そこに本願が成就するのが、実存というものである。「者」や「人」は、ただ目鼻があるというだけのことではない、実存的人間である。本願を信ずれば、信じられた本願が、信じた人の上に実現し、信じた人がそれに生きるということがある。ただわかったというだけのものではない。摂取不捨ということは、人や者の上にある。仏を憶念する衆生の上にある。遍照は仏の上にあるが、摂取不捨ということは仏の上でなく、人の上にあるということである。

これは、「光明、遍照十方世界」という本願の徳をあらわしたものを、自己の上に経験され、明らかにされた言葉である。どこにもない言葉である。それゆえに、このような言葉があるということがありがたいことである。

極重悪人を本願成就の場所とする、それが摂取不捨

「極重悪人唯称仏　我亦在彼摂取中　煩悩障眼雖不見　大悲無倦常照我」。この四句の全体的な主旨は前回お話しした。前回も述べたように、初めの一句は、もともとは『往生要集』大文第八念仏証拠門に出されている、『観経』の下品下生の経文を解釈された言葉を、要約するものである（真聖全一、八八二頁参照）。それが「行巻」に引かれているのである（『教行信証』聖典一八八頁参照）。

「我亦在彼摂取中」以下三句もやはり『観経』がもとだが、真身観の「念仏衆生、摂取不捨」という有名な経文についての、源信和尚の了解が述べられている言葉である。これらは『往生要集』では正修念仏門にあり、それが『教行信証』では「信巻」に引かれている（聖典二二二頁参照）。このように、初めの一句と後の三句とは根拠においても、また『教行信証』においても分かれている。それらが、「正信偈」ではまとめられている。つまり、「念仏衆生、摂取不捨」という一句を「極重悪人唯称仏」に変えてあるのである。

念仏証拠門では「極重悪人……唯称念仏」とある。そこに「極重悪人」の一句が置かれてある。特に念仏衆生、つまり本願の機として極重悪人という一句が置かれているのである。極重悪人ということが出るから、「煩悩、眼を障えて」ということも出てくる。そのように、親鸞聖人によってたくみに結合されている言葉である。

これのもとは、くわしくは『観経』の「光明、遍照十方世界、念仏衆生、摂取不捨」である。この経文の意味を、前の二句ではなく後の二句でとってこられるところに、大事な意味がある。後の二句の意味を明瞭にするために、前の二句がある。このことに着眼されたのは、源信和尚が初めてではなく、すでに善導大師が先立って着眼されている。

極重悪人であるときには本願はなく、本願に触れたら極重悪人は消えてなくなるというのではない。あくまでも極重悪人というものにおいて、本願を明らかにする。極重悪人を本願成就の場所とするということが摂取不捨である。ここに非常に大事な意味がある。極重悪人が消えたら、摂取される者もない。摂取ということも言えない。極重悪人がなければ、摂取される身がない。摂取を受ける場所がないのである。

仏ではないが仏に等しいという点に、摂取ということがある。煩悩をもっている身であるから仏とは言えない。けれども、それではまったくの凡夫かと言えば、そうではない。仏と等しいのであり、等しければそれで十分なのである。そこに摂取不捨ということが言われ、またそこに現生不退ということも出てくる。ほとんど仏と言ってもよいようなものだが、しかし煩悩を忘れない。信仰とはそういうものであり、それがかえって信仰の確かさをあらわす。仏だと言わなければ確かではない、というのではない。「すでに仏に成った」と言わずに、「仏に等しい」と言うのは、信仰のもろさではなく、かえって確かさをあらわすのである。

つまり、信仰は煩悩と矛盾しない。煩悩と争うのは、信仰の意識ではない。煩悩があっても差し支えないというのは、悪を恐れないということである。それが、信仰の確かさである。その構造をあらわすのが「雖」という字である。「雖」が中心となる概念である。この「雖」は、「正信偈」ではここで初めて出ているのではなく、すでに依経分に「摂取心光常照護　已能雖破無明闇」（聖典二〇四頁）と出ている。

だから、「雖」は依経分と依釈分と二か所にある。

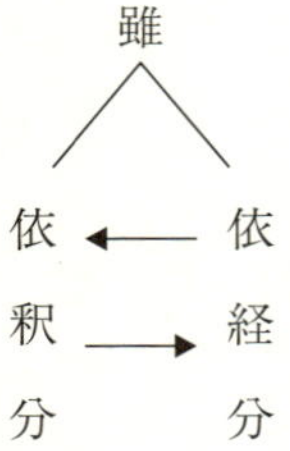

これが大切なことである。依釈分では源信章に置いてある。基づくところの経典に着眼されたのは、源信和尚が初めてではなく、すでに善導大師が着眼している。依経分は依経分、依釈分は依釈分と別々にあるのではない。依経分も釈を通した依経なのであり、釈を通して経の精神があらわしてある。逆にまた依釈分と言っても、釈として経が流れてきている。

宗教心の伝承を、その歴史的文章によって語らせる

これは文献上のことを言っているのではない。親鸞聖人が伝承と言われるのは、こういう点である。これは枚挙にいとまのないことであるが、たとえば『摩訶衍《まかえん》』（『教行信証』聖典一七二頁）と出されていても、実は親鸞聖人が龍樹菩薩から直接引かれたのではなく、あえて『安楽集』を通して引いてあるし、「『大経《だいきょう》の賛《さん》』（讃阿弥陀仏偈）に云《い》わく」（同頁）と出されていても、曇鸞大師から直接引かれたのではなく、あえて『安楽集』を通して引いてある。このような点である。トラディション（tradition）、伝統という言葉の意味を、もっと深く考えなければならない。それはただ文献維持の話ではない。流れているのは宗教心であり、その宗教心が成長しているのである。

本願や信心と言うとわからないが、宗教心なのである。法蔵菩薩も阿弥陀仏も浄土もみな宗教心の形である。その他には何もない。それが次第に展開しているのである。ただ空想しているのではなく、宗教心が展開してくるというその証拠を、「これを見よ」と挙げたわけである。親鸞聖人が自分の意見を述べるのではない。宗教心が宗教心の流れを語るのである。宗教心がその流れを、その歴史によって語らせるわけである。これが大切な点である。

依経分の「摂取心光常照護　已能雖破無明闇」が基づくところの経典、つまり『観経』の言葉に着眼されたのは、源信和尚が初めてではなく、すでに善導大師が着眼している。善導大師がこれに着眼なさったのは、善導教学の中心が『観経疏』であるということを考えれば当然である。親鸞聖人が善導大師以外の他の方のものを引用なさる場合には、「『浄土論』に曰く」、あるいは「『論註』に曰く」

などと言ってあるが、善導大師の場合だけは、「光明寺の和尚の云く」と言ってある。善導大師が制作なさったものは五部九巻もあると言われているが、しかしその基礎になるものは、やはり『観経疏』である。

だから、善導大師が『観経』に着眼されたのは当然である。善導大師によって着眼された『観経』の言葉、その見出された『観経』の精神を通して『大経』の本願を明らかにしてあるのが、依経分なのである。だから善導大師のところで出してもよいようなものだが、善導大師のほうは経に含めてある。「摂取心光常照護」以下三行六句には、善導大師の二河譬に当たる貪愛・瞋憎ということも引いてある。

譬喩と言えば「如衆水入海一味」（「正信偈」聖典二〇四頁）も、「如」とあるから譬喩と言ってもよいのかも知れない。しかし、この「譬如日光覆雲霧」（同二〇五頁）は、非常に目立っている。譬喩を出すのは、ここ（「摂取心光常照護」以下三行六句）だけと言ってもよいのであるから、やはり善導大師の二河譬に応じているのではないか。

さらに譬喩ということで言えば、世親菩薩の『唯識三十頌』の簡潔な偈文のなかの、三能変の識転変を語るところに、譬喩が出ている。初能変のところに「恒に転ずること暴流の如し」（「恒転如暴流」〈『唯識三十論頌』第四頌、大正三一、六〇頁b〉）とあり、第三能変にくると再び「濤波の水に依るが如し」（「如濤波依水」〈『唯識三十論頌』第十五頌、大正三一、六〇頁c〉）と言ってくる。初能変の阿頼耶においては流れの喩え、第三能変の六識においては波という喩えが置いてある。それらは『深密解脱経』の経文に基づいている（「譬如流水若一縁起即生一波」〈大正一六、六六九頁b〉）。世親菩薩の『唯識三十頌』ではなかに第二能変をはさんで分かれて出ているものだから別々のように思うが、もとの『深密解脱経』では一か所に出ている譬喩である。第二能変の識は『深密解脱経』では独立していないのである。『深密解脱経』では、根本識とは阿頼耶識であり、転識と言えば六識であるという形で、第二能変の識は独立していない。だから、そもそも喩えを分けて二か所に置く理由がない。『唯識三十頌』はわずか三十の偈文だが、喩えを加えてあるということは、『深密解脱経』の喩えを尊敬して、それを世親菩薩は踏襲されたと言える。

「正信偈」で、信心の徳をあらわしてあるところは、「能発一念喜愛心　不断煩悩得涅槃（よく一念喜愛の心を発《ほっ》すれば、煩悩《ぼんのう》を断ぜずして涅槃《ねはん》を得るなり）」（聖典二〇四頁）に始まる。そして最後は、諸仏称讃の「仏言広大勝解者　是人名分陀利華（仏、広大勝解《しょうげ》の者と言《のたま》えり。この人《ひと》を分陀利華《ふんだりけ》と名づく）」となっており、信心をたまわる者は諸仏の心にかなうのであり、諸仏によってほめられるのだと述べられている。人間にほめられるのではない。このように信心の利益がいろいろ挙げられてあるが、「摂取の心光」のところだけは、喩えが述べてあり、同じ利益を語るのにも非常に力が入れてある。言葉の数も多く、また喩えも出ている。それで三行六句と文章が長くなっているのである。

臨終来迎は無用であるというのが、摂取不捨

これ（「摂取心光常照護」以下三行六句）は、善導大師の二河譬に応ずるのではないか。善導大師を通して摂取不捨の経文が出されていること、源信和尚に先立って善導大師によって着眼されていることを述べているのである。そして、法然上人自ら「偏依善導一師」と言われるように、善導大師を継承しているのが法然上人である。法然上人は摂取不捨の経文を挙げてはおられるが、我という字をおいて第十八願の利益をあらわしておられる。法然上人の場合、我という字を入れてあるのは、「わが御《おん》身《み》にひきかけて」（『歎異抄』聖典六四〇頁）というのと同じ意味である。

本願の利益を、客観的に自分を離れて言うのではなく、法の徳をあらわすという形で挙げてある。同じ経文であるが、むしろ念仏の利益をあらわすというような形になっている（真聖全一、九五六頁参照）。念仏の徳、法の徳をあらわすという形で、摂取不捨を挙げてある。源信和尚の場合はそうではなく、信心の得る利益をあらわす。機の利益をあらわしている。実はこういうところに、摂取不捨の経文の意義の深さがある。

「念仏衆生、摂取不捨」の摂取不捨とは、機の利益、つまり人間にあることであって、仏にあるのではないという点が大切である。だから「念仏衆生、摂取不捨」という言葉の裏には、念仏しない衆生、つまり諸行の衆生ということがある。諸行の衆生は、本願のなかにあっても本願の利益を受けることはできないであろうということが裏にあるのである。

諸行の利益とは、臨終来迎である。だから摂取不捨の経文の意義を、臨終来迎から区別することが大切である。そこに浄土教一般ではない、特に浄土真宗、親鸞教学というものが出てくる。

法然上人などでは、摂取不捨も臨終来迎も法の徳となっており、どちらも区別がない。信仰の歴史を考えてみると、念仏の教えが人間を感激させたのは、摂取不捨ではなく臨終来迎ということであろう。臨終来迎というようなところにこそ、他力ということが広く了解されてきたのではないか。念仏が深い感銘を与えたのは、もともとは来迎ということではないか。

そのように、宗教心の成長がある。初めから摂取不捨ということでは、なかったのだろう。来迎は無用であるというのが、摂取不捨である。しかし、それでは誰も感銘を受けない。だから親鸞聖人は、善導大師の言葉であっても、偏依善導と言われている法然上人によってとらえずに、源信和尚によったのである。善導教学は、法然上人のところに尽くされるものではない。善導教学はもっと幅の広いものである。法然上人に継承されたのは一面なのである。

法然上人の継承された面は「行巻」に尽きている。もう一つ他に「信巻」に出ている面があり、それが三心釈である。三心釈に『教行信証』の教学の独自の意味がある。こういう問題に触れているのは、法然上人ではなくてかえって源信和尚のところにある。

「信巻」に入るとまず初めに、三心の問答を起こすための文が挙げてある。たとえば「別序」に「広く三経《さんぎょう》の光沢《こうたく》を蒙《かぶ》りて、特《こと》に一心の華文《かもん》を開く」（『教行信証』聖典二一〇頁）とある。つまり三経一論である。三経一論の中心問題を取り扱うというのである。ただし信を述べるから「信巻」なのではない。信は「行巻」の「正信偈」に述べてある。「別序」に「論家《ろんげ》・釈家《しゃっけ》の宗義を披閲《ひえつ》す」（同頁）とある。論家とは天親菩薩であり、釈家とは善導大師である。この方々が三心の意味を明らかにされた。これが、親鸞聖人が三心の問答を起こしてこられる基礎資料である。

インドでは天親菩薩、中国では善導大師において尽くされる。七高僧を全部もってくる必要はない。けれどもそこに、日本の源信和尚が加えてある。「我亦在彼摂取中」の言葉である。『往生要集』が「信巻」に置いてあるのは、このためである。

南無阿弥陀仏は欲生心の言葉であり、人間を無為自然に帰せしめる法爾のロゴス

『往生礼讃』に名義ということ、つまり、阿弥陀と名づける理由が取り扱われている。善導大師は、「『弥陀経』および『観経』に云く」（真聖全一、六五三頁）と言われ、「ただ念仏の衆生《しゅじょう》を観《み》そなわして、摂取《せっしゅ》して捨《す》てざるがゆえに、阿弥陀《あみだ》と名づく」（『教行信証』聖典一七四頁）と言っておられる。摂取不捨という言葉をもって、弥陀の名義を明らかにしてある。念仏の意味、念仏の要点を、摂取不捨をもって明らかにしてある。『大経』に「名声《みょうしょう》」（聖典二五頁）、また『浄土論』には「妙声《みょうしょう》」（聖典一四一頁）、「妙声《みょうしょう》功徳」（同一四〇頁）とある。しかし、声を出すのが念仏の要点ではない。

声と言えば言葉である。名は一つの言葉である。本願の教学においては、言葉ということが大切である。言葉を否定するところに禅の特徴があり、言葉を尊重するところに本願の仏教がある。言葉の問題は非常に大切である。言葉には、ロゴスということがある。ロゴス自身の意味は、覆われているものを取り去って明らかにすることである。

開示悟入という言葉が、仏教にはある。善導章にも「開入本願大智海」と言ってある。開入とは、開示悟入を要約した言葉であるが、もとは『法華経』の言葉である。開示悟入は、言葉の本質をとら

えた言葉ではないか。その意味でロゴスとは開示性と言ってもよい。オープンであるということが、言葉の本質と考えられる。言葉ということが有名になったのは、特にキリスト教のヨハネ伝である。ヨハネ伝では、ロゴスという言葉で神の言葉を言う。人間の言葉ではない。そこにはギリシャにはなかった要素、我われを圧迫し、決断をせまるような要素が加わってくる。神の国は近づけり、汝悔い改めよと、我われを決断に追いやるようなことがある。つまりエスハトロギッシュ（eschatologisch）、終末論的な、人間を絶対者の前に立たせるような意味をもつ。そのとき初めて人間が一人になる。人間を裸にする言葉であって、それはロゴス的というよりもむしろパトス的である。

世界にはいろいろな言語があるが、真にロゴス的な言葉をもったのが、ギリシャ語であろう。それがキリスト教に触れてくると、ロゴス的でなく、パトス的なものが出てくる。仏教の言葉でもそうではないか。本願の言葉でも、「我が国に生まれんと欲え」や、「汝《なんじ》一心に正念《しょうねん》にして直ちに来《きた》れ」（『教行信証』聖典二一〇頁）という、命令する言葉はパトス的である。

南無阿弥陀仏は、欲生心の言葉であり、多分にパトス的な言葉である。しかし、ロゴスでなくなったのではない。それによって人間を無為自然に帰せしめるのである。その点から言えば、法爾のロゴスというものではないか。

弘法大師に『声字実相義《しょうじじっそうぎ》』（大正七七）という書物がある。声に字が加わる。声はヴォルト（Wort）、言葉である。名は、言葉であると同時に、言葉でない意味もある。そこから、名告るということが出てくる。仏の名である。言葉は名告る言葉であるとともに、字であるということが、弘法大師の論で注意されている。

声字が実相であるとは、つまり声なき声ということである。声も実相である。実相の声であると言う。実相は離言であり、離言ということをあらわすのが実相である。声字は言葉なのである。こういうことで、離言の言ということがあらわされている。そこに字ということが出てきたのが、興味深い。これは、ギリシャやキリスト教にはない。インドの伝統から出てくる言葉の意味は、字というものがあらわしてくる。

我われは、字は死んだものであり、声は生きたものと考える。死んだ文字のなかに生きた声を発見するということも、言えないわけではないが、字を重要なものとしてきたところに、ギリシャにもヘブライにもない、インドだけの考え方があるのではないか。真宗でも、六字の名号というように、字ということが大事になってくる。

信心は仏の種子であり、仏は信心の種子の咲いた花

このように考えると、言葉の教学と言えるのは、密教と、顕教では浄土の教学ではないか。それは、天台教学と真言教学とを対比させて考えれば、非常にはっきりする。ちょうど禅に対する念仏というようなものがある。天台教学に対する真言教学の特色は、言葉が形象となっているという点にある。仏名が、ただ礼拝の対象というだけではなく、行具という意味をもっている。

字は、真言密教だけが用いたわけではない。『十地経』でも、字が重要視されている。字とは、ア

ルファベットである。名句文と言い、説一切有部では、名句文それ自体が声を離れて実有であるとし、経量部や唯識派では仮有とする。句はフレーズであり、文は文章ではなく、文字を指す。名と句、それに文字なのである。つまり、字はアルファベットである。

では、アルファベットとは何かと言うと、あらゆる文章の母体であり、つまり字母である。それを代表する最初の文字は「唵《おん》」という言葉である。それから阿字観の「阿」である。aであり、アルファベットの最初の母音である。十地の法門も字母ということを言う。このように、十地の法門は根本仏教である、ということになっている。つまり仏母である。

このような意味で、字は種子ということである。密教では種子真言というものもある。信心は、仏の種子である。そして、仏は信心の種子の咲いた花である。この意味で仏母ということを言うのである。仏を母とするのではなく、仏の母であるというのが、信心である。

これは信心の高い位置を言うのである。煩悩はあっても、すでに如来を孕んでいる。それが如来に等しいという意味をもつ。それが仏母ということである。仏母般若ということを言う。無分別智を得るならば、その衆生は菩薩地に位づけられる。般若は当来の如来の母胎になっているのである。これは、信心仏性、信心が成仏の因ということと同じである。

そして仏母は、菩薩の元であるという意味で、道元禅師の、道元ということと同じ意味なのである。「信は道の元とす、功徳の母なり」(『教行信証』聖典二二〇頁)という『華厳経』の経文が、「信巻」に引かれている。信心は道元功徳の母である。仏父と言うことはない。仏母と言う。このようなことを象徴しているのが、アルファベットである。そういうことで、字ということが着眼されているのである。

このような字の意味は、密教だけの話ではない。これを仏教の術語で言うと、陀羅尼、つまり総持である。『浄土論』に「願偈《がんげ》を説いて総持《そうじ》して、仏教と相応《そうおう》す」（聖典一三五頁）とある。初めの言葉は、あらゆる文章を含んでいるのである。母胎であるということは、総持しているということである。『十地経』や『浄土論』は、顕教の陀羅尼である。密教の陀羅尼は呪文である。

同じように言葉を尊重すると言っても、一方の真言密教では呪文、秘密の言葉である。他方『浄土論』の言葉は顕であり、明々白々である。顕彰している言葉であり、どこまでも秘密はない。それだけの違いがある。密教のほうは、呪文化される危険を孕んでいる。真言密教が堕落したのは、功徳もあった代わりに危険もあったからである。念仏のほうは、呪文化されるような功徳も与えなかった。その意味では害を与えなかった。しかし害も与えなかったために、気が抜けてしまった。気の抜けたビールである。悪口を言えば、どちらにも言えるわけである。

南無阿弥陀仏の名義には、行と信に関係する意義がある

名号は、名声だけではなく、実は声字という意味をもっている。「大行《だいぎょう》とは、すなわち無碍光《むげこう》如来の名《みな》を称するなり。この行《ぎょう》はすなわちこれもろもろの善法を摂《せっ》し、もろもろの徳本を具せり」（『教行信証』聖典一五七頁）と言う。この摂と具は、総持という意味である。

つまり、仏は仏自体の一点一画を、欠くことなく衆生に与える。仏の功徳を凡夫である衆生に与える。凡夫でない衆生にではなく、凡夫である衆生に仏自身を与えるのである。善本・徳本と言う場合、善は因位の行であり、徳は仏果である。つまり、仏の歴史、仏が仏にまで成った道程、この全体を善本・徳本と言う。その全体を、仏は凡夫である衆生に恵むのである。

いかにして恵むかというと、一つの言葉、名として恵むのである。名は、仏の全体を、仏の内容を欠かずに、仏であることを失わずに、仏ではない衆生に与えるための通路となる言葉である。悟り得る衆生には、言葉は必要ないから与える必要もない。仏を下げて与えるのではなく、仏を仏のままで、仏であることを失わずに、仏でない衆生に開示するところの道が、名である。

善導大師は名号の意義を、「「南無《なむ》」と言うは、すなわちこれ帰命《きみょう》なり、またこれ発願回向《ほつがんえこう》の義なり。「阿弥陀仏《あみだぶつ》」と言うは、すなわちこれ、その行《ぎょう》なり」（『教行信証』聖典一七六頁）と言い、また「ただ念仏の衆生《しゅじょう》を観《み》そなわして、摂取《せっしゅ》して捨《す》てざるがゆえに、阿弥陀《あみだ》と名づく」（同一七四頁）と言われている。摂取不捨の名義と、名が善本・徳本を摂具するということについて、概念が混乱しているし、親鸞教学でも言葉が多義的で混乱しているように思われる。摂具であらわされる場合の名は、行たる名の意味である。タートヴォルト（Tat 行為 -wort 言葉）という意味である。摂取不捨や「「南無」と言うは、すなわちこれ帰命」という場合の名は、信である。

一方では、行たる名、タートヴォルトたる名が、善本・徳本を具する。他方、信心に関係する意義を見てくるのが、摂取不捨、あるいは「「南無」と言うは」という場合の名義である。このような違いがあるのではないか。

「「南無」と言うは」の場合を、機法一体という。機法一体が名義だという面と、他方「善法を摂《せっ》し、もろもろの徳本を具せり」（『教行信証』聖典一五七頁）と、仏は名をもって衆生に仏を施し、万善万徳を円満しているという面がある。「行巻」に「もろもろの善法を摂《せっ》し、もろもろの徳本を具せり。極《ごく》速《そく》円満す、真如《しんにょ》一実の功徳宝海なり」（同頁）とあるように、つまり真実功徳という面である。「もろもろの善法を摂《せっ》し、もろもろの徳本を具せり」を別の言葉で言えば、真実功徳ということである。万善万行を円満しているところの名である。この場合、「「帰」の言は、……帰説《きえつ》〔よりたのむなり〕なり」（『教行信証』聖典一七七頁）とあって、南無はたのむということだという。また「発願回向《ほつがんえこう》の義」（同一七六頁）、あるいは「摂取《せっしゅ》して捨《す》てざるがゆえに、阿弥陀《あみだ》と名づく」（同一七四頁）という解釈も出されるが、それらがどのように関係するのかわからない。混乱しているのではないかと思う。一方は信に関係した名の意味であり、他方、功徳として語る場合は名が行である。このように理解してくると、多少明確になるのではないか。

この疑問は、学生時代からかすかに懐いていたのだが、解けたようで解けない。それで今日まで、この疑問を堅持しているわけである。言葉というところに何か手がかりがあるのではないかと思う。とにかく、そういう疑問を脇に置いて、行信とは念仏である、と、疑問を消してしまうのではなく、もう少し意味を明確にしなければならないものがあるのではないか。

疑問というのは初《うぶ》なのがよい。専門家になると、もはや疑問など起こさない。私などは真宗学の専門家ではないから、かえってそういう疑問をもつ。三十年ほどもち続けているのだから、本当に古い話である。若いときはいろいろ野心があって、これでも捨てたものではないぞと思っていたけれども、今のように年を取ってみれば、結局、青年期に気がついたこと、考えたことを出ないものであると気づく。若いときの課題を、その後一生かかって完成していくのである。

若いときが大事である。一生を支配する運命は、青年期にちゃんとある。大きくなったら別のことが出てくる、などというものではない。若いころに考えたことは、年を取ってもやはり考えている。捨てられないものである。人間の考えには、運命がある。運命として与えられたものを解かなければならない。それを解かないのは、不忠実というものである。いくらよい考えでも、人の考えをもって自分の考えとかえるわけにはいかない。若いころに自分が考えたことは、自分の上に与えられた使命である。よい本を読んで、よい考えだからとそちらに乗り移るというようなことは、存在の構造上、許さないようになっているのではないか。だから、若いときは貴重である。

長いあいだどうもわからなかったが、ようやく今少しわかりかけてきた。「もろもろの善法を摂《せっ》し、もろもろの徳本を具せり」（『教行信証』聖典一五七頁）、続いて「真如《しんにょ》一実の功徳宝海なり」（同頁）と言われるのは、名号が行という意味のときである。善を行じて徳として成就している。名号が行というのは、こういう意味である。善を行ずることによって徳を勝ち取るというのが、行である。五念門を行じて、それによって五功徳として成就する。つまり、仏は自ら五念門を行じ、その行を成就した功徳を衆生の上に成就しようという。善を自ら行じ、その行によって勝ち取った功徳を、衆生の上に成就しようということである。

行という意味をもった名、行たる名、タートヴォルトということが考えられる。名が、法の意義なのである。本願においては、名を法とする。法とは、仏を仏たらしめる法である。行という概念は、念仏往生と言われるように、往生に関係する概念である。しかし、摂取の信心は、往生に関係しない。もちろん、往生の信心ということもまったくないわけではなく、たとえば『歎異抄』にはある。しかし、「涅《ね》槃《はん》の真因はただ信心をもってす」（『教行信証』聖典二二三頁）、あるいは「信心は菩《ぼ》提《だい》のたねなり」（『尊号真像銘文』聖典五二八頁）とあるように、信心は成仏に関係する概念であり、行は往生に関係する概念と言ってよい。このように分けて考えなければ、行信の区別がつかないようになるのではないか。

往生即成仏とは、往生と成仏を混乱したのではない。即である。二つが違うものでなければ、即という意味はない。往生を通して、成仏を与える。信心とは、成仏させてもらうということを言うのではない。成仏するというのである。お他力中毒にかかると、何でも「させてもらう」と言えばよい、というくらいに思う。口癖である。しかし、信心はどこまでも、「我信ずる」である。確信であり、信念である。つまり、自覚をあらわす。

行はそうではなく、たすけるという救済をあらわす概念である。一方、往生成仏は、自覚をたまわるのである。ものを考える場合、概念を明確にしておかなければ、言葉が多過ぎて頭が混乱する。「行巻」は、南無阿弥陀仏という行たる名、ということを明らかにするのが主である。だから、「行巻」の冒頭の御自釈に「もろもろの善法を摂《せっ》し、もろもろの徳本を具せり。極速《ごくそく》円満す、真如《しんにょ》一実の功徳宝海なり。かるがゆえに大行《たいぎょう》と名づく」(『教行信証』聖典一五七頁)と言ってあるのである。

この「極速円満す」も、わからない文章である。極速に真如一実功徳宝海を円満するというのならわかるけれども、「極速円満す、真如一実の功徳宝海なり」では、わからない。つまり、「極速に真如一実功徳宝海を円満する」と言えば、信心になる。「極速円満す、真如一実功徳宝海」と言えば、行になる。後者は、信心を包んだ行である。

信ずるときに極速円満させるところの、真如一実功徳宝海だという。信ずるときに極速円満するのである。信じなくても極速円満しているのではない。信を俟っている言葉である。

そういう意味で、念仏は一切を円満しているが、時を俟ってある。時機到来して円満するのである。だから、念仏が成就したとき、一切衆生はみな、往生はしていないけれども、するよう準備されている。念仏が成就するとは、目覚めるときを俟って円満するのである。円満するものは、すでに準備されている。ただ目覚める一点が、俟たれているのである。

その一点を果たすのが、人間全体の意味である。行ずるのが人間の意味なのではない。念仏とは、何も要らないということであるから、それゆえにただ目覚めるということだけが、人間に残してある。あらゆるものが円満しているとなると、うなずくということだけが必要であり肝要になる。念仏の要は信心であって、行ではない。行たる名において要点となるのは、信の一念である。だから『歎異抄』でも「念仏もうさんとおもいたつこころのおこるとき」(聖典六二六頁)と、時というものがある。

そのとき、「すなわち摂取不捨《せっしゅふしゃ》の利益《りやく》にあずけしめたまうなり」（同頁）と言ってある。ゆえに、信という時がなければ、願が行にならない。念仏は永遠に願に止まっている。信の一念を獲て、初めて願は行となる。信じないところに行はない。信において願が行になる。信を俟つのは、不完全だからではない。人間の力を借りるのでもない。願が完全であることを実証するのである。完全が完全であることを証明するために、時を必要とするのである。たとえ極重悪人であっても、信ずることにおいて初めて、仏に等しい意味を与えられるのである。

相対有限である人間が絶対無限を与えられるのは、信ずることにおいてである。信ずるというところに、有限でありほとんど無に等しい人間も、絶対無限の意味をもつのである。

たすけるのは仏の仕事、たすけられるのは衆生の課題

名義ということを、善導大師が『往生礼讃』に明らかにしておられる。そこに、名義を問題にするのは『小経』であり、摂取不捨は『観経』にあるとして、「『弥陀経』および『観経』に云く」（真聖全一、六五三頁）と言ってある。『小経』では「無量無辺」（聖典一二八頁）ゆえに阿弥陀と名づけると説かれている。無量という意味だから阿弥陀という名があるのだと言う。これは阿弥陀という概念を定義しただけであって、当然の話、平凡な話である。ここでは、名義ということがあっても、深い信仰的意義が明らかになったわけではない。『小経』の意味だけならば、名号は符号に過ぎない。

人間を救い、人間を目覚ますような、つまり宗教的概念としての名にならない。信仰概念にならな

い。それだから、『観経』の摂取不捨をもって、名号の意義を明らかにする。これは、善導大師の学問の深さである。摂取不捨という内容をもって初めて、仏の名は単なる記号でなくなる。『小経』では「光明無量、照十方国」（聖典一二八頁）と光明遍照をもって名義としてある。それだけでは、名義でも何でもない。ところが『観経』では、「光明、遍照十方世界、念仏衆生、摂取不捨」と説かれている。光明遍照に続いて摂取不捨ということが出ているのである。『小経』では、光明遍照をもって名義としてあるのを、善導大師は『観経』の摂取不捨をもって名義とした。そういうところに、光明遍照と区別する意味が、後の二句「煩悩障眼雖不見　大悲無倦常照我」にある。それは何かと言うと、仏の徳である。仏は念仏する衆生だけを照らしているのではない。一切衆生を照らしている。念仏しない衆生をも照らしている。しかしそこに、俟つということがある。

念仏しようがしまいが、善人も悪人も照らすのが光明遍照ということである。しかし、摂取不捨は衆生にある。この点が大切である。光明遍照は仏にある徳であり、摂取不捨は衆生にある利益である。この区別が明確でなければならない。「光明、遍照十方世界」というのは、十方世界の十方衆生を照らしているのである。しかし照らすのは誰でも照らすが、照らされるのは念仏の衆生のみである。目覚めた衆生だけが照らされる。

たすけるのは仏の仕事である。たすけられるのは衆生の問題、衆生の課題である。目覚めるということだけが、衆生の俟たれているもの、衆生の要求されているものである。いかに仏がたすけようとしても、苦悩しない衆生をたすけるわけにはいかない。目覚めるのを俟ってたすける。仏はただ目覚めるということのみを俟つ。目覚めることによって、仏が仏としてはたらき得る。したがって、目覚めるということは仏の徳に匹敵する意味をもつのである。目覚めなければ、仏の仕事も無駄になってしまうということである。

仏を生かすも殺すも、我信ずるというところにある。それゆえに、善導大師は「ただ念仏の衆生《しゅじょう》」（『教行信証』聖典一七四頁）と「唯」（真聖全一、六五三頁）という字を置かれたのである。これは大事な字であって経文にはない。むろん、「唯観念仏」（同頁）と観という字も置いてあるが、この場合の観にはたいした意味がない。『観経』ということから、観と置いただけに過ぎない。一応は、『観経』の観がそうであるように、衆生が仏を観ずるのであろう。ところがここに善導大師が加えた観は、仏が衆生を観ずる。観の方向が違ってくるのである。

これは、『浄土論』でも同様である。作願・観察・回向とあるが、回向に作願・観察がないのではない。回向は、方向が違うのである。回向は、五念門の場合、「いかんが回向する。一切苦悩《くのう》の衆生《しゅじょう》を捨てずして、心に常に作願す」（聖典一三九頁）とあり、摂取不捨がここに出ているのである。「心に常に作願す」と言われているが、作願回向、発願回向ということがあるように、回向と言えば作願ということが付いてくる。だから、回向に作願がないのではない。「心に常に作願す、回向《えこう》を首として」（同頁）というのである。

「一切苦悩の衆生を捨てずして、心に常に作願し、回向を首とす」と切れるのが、本来の文章である。もとの文章では、作願して回向を首とす、と言い、「大悲心を成就することを得たまえるがゆえに」（『浄土論』聖典一三九頁）は理由句である。つまり、回向は作願に結びつき、回向は理由句には入れない。

　しかし、親鸞聖人の読み方では、「心に常に作願《さがん》すらく、回向を首《しゅ》として大悲心を成就することを得たまえるがゆえに」（『教行信証』聖典二三三頁）となる。つまり、「回向を首とす」を理由句に入れてある。大悲心が回向ということを展開して、回向によって大悲心を成就するのである。回向とは、大悲心を成就する方法なのである。「回向を首とす」というのを理由句に入れるのは、そういう意味である。そして、回向には「一切苦悩の衆生」が付いている。一切苦悩の衆生を捨てないための回向なのである。

　五功徳門になると、回向に対応するのは薗林遊戯地門であろう。「出第五門というは、大慈悲《だいじひ》をもって一切苦悩《くのう》の衆生《しゅじょう》を観察して、応化身《おうけしん》を示して、生死《しょうじ》の園《その》・煩悩《ぼんのう》の林の中に回入《えにゅう》して、神通《じんずう》に遊戯《ゆげ》し教化地《きょうけじ》に至る。本願力の回向《えこう》をもってのゆえに」（『浄土論』聖典一四四～一四五頁）と、観察が回向になる。五念門から照らしてみると作願は回向になり、五功徳門から言えば観察も回向になる。つまり作願・観察の方向転換である。我われ衆生の作願・観察は往相的であり、回向の作願・観察は還相的なのである。

　浄土を作願し、浄土を観察するのが、衆生の作願・観察である。回向は衆生を観察し、衆生に回向しようとして作願する。方向が違う。こういうことが『浄土論』にある。こういうことが『観経』にもあると見られたのが、善導大師である。『観経』の観というのは我ら衆生が浄土を観察するという意味だが、善導大師の言われたのは「観《み》そなわして」（『教行信証』聖典一七四頁）であるから、如来が観察する。つまり、方向が違うのである。

「ただ念仏」とは、私には念仏以外は何も必要ないということ

ここでは善導大師が「ただ」（『教行信証』聖典一七四頁）、「唯」（真聖全一、六五三頁）という一字を置かれたことが大切である。これは、昔、曽我量深先生からお聞きしたことだが、『歎異抄』の「ただ念仏」（聖典六二七頁）は日本の言葉で書かれているが、漢文に訳すとしたらどうなるか、というときに、ある人が「徒」としたと。徒では、「ただいたずらに」ということになる。そうではなく「唯」である、と曽我先生は言われた。あのように切羽詰まったところに、「徒」や「只」が入る余地がないのだと。

『歎異抄』の「ただ」は、「亦《また》」から区別する「唯」である。諸行も往生の行であり、念仏も亦、往生の行だというのではない。そういうものも照らすけれども、しかし、「も亦」の衆生は照らされない。「も亦」という信念は、本願のなかにあっても本願の利益は受けないであろう。唯という信念だけが、本願のなかにあってしかも本願全体を我となすことができる。「唯」は大事な字なのである。

「正信偈」の「極重悪人唯称仏」というのは、それを受けてくる。善導大師が「唯」という字を付けたのは興味深いことである。源信和尚は、『往生要集』に「極重の悪人は他の方便なし、唯《ただ》仏を称念して」（真聖全一、八八二頁）と言われる。他の方便なし、であって、「亦」ではないということがわ

かる。善導大師が「唯」という字を加えられた意味が、この『往生要集』にも出ているわけである。摂取不捨というのは、信心の内にある利益である。信心の外ではない。信心の外に求めるならば、来迎である。信心のなかに救いがある。だから他の救いを必要としない。

摂取不捨がいかに大事か、ということである。『歎異抄』では、『教行信証』と比較すると、第十八願のことを至心信楽の願、あるいは念仏往生の願と言わずに、「摂取不捨《せっしゅふしゃ》の誓願《せいがん》」（聖典六二七頁）と言ってある。これは、回向ということを言うのであろう。第十八願の要点を摂取不捨の誓願と言われるのは、至心信楽の願を、本願成就から見た意味である。

本願を、第十七願から見ると念仏往生の願であり、本願成就から見ると至心信楽の願となる。念仏往生の願というのは、第十七願から反省した、第十八願の意味である。本願成就から本願を見てくると、信心を成就する願である。ただ念仏往生の願というだけではない。その念仏往生の要点は、至心信楽である。至心信楽の願のことを、摂取不捨の誓願と『歎異抄』は言ってくる。唯念仏という唯の一字が、念仏の信心である。唯は、諸行はだめだというのではない。

『往生要集』においても大文第四正修念仏門と第九往生諸行門とは、『往生要集』の二本柱、つまり骨格である。往生は宗教心の問題であり、それを解決するものとして、念仏と諸行とがある。要は念仏にあるという。初めから諸行はだめだと言っているのではない。諸行も念仏も本願の御心である広大無辺の宗教心の歩みである。

本願に目覚めるということは、宗教心が自覚になるということである。本願に目覚めてみれば、私には念仏以外のものは何も必要ありませんということになる。こういうことは、仏の言うことではなく、人間の言うことである。「学問など価値がない」と、越権なことを言うのではない。「必要とする方もありましょうが、本願に触れた私には必要ありません」と言うのである。それを唯という。唯が念仏の信念である。唯信ということである。唯は、信心にかかる言葉である。唯信、それが念仏の要義である。それを、『歎異抄』では、摂取不捨の誓願という言葉であらわしてある。

一切の煩悩のもとになるのが無明

源信和尚の後半「極重悪人唯称仏」以下四句について付け加えておきたいことがある。ここに「我亦在彼摂取中　煩悩障眼雖不見　大悲無倦常照我」とある。すでにお話しした通り、これが摂取不捨の利益をあらわしている。依経分では「摂取心光常照護」というところに、三行六句をもってあらわしている。「能発一念喜愛心」以下、経典により信心の利益を述べてあるが、そのなかで、特に心光照護の利益を、譬喩を入れてくわしく述べてくるのである。ここで大事なのは、「雖」である。

前の依経分には「已能雖破無明闇」とあり、ここでも「煩悩障眼雖不見」とある。煩悩を恐れないという意味がある。信心は煩悩を恐れない。前のところでは「已能雖破無明闇　貪愛瞋憎之雲霧」（「正信偈」聖典二〇四頁）と、雲霧があるけれども無明の闇はないと言われており、喩えが意味の上で逆になっている。無明を破られても貪愛瞋憎はあると言われてはいるが、貪愛瞋憎はあっても無明はすでに破られたということをあらわすほうが主である。

無明が破れた、無明が晴れたということが、信心をあらわしている。無明も貪愛瞋憎も、ともに煩悩であるが、無明がなくなったということと、貪愛瞋憎がなくなるということを区別してある。

源信章の前半に「専雑執心判浅深　報化二土正弁立」とあるが、ここには、『大経』開顕智慧段の精神があらわれている。そこに仏智疑惑ということが強調されている（聖典八一頁参照）。その経文は「化身土巻」に引かれている。「仏智・不思議智・不可称智・大乗広智・無等無倫最上勝智を了《さと》らずして、この諸智において疑惑《ぎわく》して信ぜず」（『教行信証』聖典三二八頁）と言い、不了仏智ということがある。不了ということが無明ということである。

無明も貪瞋もすべて煩悩に違いないが、ここで無明と貪瞋を区別してあるのは、無明には一切の煩悩のもととなるという性質がある、とされるからである。無明は、それ自身が煩悩でありつつ、一切の煩悩のもととなる。貪愛も瞋憎も、無明によって成り立つ。貪愛と瞋憎は矛盾するものであり、二つが同時に起こることはない。貪愛があるときには瞋憎はなく、瞋憎が起こっているときには貪愛はない。だが、貪愛があっても無明はある。無明によって、貪愛は成り立っている。貪愛も瞋憎も、無明が根底に横たわっている。こういうところに、無明という煩悩の性格がある。

それ自身煩悩であり、かつ一切の煩悩のもとになるのが、無明である。それゆえに十二縁起では、初めに無明が置かれ、無明と貪愛とで一切の煩悩を代表してあらわしてある。般若の教学でも、根本無明ということが言われる（たとえば「十二因縁根本無明亦滅」〈『中論』大正三〇、三二頁a〉）。瑜伽唯識の教学では、無明だけが根本ではなく、貪瞋痴みな根本煩悩であるとして、根本無明ということは言わない。随煩悩に対して根本煩悩という意味である。根本無明ということは言わないが、共通ではないという意味の不共無明、あるいは独り行ずるという独行無明と言う。無明は一切の煩悩の基礎となるのである。

無明とは不了ということ、知らないということである。何を知らないのかというと、第一義諦を知らないのである。第一義諦とは空や無我である。空というようなことがすべての存在を成り立たせている基礎である。そういうものに明らかでないということは、つまり人間の根底を知らないということである。人間の根底から切り離されているのが、無明である。人間の根底、そういうものを具体的にあらわして本願というのであり、本願から切り離されるのが無明ということなのである。

空が仏智の内容である。仏智を了せず、仏智を知らないということは、人間が根底である実在から離れるということである。自己の根底に目覚めるところに、信心というものがある。信心は、存在の智慧という意味をもたなければならない。智慧ということが大切である。開顕智慧段には、信心の智慧、あるいは智慧の念仏ということが特に強調してある。これがもとにあって『正像末和讃』などには、その智慧を強調してあるのである。

智慧のみが、人間を解放する

信心は、ただ何かを信仰するというのではなく、信知ということである。信心にとっては、智慧をもつということが大事なことである。信心と智慧と二つが別にあるわけではない。信心は智慧であり、智慧は信心という形で開かれる。智慧というと知識と区別する意味もあるが、広く言えば知るということであるから、幅広い意味をもつ言葉である。

知識と智慧とが原理としてどのように区別されるのか。これは押さえようとしてもなかなかはっきりしないのだが、仏教では、智慧はプラジュニャー（prajñā）、般若とあらわしている。般若が、般若ではない他の智慧とどこで区別されるかというと、定義としては無分別智など種々あるが、一言で言えば信心という形で与えられる智慧ということであろう。つまり、智慧とは無分別智などと言われるような悟りの智慧であろう。そういう仏の智慧を、仏でない凡夫に与える。仏の智慧をそのまま仏の智慧という形で与えるわけにはいかない。仏の智慧を凡夫に与えるというときに、信ずるという形をとるわけである。

信ずるという形で、仏の智慧がその内容を減ずることなく、凡夫に開かれる。信ずるということは智慧という意味をもたなければならないが、智慧もまた、信ずるという形で具体化される。定義から言えば、般若は無分別智に違いないが、概念から考えれば矛盾がある。無分別なら智ではないし、智なら無分別と言えないはずである。無分別智というのは、無分別にしてかつ智という意味がある。『摂大乗論』で無分別智を問題にする場合には、心か非心かということを言う（「是無分別智　不異計於真諸菩薩所依　非心而是心」〈大正三一、一四七頁c〉）。心ということは分別が本質だと言うのであろう。

分別を本質としているのが心であり、心でない法であれば色法となる。非心というのは、広く言えば色法ということになる。無分別智は心か非心かという問いをもって、無分別智の意味を明らかにしている。つまり、無分別なる智というのは矛盾概念であって、心と決定するわけにもいかないし、非心と決定するわけにもいかない。心でないなら自覚ではない。非心なら物質ということになるが、物質に分別はない。つまり、非心の心ということになり、無分別智はそれ自体矛盾したものをもっている。非心だが心である、という意味で無意識と区別される。

智という限り、知るということであるから、広く言えば認識である。認識と言えば、常識も科学もみなこれ認識であるが、特に宗教における認識とはどういうものであるかと言うと、無相の認識である。無相の法を知るのであるから、無分別である。無相であっても、それを知るということであるから、心という意味を認めなければならない。無相の認識とは、つまり空の認識である。これは、存在の認識であり、直観や反省という言葉では十分にあらわすことができない。把握と言ってみても十分でない。どこまでも認識ということを要求してくるのである。

人間を成就するのは、認識である。仏教では、出発点から、法に依って他に依るな、自らに依って他に依るなと言い、他に依るなというのが原則である。この意味で、仏教は自覚の道であって、どこまでも認識ということを要求する。心解脱・慧解脱ということが言われるように、人間を解放するのは他の力ではない。他に依って解放されるのではない。智慧のみが、人間を解放する。そのためにどこまでも認識を要求する。しかし、その認識は、合理的・客観的認識ではない。実在の認識である。

実在は、それを知るには違いないが、表象として対象的にとらえることはできない。対象化できないものが、実在であろう。実在とは、ものの当体である。無我の真理を知ると言うが、その真理は実在の真理である。実在の真理は無我である。つまり、実在は無我である。実在とは、純粋事実である。それは対象化されないものということで、無我と言う。

信心は、そのままということ、人間をあるがままに承認できること

真理や道理、そして如というのも、抽象的にあるものではない。事実の真理、事実自体の真理である。真理は、如の理である。事実が実在であるから、実在とは実体的なものではなく、純粋事実の世界である。最も具体的な事実なのである。如とは、対象化され得ないものであるから、何とは言えないもの、つまり無相・空である。無相や空という言葉は、いかにも象徴的な言葉であるが、最も具体的な事実を押さえている。

このようなことを論理的にあらわすのは困難であるが、西田哲学では個物ということを言う。述語となって主語とならないのが個物である。主語のなかに包まれてしまうものならば、単なる一般の限定として、特殊なものになってしまう。個物とは、どこまでも述語となって主語とならないものである。こういうものが具体的なものなのであろう。何とも言えないと言いながら、個物と言う。言葉にして言うことができれば、それは知識である。

無相も、無相ということが言えるのは、そう知られるからである。では、無相を知るとはどういうことか。無相を知るとは普通の認識や判断ではないから、個物を知るという場所として無の一般者ということを言ってくる。無我や空というのは、無の一般者である。これは、何もないと言っているの

ではない。最も具体的な事実をあらわそうとする言葉である。そういう、空・無我、あるいは無の一般者というものが、人間存在、エクシステンツ（Existenz）に対してどういう意味をもつかということが明らかにされてくる場合に、本願と言うのである。

宗教心は、根元の事実を失った人間を、根元の事実にかえす。人間に、根元に於いてあるという位置を回復させるのが、宗教心である。第一義諦である無我を知らない、本願の智慧を知らないというところに、無明がある。信仰とは何かを信ずることだと言っても、信仰が存在の智慧という意味をもたなければ、他に依ることになる。外道になってしまう。ゆえに法に依れというのが、本願である。法に依って自らに依るのが信心である。法性が、無我なのである。

大乗仏教に小乗仏教、あるいは本願や名号などということがいろいろあるが、もっと単純な形にかえして見ることが大切なのではないか。信仰とは存在の智慧であり、対象についての智慧ではない。ある意味では人間を超えた智慧を、人間に与える。それでなくては、自らに依るということは言えない。そのために、信心という形をとるのである。

信心は智慧であり、その智慧は信心という形であらわされてくることになる。信心の特徴は、煩悩を恐れないということである。於いてある根底を破れば、もう於いてあるものを恐れない。貪愛瞋憎などということは、於いてあるものである。於いてあるものの根底である無明が破られれば、根のない煩悩になる。貪愛瞋憎というものの根が切られたならば、煩悩があっても煩悩としてはたらくことができない。

無明にも、迷事無明、迷理無明といろいろな種類があるが、あらゆるものの根底となる無明は分別である。菩薩は煩悩をもって煩悩とせず、分別をもって煩悩とすると言う（「由菩薩以分別為煩悩故」〈『大乗荘厳経論』大正三一、五九一頁c〉）。ここに、大乗仏教というものがある。分別がなければ、煩悩ははたらくことができないから、分別が煩悩の根であると言えるのである。煩悩が煩悩としてはたらかないのは、分別が断ち切られたからである。そのままということが無分別智である。無分別智が、信心として実現しているのである。

信心は、そのままということである。人間をあるがままに承認できることである。明るくならなければならない、あるいは暗くなってはいけないということではない。いつでも喜べなければならないというのではない。喜べないときは喜べなくてもよいのだと言う。そのように、そのまま受け入れることである。そこに、信心が無分別智の意義をもつ。それを現生不退と言うのである。

現生不退は概念としてあるが、しかしその内容がどういうものかと言うと、わからない。内容はどういうものかということが大事な点である。正定聚不退転とは、仏に決定された位である。凡夫であるが、位は仏に連続している。概念はそうなっているけれども、内容はとなると、言えない。言うとするならば、煩悩を恐れない状態だということである。このように的確に言えば、内容がはっきりするのではないか。このようなことは、誰でも言えることではない。自ら現生不退を得た人だけが言える。現生不退を口真似する人には、言えないことである。

源信和尚は「我亦在彼摂取中」と、「我」という字を置かれた。どこからか借りてきて言われたのではない。こういうことに、非常に大きな意味がある。『往生要集』のなかにこのような言葉があるだけでも、源信和尚が七高僧の伝統の上に立たれた方だということが、証《あか》しされている。七高僧の伝統とは、本願の根が生《は》えたということである。本願とは、時間・空間を超えたものである。その時間・空間を超えた本願が、源信和尚のところで根を下ろしたと言ってもよい。よそから借りてきた仏法ではない。

インド、中国というようなことではなく、日本のなかに本願が噴出したということである。その証《あか》しとなり、文献となるのである。煩悩がなくならなければならないということではない。煩悩があっても、煩悩があるがままである。煩悩があるのは凡夫であるが、凡夫のままに仏に直結している。凡夫ならば仏ではない、仏ならば凡夫ではないというのではなく、凡夫であって仏に直結している。仏に直結すれば、凡夫はあってなきに等しいのである。凡夫が信を獲れば、凡夫であることがさまたげにならない。こういう構造を、「雖」という言葉であらわしている。

仏の智慧を信心という形で与える

そしてもう一つ、「煩悩障眼雖不見」に、「見」ということがある。眼見である。眼ということがあるから見るというのだが、雲にさえぎられているから光が見えない。無明が破れたから光に触れはしたが、だからと言って光を見ているわけではない。光は雲にさえぎられている。しかし、いかに雲があっても、さえぎられない。雲があることが、明るさをさまたげない。雲は、昼であることをさまたげない。決して夜になったわけではない。光は見えないが、光に照らされているという意味があらわされているのである。

光は仏である。仏は見えないが、仏に照らされている。見という字は、聞と相対している。聞見ということである。聞が見と結びついている。信心は、「聞其名号、信心歓喜」（『大経』聖典四四頁）と言う。聞というところに信があるのだが、信はまた見という意味をもつ。見は喩えのようであるが、正見ということである。信心は智慧だと言われるが、その智慧とは正見なのである。信心は智慧である限り、見という意味をもつ。見は聞を通して成り立つ。しかしここでは、見である信心が、見えないと言ってある。これは、混乱しているようだが、そうではない。見えないという意味は、仏であると言わないということである。

仏ならば、見たと言える。しかし、煩悩があるのだから仏であるとは言えない。そのために、見えないと言う。しかし、仏と直結している。一面では、信を獲たらすなわち仏であるとも言えるのだが、煩悩があるから、仏であるとは言わない。しかし、無明は破られているのだから、仏と言ってもよい。無明が破られた限り、実在があらわれてきている。実在に触れたのであるから、そのときは仏の世界にいるのである、仏であると言ってもよい。しかし、煩悩がある限り仏と言わない。退一歩しているのである。

全然仏でないとも、完全に仏であるとも言わない。全然仏でないというのは無明であり、完全に仏であるというのは煩悩もなくなったということである。仏であるが、しかし仏とは言わない。煩悩があるからである。仏に等しいのである。仏でないのでもなく、仏であるのでもなく、仏に等しいのである。これが、仏である以上の確信である。仏に等しければ、仏である必要がない。仏であるならば、悟りである。悟りと言わず、凡夫にあっては、信心において仏と等しいと言うことがある。

悟りも信心も智慧であるが、仏の智慧を悟りとして与えるのが、仏を仏として与えるということである。しかし、仏を凡夫に与える場合には、信心という形でなければ与えられない。こういう点がいかにも面白いところである。まったく仏だというのでもなく、仏でないというのでもない。仏と等しいと言う。これが、現生不退ということである。仏でないのではない。そうかと言って仏であるというのでもない。仏であるに等しい。親鸞聖人の信仰には、気炎を上げるということがない。真っ暗でもない。信心が「若存若亡」（真聖全一、三一四頁）、「存《そん》せるがごとし、亡《もう》ぜるがごとき」（『教行信証』聖典二一四頁）ではない。落ち着いている。証ということを言うと、煩悩を起こしてはならない、と肩を張っていなくてはならない。しかし、煩悩も起こし得る、いくら起こってもよい、というところに、煩悩も頭を下げざるを得ないのではないか。煩悩は起こるな、というと抵抗してくるが、いくら起こってもよいということになれば、起こってみようがない。

起こってもよいが、育てはしない。育てる必要はない。次々に起きてくる煩悩をまったく起こらせないようにするというのではない。それは無理である。しかし、起こったから育てなければならないというのは、必要以上である。以上でも以下でもないところに、落ち着きがある。

煩悩に覆われている法身が仏性である

「雖」が大事である。「雖」に、現生不退の内容を示してあるという意味がある。現生不退とは、煩悩をもった者が煩悩を恐れない状態である。有限なものが消えて、無限になってしまうことはできない。絶対有限か絶対無限か、どちらかだけということはない。そうではなく、無限の根底を回復した有限になるのである。聞ということで信が成り立つが、信は同時に根元的な意味では、見という意味をもつ。しかし、ここには不見と言ってある。

見えないが、全然触れていないのではない。だから、照らされると言ってある。照らされれば、見る必要がない。見えないが、見えないものに触れているのである。我われは仏を見ないが、仏は我われを見ている。これは、やはり見ていることになるのではないか。見ないけれども照らされているところに、やはり見るという意味があるのではないか。

『教行信証』では、「行巻」以下『涅槃経』と『華厳経』とがずっと引かれているが、『涅槃経』は「一切衆生《いっさいしゅじょう》 悉有仏性《しつうぶっしょう》」(『教行信証』聖典二二九頁)という点から引かれているのである。如来の本願を、悉有仏性ということで証明してある。本願ということがなければ、一切衆生悉有仏性ということも理論だけになり、成り立たない。本願と真理は、交互に照らし合う。

一切衆生悉有仏性とはトゥルース(truth)である。一切衆生悉有仏性という真理がただヴァールハイト(Wahrheit)、真理というだけに止まらず、ヴィルクリッヒカイト(Wirklichkeit)、現実になっている。あるいはアクチュアル(actual)ということになる。トゥルースがトゥルースに止まらずリアル

(real）になる。アクチュアルという意味で真理が実現する。道元禅師の言葉で言えば現成である。

一切衆生悉有仏性という真理が、ただ真理に止まらず、真が実としてそこに成就している。このように言えるのは、本願によるのである。一切衆生悉有仏性とは、本願の真理である。本願を取り去っても、一切衆生悉有仏性は嘘ではなく、やはり真理ではあるが、本願がなければ真理に止まる。また逆に本願は、一切衆生悉有仏性ということにおいて、その真理性が明らかにされる。その意味で交互性がある。『涅槃経』によって、選択本願を証明してある。

これは「行巻」に始まって「真仏土巻」まで、一貫している。ことに「信巻」では、信心仏性ということがあらわされる。信心を仏性であらわすところに、信心だけでは明瞭にならない意味が明らかになってくる。ただ仏と言わずに仏性と言ってあるのは、法身という概念と結びつくからである。『涅槃経』が一切衆生悉有仏性ということを言うのは、法身常住ということからくる。化身仏の入滅を縁として、永遠不滅の法身仏をあらわすというのが、『涅槃経』のテーマである。

法身常住ということが、悉有仏性の前提としてある。法身常住ということによって大乗仏教は、悉有仏性という信念を大乗仏教の信念として、衆生に与える。衆生における法身の意味を仏性と言う。法身が顕わにならず、煩悩に覆われた位を仏性と言うのである。

法身が顕わになれば、仏である。仏と言わずに仏性と言う意味は、凡夫を仏性と言うのである。仏を仏性と言う必要はない。凡夫の位の衆生を、仏性と言う。身は凡夫であって煩悩に覆われているが、法身自身を失うのではない。いかに煩悩があっても、法身は煩悩によってなくなるのではないという意味で、仏性と言う。

覆われている法身が仏性であり、あらわれている法身が仏なのである。その意味で、仏と凡夫は変わらない。仏は凡夫の他者ではなく、仏と凡夫は平等であるということをあらわそうとする。いかに煩悩があっても、煩悩により自己自身の純粋性を失わない。こういうところに「煩悩、眼を障えて見たてまつらずといえども」ということがある。信心は、煩悩があっても煩悩を憎まない。もちろん喜ぶわけではないが、煩悩を恐れない。法身は煩悩に覆われているが煩悩のために自己自身を喪失しない、という真理が、摂取不捨の信仰の自覚にはあらわされている。それが成就しているのが、「正信偈」である。

法身を本願と言ってもよいのだが、それを『涅槃経』によってあらわすことが、信仰というものの意味を明瞭にする。開発するという意味、開き、覆われているものを顕わにするという意味が出てくる。覆や開ということが、信仰の意味を明瞭にしてくる。覆・開ということは、信仰が人間の存在構造の意味を明らかにする上で大事なことである。

キリスト教などの信仰では、こういうことは出てこない。信心という意味があって初めて、覆・開と言えるのである。我われが信仰を獲るということは、覆われている根底が開かれるということである。オープンという意味がある。英語でもオープンは、開くという意味もあり、公という意味もある。公開されたものであるという意味、真実であるものは私的なものではないという意味を、信仰はもっている。

見るものが、見たものになる、それが正受

信仰をもつとは、人間が公になることである。知りたるを知れりとし、知らざるを知らずとするのが信仰である。八方破れの構えというような公明正大なるところに立たされる。それが前に述べた、煩悩を恐れないということである。煩悩はないと、嘘を言うのでもない。ありながらあるものを恐れるというところに、人間の秘密がある。人間を暗くし、濁らせるようなものがある。

煩悩はあってもよいと言うと、居直り強盗のようで、煩悩を自慢することになる。あるのを自慢するのもコンプレックスである。人間が公になるとは、そのように当たり前になれない人間が、ありのままになること、当たり前になることである。

信仰が人間存在の構造をあらわすとき、一切衆生悉有仏性という経文は非常に意味をもってくる。信心獲得とは、覆われているものが開かれるという意味をもつ。人間が開かれることである。公開の立場に立つことである。信仰を獲ると信仰を獲ない人間とは話ができない、ということではない。逆に信仰を獲て初めて、本当に話すことができるのである。獲た者も、獲ない者と同じ弱さをもつ。寒いときには、いくら信仰を獲てもやはり寒いのである。寒いということは、共通の弱さである。話ができるというのが、公に立ったことである。

「真仏土巻」の最後である結文に入ったところに、親鸞聖人の注意があらわしてある。「しかれば、如来の真説、宗師の釈義《しゃくぎ》、明らかに知りぬ、安養浄刹《じょうせつ》は真の報土なることを顕《あらわ》す。惑染《わくぜん》の衆生、ここにして性《しょう》を見ることあたわず、煩悩《ぼんのう》に覆《おお》わるるがゆえに。『経』（涅槃経《ねはんぎょう》）には「我《われ》、十住の菩薩《ぼさつ》、

少分仏性《ぶっしょう》を見ると説く」と言《のたま》えり。かるがゆえに知りぬ、安楽仏国に到《いた》れば、すなわち必ず仏性を顕《あらわ》す、本願力の回向《えこう》に由《よ》るがゆえに」（『教行信証』聖典三一二頁）とある。安養浄刹に到って仏性を顕すとは、見るということである。顕すとは開顕するということ、つまり見であろう。

法身 ╱ 覆 → 仏性（「信巻」）
　　 ╲ 開 → 仏（「真仏土巻」）

観は見るということだが、見はあらわれるという意味をもっている。『観経』の「教我思惟」（聖典九三頁）の思惟のほうは見るであり、「教我正受」（同頁）の正受とはあらわれるである。見るということと、あらわれるということの両方の意味をもつのが観である。見るという意味の観は方便観であり、あらわれる場合の観を真観という。

唯識の真観というようなことを言う。唯識性に住した場合に、唯識の真観が成り立つ。外境ははたしてあるかというようなことを考えるのは、唯識の方便観と言って、見道以前の加行位である。見道に至れば、唯識の性があらわれる。見るものが見られるもの自身となるのが、正受ということである。見道正受とは、対象化することを否定した言葉である。ものを見たというのは、ものになったということである。能所の関係があるうちは、正受とは言えない。

ものを見るということは、実は見たものになったということである。仏を見るとは、惑染の凡夫が「安養浄刹」において仏性を顕す、つまり仏と成ったということ、成仏である。仏を見るということは、厳密には仏に成ったということなのである。しかし本当は、凡夫に貪瞋がある限り仏に成ったとは言えない。そうかと言って、仏と無関係に凡夫がいるのではない。それでは信心とも言えない。

安養浄刹とは、信の位よりも証の位を言う。「浄土の真証」（『教行信証』聖典二一〇頁）と言って、証の位である。証の位でなければ、仏であるということが言えない。しかし、信の位は仏に等しいのである。ここに「我、十住の菩薩、少分仏性を見ると説く」とある。『涅槃経』には、いろいろなことが説かれているが、凡夫は煩悩に覆われており、不見である。煩悩をもっている凡夫は、まったく仏性を見ない。覆われているという構造が面白い。仏性や本願と言うと、何か我われとは遠い別の話のようだが、もとを言えば宗教心なのである。

聞と見とは区別があり、しかも連続している

法蔵菩薩や阿弥陀仏などと言うと話は複雑になるのだが、それらは人間の根底に流れている宗教心である。つまり、人間の存在に根拠をもったものである。存在と言っても、宗教心自体なのである。人間の実存とは、宗教心の現実である。宗教心の現実が、人間であり凡夫なのである。凡夫は不見であって、『涅槃経』に依ると、仏性を見たのは仏である。しかし、その中間に少分を見るということがある。それが菩薩である。「『経』（涅槃経《ねはんぎょう》）には「我《われ》、十住の菩薩《ぼさつ》、少分仏性《ぶっしょう》を見ると説く」と言《のたま》えり」（『教行信証』聖典三二一頁）と、一部を見るということが言ってある。

信を獲た者だけが、仏性のあることを見る。信を獲たことによって、自分に仏性のあることを見る。

信のない者は仏性を見ない。仏が見る場合は、いかなる衆生にも仏性を見る。みなに仏性があると見るのが仏の位である。

清沢満之は、「宗教は主観的事実である」（岩波書店『清沢満之全集』第六巻、二八三頁）や、「私共は神仏か存在するか故に神仏を信するのではない、私共か神仏を信するか故に、私共に対して神仏か存在するのである」（同二八四頁）と言われる。愛のあるところに神がある、あるいは信ずるところに仏がある、というのが一部分見たということの意味である。

仏性がない者はない、というのが仏の位である。自覚した者だけにあるというのではない。自覚してみれば、自覚・無自覚を超えてある。これらはみな同じ真理を語っているのである。仏性を見た、見ないと固定せず、見と言うのも不見と言うのも、実は同じ立場で語っているのだということを、『涅槃経』は言いたいのではないか。真理と言っても、その場その場で語られた真理であると言う。見るというのが仏の随自意であり、仏が仏自身を語った言葉である。少分を見るというのは随他意説であり、これは菩薩の意に随って説いたのである。不見は「随自他意説」（『教行信証』聖典三一二頁）と言う。「一切衆生はことごとく仏性あれども、煩悩覆《ぼんのうおお》えるがゆえに見ることを得ることあたわず」（同頁）。つまり、あるけれども見えない。これが随自他意説である。『涅槃経』では、このように区別がしてある。随自他意説というところに、初めて雖《いえど》もということが出てくる。一切衆生は悉く仏性ありと雖、なのである。煩悩に覆われるがゆえに見えないという。また煩悩に覆われて、見ずと雖仏性あり、と、初めて雖の構造をあらわしてくる。

さらに、『涅槃経』に依れば、見にも、眼見と聞見がある（聖典三一二頁参照）。見ないと言っても、まったく見ないのではない。照らされている限り、見られている。聞により信が成り立つ。けれども仏ではない。仏でない限り、見えない。本当に仏であれば、見である。しかし、見は凡夫にまったく無関係なのではない。聞のなかに見という意味を孕んでいる。聞と見とは区別があるが、しかし連続している。聞というところに、見をもっている。そうでなければ信知とは言えない。

聞ということが信であるが、そこに見ということがあるから、これは知である。聞により信をあらわすが、信は見に連続している。だから信知するということがある。仏に成ったと言うとき、その仏は、ないものが天から降ってきたのではない。あったものが出たのである。まったく初めて遇ったということではなく、信のときに触れていたものに遇うのである。こういう意味を、補っておきたい。「信巻」から「真仏土巻」に連続している。それを見ると、見・不見ということが明瞭になってくる。見えないということは、ないということではない。仏性は、見ないからない、見たときにある、というものではない。見えないということは、ないのではない。見えなくてもある。こういう意味の「ある」が、法身があるということである。

文章に何が述べてあるかよりも、述べ方が大切である。一切衆生と仏性の概念よりも、一切衆生と仏性がどのように関係するかが大切である。道元禅師は、『正法眼蔵』第二二巻（仏性の巻）で、「悉有は仏性なり」（「悉有仏性」〈大正八二、九一頁c〉）と言われる。悉有はザイン、本有である。天親菩薩も『仏性論』において、仏性は有にあらず、無にあらざるがゆえに本有であると言う（「是故仏性決定本有。離有離無故」〈大正三一、七八八頁c〉)。本有の有はザインである。人間の存在性として、如来性があらわされている。

有無を超えた有なのである。この有を、般若では空であらわす。空であらわされるような有だから、本有、あるいは悉有と言うのである。経験的に有るとか無いとかと言っているのではない。有無を超えたものが、本当の有である。存在の実相なのである。有るとか無いとかを超えたものが、存在自体なのである。

第十三章　源　空　章

23、本師源空明仏教

本師源空明仏教　憐愍善悪凡夫人
真宗教証興片州　選択本願弘悪世

本師《ほんじ》・源空は、仏教を明らかにして、善悪の凡夫《ぼんぶ》人を憐愍《れんみん》せしむ。
真宗の教証、片州《へんしゅう》に興《おこ》す。選択《せんじゃく》本願、悪世に弘《ひろ》む。

法然上人により、仏教の本質が形を超えて明らかになる

これまでの例に応じて、初めの四句で人の徳、つまり浄土真宗を開かれた法然上人の徳をたたえてある。そして、後半の「還来生死輪転家」（「正信偈」聖典二〇七頁）以下の四句は、立教開宗の要点を信心為本として明らかにされたと見ることができる。依経分の「顕大聖興世正意　明如来本誓応機（大聖《だいしょう》興世の正意《しょうい》を顕《あらわ》し、如来の本誓《ほんぜい》、機《き》に応ずることを明かす）」（同二〇五頁）という事業が、法然上人にも一貫しており、それが初めの四句であらわされている。この「明如来本誓応機」の「明」

を受けて「明仏教」とされているのである。

道綽禅師では「唯明」とあり、善導大師では「独明」となっているが、ここではただ「明」とある。これは、法然上人が仏教の根本精神について狂いなくとらえられたこと、外形を超えて、仏教の本質への洞察があった、ということを示す。つまり、真の意味の宗教の本質が法然上人により明らかにされた、ということが、ここに出ているのである。法然上人の事業がなければ、仏教もただ一つの思弁哲学で終わっただろう。学問あるいは道徳というような外形を超えて、仏教の本質を狂いなくとらえられたのが法然上人であった。

法然上人は仏教そのものをとらえられた。それによって初めて、「憐愍善悪凡夫人（善悪の凡夫《ぼんぶ》人を憐愍《れんみん》し）」（「正信偈」聖典二〇七頁）されたのである。さらに「真宗教証興片州（真宗の教証、片州《へんしゅう》に興《おこ》す）」（同頁）と言い、「片州」で処を示し、それから「選択本願弘悪世（選択《せんじゃく》本願、悪世に弘《ひろ》む）」（同頁）と言い、「悪世」で時を示す。そして「善悪の凡夫人を憐愍せしむ」と言って、「善悪の凡夫人」で人を示す。このように、仏教が形を超えて、仏教そのものとして明らかにされ、処と時と人として具体化することができたのである。仏教が形でとらえられてしまうと、他の形になることができない。仏教の本質が形を超えて明らかになることによって、処と時と人に具体化することができる。

仏教の本質は普遍性である。真に普遍的なるものというのが、仏教の本質である。それは仏教の普遍妥当性であり、ロゴス性である。それに対して、処・時・人というのはカイロスになる。カイロスとなると、適応性という意味をもってくる。つまり、形を超えて普遍的なるものこそ、かえって形を生かしてくるものである。真の普遍性に触れることによって、処・時・人という現実に、適応することができる。

仏教が形で固定化されてしまえば、時に適応することができない。時代不相応ということになる。これは、今日でも課題として考えられている。今日、キリスト教神学で言われる非神話化という問題も、形のない宗教の本質をとらえようとすることからくる。キリスト教とか仏教とか、仏教でも聖道門とか浄土門とかということではなく、宗教そのものが大事である。形を超えて、セクト性を排除するということ、自己の殻を破るということが、今日でも課題である。宗教の形がかえって宗教をせきとめ、宗教を拒んでいる。

形を超えたものと、処・時・人ということであらわされている現実が、感応道交してくる。現実の要望に応えたのが、法然上人であろう。「正信偈」の源空章では、唯明や独明ではなく、ただ明とだけ言ってあるのだが、それは仏教における方便と真実、仮と真、邪と正を明確にされたという意味である。そのような批判によって、仏教の本質、つまり本願一乗の徳を顕わにするのである。

一乗と言っても大乗と言ってもよいが、それは宗教そのもののことである。唯明や独明と言わずに、明仏教と言われるのは、仏教に明らかであるという意味があるように思う。天台や華厳というのではなく、仏教そのものをあらわすことにより、仏教が「ただ念仏」という単純明快な形をとってくる。単純明快なことにより、初めて時や処に具体化されてくる。仏教が着物を脱ぎ裸になることによって、時機に適応する。時に適応することにより、機は裸の人間になる。

「親鸞《しんらん》は弟子一人《いちにん》ももたずそうろう」（『歎異抄』聖典六二八頁）というのは、つまり裸の人間ということである。これは『歎異抄』に出ている言葉だが、このようなことを言った人は、仏教の三千年の歴史を通して親鸞聖人ただ一人しかいない。弟子を一人ももたないということは、人間は誰にも属するものではなく、誰の所有するものでもないということである。そういうことが、大乗の具体化である。教が裸になることにより、人間を裸にすることができる。裸の人間というものが大事なのである。

今日言われる実存ということも、裸の人間ということを言うのである。裸の人間に、真の実存が成り立ってくるのである。念仏が党派という着物を着るところに「わが弟子ひとの弟子」（『歎異抄』聖典六二八頁）という相論が生じ、そこに親鸞聖人の大きな悲嘆があったわけである。明仏教とはつまり、内容から言えば、本願一乗・誓願一仏乗ということである。誓願一仏乗こそ、「善悪の凡夫人を憐愍」するものである。

「善悪の凡夫人を憐愍」する心は、本来は本願の心だが、それが同時にそのまま法然上人の御心であろう。それは、善導章の「善導独明仏正意　矜哀定散与逆悪（善導《ぜんどう》独り、仏の正意《しょうい》を明かせり。定散《じょうさん》と逆悪とを矜哀《こうあい》して）」（「正信偈」聖典二〇七頁）に応じている。法然上人が「偏依善導一師（偏《ひとえ》に善導《ぜんどう》一師《いっし》に依《よ》る）」と言われた点である。矜哀とは仏の矜哀であるが、それがそのまま善導大師の矜哀なのである。

釈迦弥陀二尊の心をあらわすのが、念仏である。その二尊の心がそのまま法然上人の憐愍の心なのである。それゆえに「本師源空明仏教　憐愍善悪凡夫人（本師《ほんじ》・源空は、仏教を明らかにして、善悪の凡夫《ぼんぶ》人を憐愍《れんみん》せしむ)」(「正信偈」聖典二〇七頁)とある。一乗の法、選択本願の仏教を明らかにされた人の徳が、初めの二句であらわされているのである。法然という人の徳である。

立場を現実に置けば人はみな凡夫

「真宗教証興片州」以下の二句は、法ということ、具体的には『選択集』を制作された意味が述べられている。初めの二句では真宗興隆の人の徳、そして後半には法の徳が総じてたたえられている。これに比すれば、高踏的な思弁仏教は、現実を無視した宗教の要求のみに終始する。現実の要求のなかに、本当の宗教の要求がある。

今日でも、本当の宗教の要求はかえって宗教の外にある。仏教そのものを覆っている殻を脱ぐということが、明仏教ということである。本願を独占しているものたちの外にあるほうが、本願なのである。そういう状況に対して曽我量深先生が、唯除ということを言われたことがあるが、これは意味の深いことである。除かれるということが、逆の意味になっている。仏教をもっている、独占しているものたちのほうが、かえって仏教の外なのである。教団の外と言われているもののほうが、かえって仏教なのである。

今日の宗教の問題は、in the church ではなく、かえって out of the church という形で、つまり宗教ではない形で出ている。雑誌も『真宗』と言うと、誰も読まない。『親鸞教学』と言われて初めて読む。要望は、宗教の外にあるのである。こういう要求に対して、時代が低級なのだとか、混乱しているなどと非難するのなら、それは憐愍ではなく、無慈悲というものである。

法然上人の場合にも、そういうような事情があったのである。平凡な言葉では民衆と言うのだが、その民衆に仏教を公開された。現実の要望に応えられたのである。そして、定散と逆悪とに応じて「善悪の凡夫人」となっている。定散は善の凡夫人、逆悪は悪の凡夫人である。

善導大師の場合の明仏教は、九品だから『観経』に依る。つまり善導大師の場合は、『観経』を説かれた釈尊の正意を明らかにされたことを明仏教と言う。『観経』を説かれた仏の精神とは、とりもなおさず出世本懐である。『大経』に説かれる応身を『観経』はあらわそうとしている。その意味で『観経』を明らかにされたのが、善導大師である。釈尊一代の仏教を能《よ》く開くところに、『観経』の独自の使命がある。

法然上人が「偏依善導一師」と言われたのは、その善導大師の教学により仏教の精神に触れられたからである。善導大師の『観経』解釈の根本問題として、九品皆凡ということがある（『観経疏』真聖全一、四五三頁参照）。さらに具体的に言えば、韋提希が実業の凡夫であるということである（同四九五頁、五一五頁参照）。善人だから善をするのではない。悪人だから悪をするのでもない。善も悪も凡夫である。九品皆凡と言い、上品は大乗の善人、中品は小乗の善人、下品は悪人である。しかし、大乗の善人というのも、その人が善人であるというのではない。善に遇った凡夫に過ぎない。また、悪人というのも悪の業縁に遇った人間なのである。善をなすか悪をなすかは、どんな業縁に遇うかで決まるということである。

業に善悪があり、人間は業に動かされている。計画通りならば、遇うということはない。理性で現実を割り切っていくというところには、凡夫はいない。しかし、動かされて生きているのが人間である。我われは「動かして生きている」と思っているかも知れないが、そう思っているだけであって、実はそうせしめられているのである。客観の眼で触れてくると、「している」と思うのは思いであって「せしめられている」というところに現実がある。それを、業縁に遇うと言う。

業縁に遇う者を凡夫と言い、思いに立っている者を聖者と言う。聖者と言っても思いの他にはない。事実は凡夫なのである。思い通りに生きているという思いに立っているのが、聖者である。立場を思いに置いている。立場を現実に置くと、人はみな凡夫である。現実に立場を置くというのが、今日言われる「世界内存在」ということである。自己の主観を超えて自己を見る。自己の主観から自己を見るのではない。超えて見るのである。主観を超え、脱却して自己を見る。そのときに見えてきた人間のあり方が、凡夫なのである。ハイデッガーの言うIn-der-Welt-Sein（世界＝内＝存在）というのが、凡夫という意味であろう。

人間の思いから言うと、自分を凡夫であるとは思わない。善人も自分を凡夫と思わないが、悪人もまた自分を凡夫と思わない。善人を凡夫だと思わないならば、悪人を凡夫だと思いそうなものだが、悪人も凡夫だとは思わない。何でもやれると思っている。何でもやれるのは非凡である。何でもやろうと思えばできるというのは、凡夫ではない。『歎異抄』にもあるように、いくらやろうと思っても、やるべき業縁がなければやるわけにはいかない。やるまいと思っても業縁がもよおせばやらざるを得ない（聖典六三四頁参照）。そういうところに、凡夫として自覚した悪人があるのである。悪人はいるが凡夫がいないというのは、思いに動乱しているのである。主観で考えて我を見るのではなく、主観を超えて考えている我を見れば、そのままが凡夫なのである。

我われが何かを判断するとき、その判断の内容は間違っているかも知れない。理屈は、理屈によって破ることができる。立てたものは、翻すことができる。また、盗人にも三分の理ということがあるように、理由づけることができる。だから、判断を疑うことはできる。しかし、判断しているということは疑うことのできない事実である。これがデカルトの言う自覚である。判断の内容については疑いをもつことができるが、判断していると いう事実、現実は疑いようのないものである。

しかし判断している我というようなことを言っているのは、研究室のなかの人間の話である。だからデカルトみたいなことを言わなければならない。人間を研究室のなかだけの範囲で言うから、「我思う、故に我あり」ということになる。思う我があるというのが研究室の内にあるものであるが、研究室の外から言えば、善悪の凡夫人である。デカルト的自覚をもっと広く見れば、こういうことになる。

仏教の外に置かれていた存在に響く言葉が「憐愍」

善悪の凡夫人には　In-der-Welt-Sein ということがある。否定することのできない現実というところに、機の深信がある。何と言ってもこのことだけは否定できないというのが機の深信である。思いなら見失うこともあるが、事実は決して見失われることがない。善も買いかぶりがあるが、悪でも買いかぶりがある。善人が自分を凡夫だと思わないというのはともかく、悪人のほうは自分を凡夫だと思いそうなものであるが、そうとは限らない。

悪人も、凡夫とならずに善悪の思いに生きている。主観的立場である。主観を超えてとは、主観をやめてということではないが、その判断を停止して、考えることを括弧に入れて、考えている現実を見るのである。考えをまた考えていったら、無限に延長していくことになる。考えは切れないものであるが、考えは切れないものだと見たときには、すでに切れている。考えを考えても、また考えになる。しかし、考えが無限であることを見れば、切れている。これが考えからの脱出である。本願に見られた自己になることである。

そこが本願に遇う場所であり、本願を具体化する場所である。善悪の凡夫人というところに、初めて善悪が善悪でありながら、善を誇ることも悪をひがむこともなく、立っていける。凡夫の身で本願を実証するのである。悪をやめて善をすることにより、立てるのではない。善悪を超えて、人間が自己を立てる。善悪を超えた人間を、裸の人間と言う。これは、ただ考えた自己ではない。本当のダーザイン（Dasein）、つまり、現存在である。

善導大師は「五乗斉入」と言われる（『観経疏』「玄義分」真聖全一、四五九頁参照）。それは、何の恐れもなく生きる道である。いかなる夢も描かず、現実を忘れず、しかも現実を背負う。これが実存である。現実という形が場所となって初めて、形のない仏教が成就する。純粋無雑の仏教は形がない。イデオロギーの臭みもドグマの臭みもない人間が生きていることが、仏法の成就なのである。

凡夫が仏法の成就する場所であるが、凡夫が善悪の凡夫人であるということ、善悪を分別するというところに、痛みがある。深く言えば憐愍は仏の心だが、それを法然上人自らが具体化された。証《あか》しされた法然上人ご自身が、実存なのである。仏教を明らかにし、それによって善悪の凡夫を憐愍することを証《あか》しした。そのことによって法然上人は、歴史の上に記念塔のような位置をもたれた。親鸞聖人は、それをたたえられたのである。

それまでの仏教徒たちによって無視されていた、仏教の外に置かれていた存在に、憐愍という言葉が響くのである。無慈悲さ、それがそれまで仏教を独占しているものたちの現実ではないか。研究室に閉じこもって、時代と現実を無視しておいて、自ら思想の純粋性を誇ろうとするそれが、アカデミーの無慈悲さである。そこでは、人間と仏教のあいだに大きな溝がある。法然上人は、それを破った人である。破るには、自己が実存の立場に立たなければならない。アカデミックな研究では破れない。

何度も話をしていることだが、カール・バルトの神学というようなものも、破ったと言えるものではないか。テオロギー（Theologie）、つまり神学という言葉が生きたのは、バルトにおいてではないかと思う。世界変革の哲学という意味をもつところに、テオロギーという言葉が生きてくるのである。マルクスが言うような唯物論的弁証法は、世界変革の哲学ではない。

同時にオッフェンバールング（Offenbarung）、啓示という言葉が、単なる言葉ではなく、時代に呼びかけ、時代を呼び覚ます生きた言葉になった。啓示の神学である。この、バルトの神学は、研究室から起こったのではない。第一次世界大戦によって世界から閉め出されたドイツ民衆に対して、説教が不可能であったという事情が背景にあって、バルトは安易な神の約束を語ることができなかったのである。民衆の前に立って説教することができなかったことが、動機となった。本当の神学は、かえって研究室や教会の外に大きな内容をもつ。外に、かえって、本願の内なる問題があるわけである。

聖道の宗を破って新しく開けてきた宗が浄土宗

一切善悪凡夫人が、一切善悪を超えて生きられる。その仏教の本質は何かということを具体的に示されたのが、『選択集』である。『選択集』の制作ということが、次に述べられている。「真宗教証興片州　選択本願弘悪世」と、真宗ということが述べてある。それは選択本願ということである。選択本願とは何かというと、念仏である。念仏が真宗である。『浄土和讃』の「念仏成仏《じょうぶつ》これ真宗」（聖典四八五頁）は、親鸞聖人が真宗ということをとらえられた言葉である。

選択本願の念仏と言われる意味は、弥陀が念仏を選択して、それをもって本願となすということである。本願とは弥陀の魂である。弥陀は、ただ光っているだけではなく、願にその魂がある。阿弥陀仏の魂は、願である。念仏を選択することをもって願とする。それが阿弥陀仏の魂であり、法蔵菩薩である。選択ということは、法然上人の実存を通して、法然上人が明らかにされたものである。

法然上人は、選択本願ということと同時に「浄土宗」（真聖全一、九三〇頁）と言われている。宗という言葉には、『選択集』によって立教開宗するという意味がある。単に宗教史の一つの事実というのではなく、立教開宗という意味をもっているのである。立教開宗の意味をもつということは、つまり宗教改革である。二門章に初めて、「浄土宗」ということが言ってある。それまでは、浄土の教えが宗であるとは、誰も夢にも思わなかった。浄土や念仏は、天台宗だと思っていた。念仏は天台宗のなかで行われていたから、天台の実践の一つと見られていて、浄土宗であるなどとは夢にも思われていなかった。

念仏はあったが、念仏を選択本願と見ることはできなかった。念仏だけなどと頑固なことを言わなくても、諸行もあるではないかと言う。今日、我われは法然上人、親鸞聖人の教えによって『大経』を見るけれども、もしその教えがなければ、念仏が「ただ念仏」ということになったかどうか疑問である。

源信和尚の『往生要集』においても、第四に正修念仏門、第九に往生諸行門を置いてあり、これらは『往生要集』の二つの骨格である。往生について、諸行と念仏を立てるのである。初めから念仏というのではない。『大経』を見ても、本願文に第十九願・第二十願があり、成就文にも三輩往生の経文がある。

法然上人や親鸞聖人の教えなしに『大経』を見て、「ただ念仏」ということは、はっきりしない。なかなか見えない。根本経典があっても、明確にというわけにはいかない。だから、念仏はあったが、宗とはならず、天台のなかの実践の一つであった。宗と言えば聖道以外にはなく、あらためて浄土の宗ということは考えられなかった。それが、聖道の宗を破って新しく宗というものが開けてきた。念仏の独立である。

宗教改革とは、念仏の独立の意味である。それまで仏教は、学問や道徳、あるいは実践哲学や思弁哲学というような様々な形に押さえられ、その本質が埋没していた。それが、形を破って、形の底に窒息していたその本質を開示してきたのである。覆っているものが破られ、中に胎動しているものが開かれてきた。源信和尚のところでは、胎動期である。天台のなかに胎動していたものが、時機到来して法然上人のところで開かれたのである。このように考えると、天台は発展的解消をしたというのが本当であろう。

聖道門が自己を改革して天台の法華に代わって出てきたのが、日蓮の法華宗である。ヨーロッパにおいては、プロテスタントによる宗教改革によって、カトリック自身が自己改革したが、日本においては、禅や念仏のプロテストを通して、天台仏教が自己改革したのである。

「憐愍善悪凡夫人」という事柄は、法然上人だけのことではなく、やはり時代の要望なのである。out of the church というものに応えられたのである。教団の外に置かれた現実、時代の要求に応えた。そのような、ただ法然上人個人の事情ではないものが鎌倉仏教にあったのであろう。

宗教変革には、主体的な面も客体的な面もある

日蓮宗についても、頭から嫌わずに考えてみなければならない。なぜなら、禅と念仏は、自己を明

らかにするという道元禅師の言葉もあるように、どちらかと言えば主体性を問題にする。教えや実践によって、自己を忘れ、自己を超えていくのである。主体性と言っても、主観が主体なのではない。主観も主体も、同じズプイェクト（Subjekt）という言葉だが、主観性を破るところに初めて、真の主体性が生まれる。主観性を破った主体性は、かえって脱自的であり客観的であるということがある。

主体性ということを日蓮で見ると、『立正安国論』の立正安国ということがそうである。また日蓮の『三大秘《さんだいひ》法稟承事《ほうぼんじょうのこと》』という書には、戒壇の建立ということが言われている。それは戒壇論であるが、それがキリスト教で言えば一つの教会論になっている。教団の外にこそかえって教団がある。ダルマにより統一された世界である日本の実現ということを言う。こういう、日蓮の教学にある社会変革という面を考えると、日蓮の教学は禅や念仏と反対のように思われる。念仏では、宗教の本質が信心としてあらわされ、禅では悟りとあらわされている。しかし、悟りにしても信心にしても、そこにはダルマの現実がある。

法の現実があるというところに、宗教の本質が考えられる。日蓮の言う宗教の本質は、どこにあるのかわからない。しかし、だからと言って「あんなものは宗教と認められない」と言わずに、自分の考え方をあらためて見てみると、たしかに面白いところがある。我われの考えが狭かったということもある。というのは、自己変革が念仏や禅であるが、社会変革が日蓮なのである。社会変革以外に自己はないという、そういう社会的実践なのである。これは、禅や念仏にはなく、仏教の伝統のなかに一番ない部分である。その意味では、日蓮宗はキリスト教に似ている。

キリスト教は禅よりも真宗に似ていると言われるが、似ているのはむしろ日蓮宗のほうである。たとえばキリスト教では、教会は教団ではない。教団は人間の作った団体であり、あらゆる宗教は教団をもつ。しかしキリスト教は、教会はもつが教団はもたない。それが教会論のもつ力である。教会は、人間の作ったものではない。それどころか、人間は教会の敵である。宗教運動は、神から人間への挑戦である。挑まれた側が我われであり、神の宣戦布告を、我われが受け取ったということである。

「地上に平和をもたらすために、わたしがきたと思うな。平和ではなく、つるぎを投げ込むためにきたのである」（マタイによる福音書一〇章三四節）というような福音書の言葉もあるように、戦いなのである。日蓮というのはそれに当たる。仏教的軍国主義である。しかし、仏教では僧伽のことを蜜と乳のごとく和合すると言い、和合が僧伽の形である。戦いのキリスト教と和合の仏教とは、異質である。そういう仏教のなかで、初めて戦闘の形をとったのが日蓮宗である。

日蓮のものを見ると、日本人のなかにもあのように闘争的なものがあるということを知ることができる。ただ「もののあはれ」ということを言っているのが日本人なのではない、と日本人に対する見方が広くなる。日蓮において、戦いの最たるものは折伏である。法然上人の場合は廃立と言われるが、折伏というとかなり厳しく激しいものがある。もっとも、折伏《しゃくぶく》と言っても、その対象を高いものにするのでなければ、その厳しさも生きてこない。資本主義に対する折伏というように、折伏の水準を高くして初めて、折伏も生きてくるのではないか。

日蓮宗には、イスラム教の「コーランか剣か」というような激しいものがあるのではないか。日蓮宗から折伏を取り去って、「話せばわかる」と言ってしまえば、日蓮宗ではなくなるだろう。だからその激しさを失って本山ができたところに、日蓮宗は滅んだのかも知れない。いつまでも憎まれているところに日蓮宗がある。それが、国家から保護されたりすれば、虎が猫になったも同然である。日蓮宗は人から痛めつけられなければ、生きていけない。

宗教変革には主体的な面も客体的な面もある。そういう意味から宗教改革の意味、そして日蓮宗の意味について、その本質を考えてみなければならない。あんなものは宗教ではない、などと一方的に批判するのではなく、あのような可能性もあるということを学ばなければならない。主体的変革のみが唯一の可能性なのではない。日蓮宗も、一つの可能性を実現したものである。客体的変革ということがもっと考え直されてよいのではないか。

立教開宗は時代の要求である

これは、教会論にとって大切な問題である。今日（一九六〇～七〇年代）のベトナムに起こっている問題でも、仏教の精神に反するから、人を殺すのは悪い、だから戦争をやめろと言うだけで、はたして問題がおさまるだろうか。帝国主義を批判するだけで、戦争がおさまるだろうか。ただ平和を言い、人を殺してはならないと言ってみたところで、ベトナムの問題は解決できないであろう。

念仏と言っても、客体的変革、社会的変革を無視するわけにはいかない。社会変革という面から言えば、日蓮宗にも隠れた可能性を実現したものだという意味がある。変革の可能性はいろいろある。

イエスと言ったからといって積極的であるとか、ノーと言ったからといって消極的というものでもない。また、イエスもノーもないのも、大きな問題である。我われは社会的現実抜きで生きていることはできないのである。経済性も人間の一つの現実の相であるから、そういう問題にも何か応えるものがなければならない。イエスもノーもないということはわからない。

日蓮宗は積極的に喧嘩を売ってくる。それがよいとは考えないが、イエスもノーもないというのもおかしいのではないか。原爆によって死んでもよいということを明らかにするのも大切なことであるが、まず作らないようにという努力が必要である。

原爆を作って戦争に利用するような者に対しては、非難がなければならないと思う。そうでないと、正義が出てこない。正義が出てこないのは、個の自覚がないからである。正義は、個と個の自覚からしか出てこない。たとえば、親子のあいだでは忠孝ということしか出てこない。忠孝の倫理のような封建的な形態を破って、民主的な倫理をとれば、個と個になる。個と個、というものに関わりなく、平等分配するというのが正義の倫理である。

正義の倫理という深い力は、個と個の現実がなくては出てこない。親子では、もつものともたれるものという不正義があるから、正義感は出てこない。愛と正義と言うが、愛がただ平和だけでなく、戦いという形、愛の反対の憎という形をとってくるのは、正義があるからである。形式においてただ愛するというのではなく、人間愛への批判を通して人間を愛するというようなことがある。愛が正反対の憎をもってくるのは正義感によるのである。単に煩悩で憎いのではない。憤りと言っても決して個人的なものだけではなく、公の憤りというものもあるのではないか。

　宗というのは、法然上人だけではなく、時代全体の問題である。立教開宗は、思想運動というだけではなく、時代の要求である。『選択集』は、現実と無関係の単なる思想研究ではない。自分の都合から生まれた研究ではなく、時代の要求の声に応えるような意義をもった著述である。そういう意味をもったものが、立教開宗ということである。

　思想にも変革運動がある。変革するということは、ただものを変えるというのではない。内外一如というところに変革がある。自己批判を離れて思想批判はない。現実の批判を離れて思想批判はない。内外一如になるところに、批判というものがある。その具体化された形が、宗教改革である。仏教改革とは、仏教が裸になることである。自己を破ることである。

　ただ破られるというだけではない。破られるということを通して、かえって自己を破る。自分で破らなければ、人が破ってくる。それが現実である。破られるのを破られるに任せるのではない。破られるという受動を通して、自己が破っていくという能動に転ずる。そこから、宗教改革ということが出てくるのである。その記念塔であるというのが、『選択集』の意義である。そういう意味で、「正信偈」に法然上人がたたえられてある。前半は人をたたえ、真宗興隆の恩徳をたたえてあり、後は事業をたたえられる。

行信とは、人間を超えた原理の人間上の事実

その事業とは、『選択集』という本を作られたということである。普通ならば、本を作ったくらいで何が事業か、それぐらいは研究室でできるのではないか、我われも本を作るぐらいならできるではないか、というようなものである。しかし、たとえばカール・バルトの『ローマ書講解』のような本は、単なる本ではない。その本は、当時の神学界を激震させた、神学的な「爆弾的著作」として有名である。『選択集』も同様に、爆弾の意味をもっているのである。

思想とは、ただこじつけたものではない。他人への批判は、自己批判である。自己批判が他人への批判となる。内面的批判は、外面的批判である。百尺竿頭に一歩を進むということは実際の世界だけではなく、思想にもある。思想史は後から見ると、インテリの越権がある。インテリはよく、「この思想は、ここに限界がある」などと言う。インテリは、自分だけ歴史の外にいるようなつもりで、歴史を批判するのである。念仏が宗だということは、今から言えば何でもないことのようであるが、その時代にはいかに困難であったことか。今では、とても考えられないことであっただろう。

聖道仏教が仏教の本流であるという考え方がある。これは、今日でもある。原始仏教から大乗仏教、その大乗仏教のなかに親鸞聖人の教学を位置づける。これが、聖道を本流とする考え方である。聖道の立場からは、親鸞教学が仏教であることを弁証してやるというようなことが、今でも常識のようになっているが、そうではない。

親鸞教学から言えば、法然上人の事業は、仏教を説かれた釈迦牟尼仏の事業に勝るとも劣らない意

味があるのである。八正道や十二因縁が説かれているものだけが、根本仏教ではない。選択本願が根本仏教である。釈尊の仏教が徐々に薄められてくるのではないということである。

歴史は、直線のように進んでいるのではない。歴史には反復がある。出てきたものはかえって、元にかえっていく。歴史の展開ということが言われるが、厳密な意味の展開は、そこで成り立ってくる。根元にかえるのである。聖道門と浄土門と二つあるから、どちらでも好きなほうを選べ、というのではない。すでに機能を失って久しい聖道が危機になり、その終わりを通して、初めにかえすのである。クリージス（Krisis）には、転機という意味もある。仏教が流行《はや》っているあいだは、かえって仏教そのものは見えない。行き詰まったことにおいて初めて、本来の仏教、純粋無雑な仏教に遇う。底に流れているもの、胎動しているものに遇う。根元にかえるのである。

釈尊の四聖諦などは、表層に過ぎない。表面の表面というようなものである。もっと根元にかえる。釈尊の説いた仏教などではなく、釈尊をも生み出した仏教が、根本仏教である。一乗や大乗は、根本仏教をあらわそうとしたものである。それが真宗である。「真宗」は普通名詞なのであって、固有名詞にしてはいけない。「真宗」を固有名詞にしてしまうから、現代で通用しないのである。真宗教学ではだめで、親鸞教学でなくてはだめ、というのは、「真宗」が固有名詞になったからである。

天台宗では天台宗を真宗と言い、華厳宗では華厳宗を真宗と言う。だから用語例から言っても、もともとは正法を真宗と言うのである。これは、道元禅師が『正法眼蔵』と言われるのと同じことである。道元禅師も、自分の伝えたのは禅ではない、正法であると言われている。禅というセクトを伝えたのではないというわけである。

こういう意味が真宗にある。正法と言っても漠然としているが、正法とは念仏であり、正法の原理を真宗と言うのである。

法然上人の事業とは、真宗の教証と言われる、大乗仏教をして大乗仏教たらしめている原理を見出したということであろう。教証は初めと終わりである。真宗の教証とは教・行・証であり、もっとくわしく言えば教・行・信・証である。その内容は選択本願であり、選択本願は何であるかと言うと、念仏である。本願は仏法の原理であり、念仏は現実である。本願の現実が念仏なのである。人間を超えた原理が、人間の上に事実となっている。それを行信と言うのである。

宗教はどこにあるかと言えば本にはない。現実にある。現実にないならば、研究する必要のないものである。これから研究して仏教を興す、ということはない。宗教という事実がないところからは、何もしてみようがない。本願の現実が何もないところから、本願をこれから発明して作るということはできるものではない。

カントにも、「理性の事実」という言葉がある（『実践理性批判』第一部「道徳律は言わば、我われがア・プリオリに意識しているところの、必然的に確実であるところの純粋理性の事実として与えられている」）。理性の事実とは、我われの良心である。それがなければ、何もない。倫理学者に教えられて、道徳が出てくるのではない。倫理学の研究から道徳を生み出すわけにはいかない。研究に先立って事実がある。

宗教についても同様である。念仏が行信されているところに宗教の現実がある。本願はどこまでも先験的な原理である。本願という先験的なものの現実、それが念仏である。

24、還来生死輪転家

還来生死輪転家　決以疑情為所止
速入寂静無為楽　必以信心為能入

生死輪転《しょうじりんでん》の家に還来《かえ》ることは、決するに疑情をもって所止とす。速やかに寂静無為《じゃくじょうむい》の楽《みやこ》に入《い》ることは、必ず信心《しんじん》をもって能入とす、といえり。

『観経』の三心（至誠心・深心・回向発願心）と本願の三心（至心・信楽・欲生）

「還来生死輪転家　決以疑情為所止　速入寂静無為楽　必以信心為能入」。これは、疑情を戒《いまし》め、信心を勧める言葉である。「本師源空明仏教」からの四句には総じて、「如来の本誓、機に応ぜることを明かす」という、七高僧に一貫する事業があらわされている。法然上人においてその事業は、選択本願、具体的には念仏の意義を明らかにした事業、ということになる。本願の仏法が念仏である。本願は念仏の原理になる。釈迦出世の正意としての本願は、人類的な事業である。宗教の人類的な事業が、本願によって念仏として成就しているのである。

「還来生死輪転家　決以疑情為所止（生死輪転《しょうじりんでん》の家に還来《かえ》ることは　決するに疑情をもって所止とす）」（「正信偈」聖典二〇七頁）以下の四句では、別して本願の念仏の要義が示されている。この次第は源空章だけではなく、三国七高僧のすべての章が、「正信偈」では総別という形であらわされている。

別して、念仏の要義を明らかにする。『歎異抄』に「弥陀《みだ》の本願には老少《ろうしょう》善悪《ぜんあく》のひとをえらばれず。ただ信心を要《よう》とすとしるべし」（聖典六二六頁）とあるように、本願は機を選ばないが、ただ信心を要とする。念仏為本と言われている念仏においては、信心を要となす。念仏の要義が信心である。人を選ばず、ただ信心を要とする法が、念仏である。

善導大師において、信心の問題は三心という形で明らかにされているのであるが、『選択集』の三心章は、ほとんどそのまま善導大師の「散善義」の三心釈の文章でできている。親鸞聖人もまた、「信巻」を別撰するような意義を三心釈に見出されている。ところが法然上人においては、三心については、善導大師の三心釈がそのまま置かれていて、法然上人ご自身の解釈などは特にない。

しかし法然上人は、念仏の行については二行章を立て、善導大師の解釈によりつつ、非常に精密な分析をされている。他方、行に対する信の問題となると、ほとんど善導大師の解釈のままなのである。善導大師の三心釈の三心とは、『観経』の三心であるが、『観経』で三心が説かれているのは、散善の一番初めのところである（聖典一一二頁参照）。

善導大師の解釈によれば、前の十三観は定善であり、十三観以後の、いわゆる九品の形で説かれている教説は散善である。それまでの古今の諸師は『観経』を十六観経とも言われるように、十六観をひとまとまりと見るのであろうが、後の三観は散善であるというのが善導大師の解釈である。『観経』で定善が終わって散善が始まるという、そこに三心が出ている。場所は散善のなかにあるけれども、ちょうど定善の終わるところであって、散善の始まるところでもある。

このような位置から考えてみても、三心には定散二善に通ずる意味があるのである。経文では、至誠心・深心・回向発願心という簡単な言葉であるが、それについての善導大師の解釈は精密を極めており、『観経疏』のなかでも最も力を尽くされたところであるということがわかる。「散善義」の三分の一近くが費やされている。三心が『観経』中の『観経』ということであろう。

三心には、『観経』に依って自分を照らし、照らされた自分から生まれた『観経』であるという意味がある。だから、親鸞聖人はそこに非常に深い意味を見出され、「信巻」では善導大師の三心釈によって本願の三心（至心・信楽・欲生）を明らかにされた。善導大師が力を尽くして三心を解釈されたというところに、仏法の深い問題が見出されてきたのである。

人類的な問題と言っても、一応は、行ということで解決するように思えるが、解決したと思っているところに、かえってさらに一層深い問題が自覚されてきている。それが、易行難信ということである。難行から選んで易行に立ったところに問題はすべて解決しているようであるが、易行というところに、難行ではなく難信という問題が出てくるのである。行は、我われをたすける仏法側の問題であり、そういう仏法のなかに自分の問題はもう解決したようであるが、かえってそこに本当の意味の自己の問題が開かれてくる。こういうことから、善導大師の解釈は『観経』の三心（至誠心・深心・回向発願心）の解釈だが、親鸞聖人はさらに本願の三心《さんしん》（至心・信楽・欲生）の解釈をされるのである。善導大師の三心釈は、『観経』の経文の解釈であるが、親鸞聖人はそこに『大経』の本願があるとご覧になったのである。

特に『大経』の三願（第十八願・第十九願・第二十願）を背景として善導大師の三心釈が成り立っていると親鸞聖人は見られ、その意味から、逆に善導大師の解釈によって、本願の三心（至心・信楽・欲生）を明らかにされる。『観経』の三心は簡単なようだが、至誠心・深心・回向発願心という言葉を見れば、本願の三心が背景になっていることが文字の上からも自《おの》ずから見出すことができる。『観経』には至誠心と言われているが、本願の三心（至心・信楽・欲生）を見ると、三願には、「至心」という言葉が一貫している。また、第十八願には「信楽」、第十九願には「発願」、第二十願では「回向」が出ている。これは、『観経』の回向発願心の背景に、『大経』の第二十願の「回向」、そして第十九願の「発願」があることを示している。「信楽」は、深心という言葉であらわれている。

このようにざっと見ても、『観経』の三心には、その根底に本願の三心が背景としてあることがわかる。四十八願における三願（第十八願・第十九願・第二十願）に、三経一論の根本問題という意義があるとご覧になり、それゆえに『教行信証』においても、「信巻」以後では三経一論の根本問題、つまり三心一心と言われている問題が取り扱われているのである。

法然上人の場合は、前に述べたように、もっぱら行のほうを、問題とし明らかにされる。信について善導大師が明らかにされたことについての意味は、法然上人ではなく親鸞聖人に継承されている。

『観経疏』の三心釈において力を尽くされた善導大師の意義は、親鸞聖人に継承されているのである。法然上人の場合は行の問題が重要であって、信は行のなかに包まれている。行の「唯念仏」（真聖全一、九四〇頁には「唯以念仏」、九四四頁には「唯勧念仏一門」）の「唯」に、信の問題を包んでいる。

法然上人は、選択本願という意味で念仏を明らかにされる。念仏は、法然上人が初めて思いつかれたわけではなく、古くからあったわけだが、その意味を明らかにされたのは、選択本願ということによる。さらに平明に言うならば、「唯念仏」と「唯」を加えられた点に、そのように簡単な形であるけれども、そこに法然一代の事業が結晶しているのである。法然上人の信念は「唯」という一字にあるわけであろう。

法然上人が迫害を受けたのは、念仏ということを言ったからではない。「唯」ということを言われたからである。念仏も「亦」という念仏ではなく、「唯」念仏のみという意味の念仏である。その点に、法然上人の事業がある。その「唯」のなかに三心の問題が含蓄されている。「唯」ということも、三心釈を通して初めて明瞭になってくる。

行の他《ほか》に信を加えたのではない。行のなかにある信である。信がなければ、行ということも言えず、願と言うより仕方がない。願が行となるということは、信においてである。南無阿弥陀仏ということの他に、信があるわけではない。行が信の当体であろう。信を押さえて信と言うのではない。信の当体を押さえて行と言うのである。信心とは、行という本願のはたらきであり、本願の現実である。

廃立という教学の特色は、割り切れたということ

行とは、含蓄の深い言葉である。本願は、人間を底に超えたものであるが、人間を底に超えたその本願が人間の上に事実となっているのが、行である。本願がはたらく事実を、行と言う。それがなければ、何もない。これから作るというものではない。学問で宗教を作るわけにはいかない。宗教という事実がなければならない。人間を超えたものが、人間の上に現行している。本願の現実をあらわす言葉が、行である。

我われの意識を破って、事実そのものに触れる。事実を事実として承認したことが、信心である。事実というものに触れて、思いが破られるのである。信心は思いではない。思いが破れて事実に遇ったことが信心であるから、行の他に信があるはずがない。これを「唯念仏」と言うのであり、それが法然上人の信心である。直截簡明に示してある。親鸞聖人は、その直截簡明なことを否定したのではない。直截簡明なことが容易ならない意味をもっているということを、明らかにされたのである。それが、三心釈である。

法然上人は、その意味で行のほうを問題とし、そのために選択ということが基礎になり、そこから廃立と言われる。これが、法然上人の教学の特色である。「行巻」は、廃立の巻と言ってもよい。廃立には、二股はない。あれかこれか、である。理性に立つのか、本願に立つのか、どちらかであって、両方に立つということはあり得ない。またどちらにも立たないということもない。本願に立たないならば、自己に立つしかない。自己にも本願にも立たないということはないし、また両方に立つという

こともない。

自己を超えた本願に触れなければ、自己に依るより仕方がない。廃立という教学の特色は、割り切れたということ、不透明さを残さないということである。そこに「行巻」が成り立っている。不透明さが払拭されれば、時・処・機を超えたその法以外に道はないことが明らかになる。人間の問題が、人間に先立って成就している。今からこれを研究して作り出すというものではない。法然上人は、善導大師からそういう点を学び取られたのであろう。

善導教学の行の面を法然上人は継承し、ある意味の宗教改革を行われた。しかし、善導大師は幅広い。善導教学は法然教学で全部尽くされるかと言うと、そうではなく、残された問題がある。それを親鸞聖人が取り上げられてきているのである。

それは何の問題かと言うと、信の問題である。「信巻」から「化身土巻」までを、三心一心の問題が貫いている。「信巻」でその問題に触れるのだが、「化身土巻」にくると隠顕ということを言われる。前述したように、三心《さんじん》(至誠心・深心・回向発願心)は『観経』に出ているのだが、釈家善導の心によってみると、『観経』という経典もむろん釈迦の説法、教説であるが、そこには隠顕ということがある。そのような善導大師の指摘に、親鸞聖人は注目されたのである。

隠は隠れている、顕はあらわれているということである。『観経疏』玄義分の初めのほうにある「安楽の能人、別意《べっち》の弘願を顕彰す」という言葉を、親鸞聖人は「化身土巻」(『教行信証』聖典三三三頁)に引かれている。釈迦は韋提希の要求に応じて、浄土の門を広開された。定散二善の法門を広開された。それに対して、阿弥陀仏は別意の弘願を顕彰された。広開に対して顕彰という字が使われていることに、親鸞聖人は非常に注意を払われた。

これを通してみると、『観経』の性格そのものが『大経』とは違ってとらえられてくる。親鸞聖人は、『大経』について「広開法蔵」（『教行信証』聖典一五二頁）、本願を広開すると言われる。『観経』については、顕彰すると言われる。広開されるものは法蔵、顕彰されるものは定散二善である。親鸞聖人は顕彰という字から、『観経』には『大経』とは異なる釈尊の説き方があることを見出された。善導大師によって『観経』の特色のある点を見出してきたのである。

源空章の後半二行は、二種深信をあらわしている

彰は、あらわれてはいるが隠密なのである。顕彰隠密、略して隠顕とも言われる。これは顕と彰と隠と密と四つがあるのではない。単純なのが顕であり、複雑なのが隠である。誰が見てもそう見えるように語られているのが顕である。隠は、彰隠密であり、眼あるものは見よ、耳あるものは聞けというこことである。仏教には顕密があり、真言密教などでも顕教・密教ということを言う。

密は秘密教、秘密をもった文章ということである。しかし、密にもやはり、彰ということがある。隠しているわけではなく、秘密を彰している。彰しているもの、彰れているままが隠れている。姿も形もないというのではない。見る眼がものを言うのである。

聞けども聞こえず、見れども見えずということであって、ないのではない。眼のない者にもある者

にも平等に見えるのが、顕である。文章の場合でも、文法に従っているという点は、眼があろうがなかろうが共通である。文章には約束があって、それによって理解されるのは、顕である。

密教と言っても、文章でないようなものではなく、彰れているままが隠れているのである。開かれた秘密の意味があるのが、『観経』の特色である。経文が立体的なのである。この隠顕という問題が、廃立ということと対角の関係にある。廃立は割り切っているが、隠顕のほうは立体的であり重層的なのである。行の問題は廃立であるが、信の問題は隠顕ということで扱われている。善導大師の廃立の面は法然上人が明らかにされたが、隠顕の面は親鸞聖人が明らかにしてこられたのである。善導大師の教学には、このように奥深いものがある。

そもそも親鸞聖人においては、行が信の当体であるから、「行巻」は行を扱い、「信巻」は信を扱うということではない。「正信偈」は、言わば親鸞聖人ご自身の信仰の表白であり、「自信教人信」するところである。行において信を表明している。「信巻」に至って初めて信が出てくるのではない。すでに「行巻」に信が表明してある。南無阿弥陀仏の信心という意味の信心は、「信巻」より「行巻」そのものであろう。

南無阿弥陀仏が行であり、また信である。半分だけが行であるというようなものではない。南無阿弥陀仏の行に全体がある。「行巻」がすでに全体をもっているのであって、「信巻」は、その序文が「別序」と言われているように、別して、という意味があるのである。

「還来生死輪転家　決以疑情為所止　速入寂静無為楽　必以信心為能入（生死輪転《しょうじりんでん》の家に還来《かえ》るこ

とは、決するに疑情をもって所止とす。速やかに寂静《じゃくじょう》無為《むい》の楽《みやこ》に入《い》ることは、必ず信心《しんじん》をもって能入とす、といえり)」(「正信偈」聖典二〇七頁)。この言葉は善導大師の三心釈に基づくのだが、善導大師の三心釈に対する法然上人の了解である。私は善導大師の三心釈をこういうようにいただくことができた、という法然上人の了解である。そういう法然上人の了解が、この源空章の後半の二行として出してある。善導大師が非常に力を尽くして明らかにされた三心釈の帰着点を、法然上人はこのように了解されたのだと、この源空章の後半の二行で示してあるのである。この二行は、二種深信をあらわしている。三心釈は要するに、二種深信をあらわしているのである。

二種深信は、信心そのものの構造であるが、疑情を戒めて信を勧めるという点では、信心そのものの構造というよりも、信心を勧める言葉である。信疑決判である。信心そのものは、構造としては二種深信であり、二種深信であるような信心を要として、疑いを戒める。

信心を疑蓋無雑の心と言うことがある(『教行信証』聖典二二四頁、二二五頁など参照)。疑蓋無雑の心ということを考えていけば、一心ということにもなるのである。第十九願や第二十願、あるいは『観経』の三心や『小経』の一心も、疑蓋無雑の信心を成就するという意味があるのであろう。疑蓋無雑の信心を成就するために、疑いを深める、あるいは、深い疑いを見出すということである。疑いを深めると言っても、無理に疑ってみせるわけではない。信ずるところにすでに疑いがある。疑うまいと思う心に疑いがある。信ずるところにすでに潜んでいる深い疑いを自覚することによって、純粋無雑の信心を明瞭にしてくるのである。

不安を感じるのは本願の力

信楽は疑蓋無雑であると言うが、疑蓋無雑ということが、信楽そのものなのである。「信巻」の信楽の解釈で、疑蓋無雑の心を信楽と言う。本願の信楽も、『観経』の深心も、そして『浄土論』の一心も、みな疑蓋無雑の心ということをあらわすのである。

善導大師が二種深信ということを言われたのも、「無疑無慮」(真聖全一、五三四頁)ということがあるからである。「疑いなく慮《おもんぱか》りなくかの願力に乗」(『教行信証』聖典二一五頁)ずることができないのは何か。そこに自己自身についての疑惑があるからではないか、ということで、本願を疑っているわけではないが、慮《おもんぱか》っているところに、本願と自己とが二つになっているということがある。

本願を疑っているわけではない。しかし、本願そのものにはならない。自動車を例にとれば、自動車を疑っているのなら、初めから乗らない。乗ってはいても、ぶつからないだろうか、運転手は初心者ではないだろうかと心配して、運転手と自分とが一つになれない。もし乗っている車がぶつかって、運転手が死んでしまって自動車は壊れても、自分だけはたすかりたい。そのように、乗っている自分と乗せられている自分との、二つがあるのである。

本願を疑っているわけではないが、躊躇逡巡がある。そこから、機の深信があらわれてきたのである。自分というものが、どうにかすればどうにかなると思うから、躊躇逡巡する。「本願を信じたらたすかるが、本願を信じなかったらたすからない。それなら、本願を信じてたすかろう」などと考えるのは、本願に乗ってはいても、本願に乗らなくても歩ける自分があるのである。もし自分で歩いていれば、こういうことはなかっただろう、という後悔が出てくる。そこには、「いずれの行もおよびがたき身」（『歎異抄』聖典六二七頁）という自覚がない。自覚が身に付いていない。たすける本願とたすからない自分とを見ている自分がある。

善導大師は、機の深信で、「自身は」（『教行信証』聖典二一五頁）と言われる。身というのはサンスクリット語でカーヤ（kāya）と言う。身体という言葉もあるように、自体をあらわす概念が身ということである。肉体ということを言っているのではなく、それ自体をあらわす。自己そのもの、自己の当体をあらわす概念である。

つまり、「現にこれ罪悪生死《ざいあくしょうじ》の凡夫《ぼんぶ》、曠劫《こうごう》より已来《このかた》、常に没《もつ》し常に流転《るてん》して、出離《しゅつり》の縁《えん》あることなし」（『教行信証』聖典二一五頁）というのが、自己自身なのである。そのほかに自己があって、流転しているのではない。流転が自己自身である。「私は流転している」と自己を眺め、本願を眺め、本願によって流転の自己を救おうと考えている。そのように自分も本願も眺めて考えている自己がいる。それでは自体になれない。だからその言葉に続いて、「無疑無慮」ということが出ているのである。

調子がよければ、自分も捨てたものではないと言い、調子が悪くなれば、自分はだめなものだと言う。そういう心が残っているあいだは、乗っていても乗らないのと同じではないか。一進一退の心で乗っているわけである。本願は不二の心であるのに、乗るのは二の心であるという、そこに大きな矛盾がある。その矛盾をごまかせない。そういう矛盾の自覚が不安である。不安を消そうとして二の心を一層強めれば、独断になる。独断の心が、懐疑の心でもある。二種深信について、こういうことがあるのである。

『大経』にかえってみると、第二十願成就の経文が、仏智疑惑である。三願転入の意義は、第二十願の意義を発見したところにある。第二十願は、自覚症状を与える力である。不安を感じるということが、本願の力ではないか。我われがいつまでも独断に腰を落ち着けていられないようにさせられているところに、大きなはからいがある。そのように見てみると、二種深信も、三願転入も、一貫して疑惑を問題にしていることがわかる。疑蓋無雑の信心を成就しようとする問題になる。二種深信を了解すれば、このように信疑決判が出てくるのは当然である。

善導大師の二種深信の精神をいただいて、そこに信疑を決判して、信心為要（「信心を要《よう》とす」〈『歎異抄』聖典六二六頁〉）ということを明らかにしてくる。疑蓋無雑の信心が、本願の要である。本願は我われに努力を要求しているのではない。疑蓋無雑ということだけが、我われに要求されているのである。

本願によって本願に目覚めた信心が、目覚めた本願の主となる

信じて、それからさらにどうにかすることが要求されているのではない。本願を信ずるということ、本願に疑いがないということだけが要求されている。本願と私のあいだが、紙一枚分だけ離れている。その紙一枚分を消し去るということが大事である。本願を信じたからどうにかなるのではなく、本願を信ずるというところで終わっている。本願に目覚めるということだけですべて終わっている。

本願に目覚めれば、本願自身がそこにはたらくのである。本願を知ったらたすかるということではない。たすからない自分は変わらない。今もたすかっていないし、過去もたすからなかったし、信じても一層たすからない。本願と私のあいだの紙が消えれば、そのたすからない身が本願に乗じてたすかる身になるのである。

信じた本願と自分とを結合してどうにかしようとするのは、信ずるという形をとった疑惑である。本願は噴火口のようなものである。自己の主観が噴火で突破されれば、本願全体が我となる。本願に対する我ではない。本願の主となるのである。本願の主というような信心でなければ、厳密には信と言えないのではないか。

信仰という言葉は、誰でもが使っている共通の概念であり広い意味をもつから、よく考えてみなくてはならない。念仏の要義は疑蓋無雑な信心である、とはどういうことかと言うと、念仏の仏法は信心の仏法であるということである。もちろん信心のない仏法があるはずはない。もしあると言うなら、信仰のない宗教があるということになる。信仰のない宗教はないのだが、それらのほとんどは信仰のみではないのである。近いところで禅があるが、禅も信心を言わないわけではない。たとえば中国禅には『信心銘』という書もある。信心も安心も、ある意味では禅語である。

だから禅でも信心を言わないわけではないが、しかし、信に始まるというだけである。信から始まって、証までいかないと承知しないところがある。信は序の口ということであろう。信に終わるのではなく、信に始まっている。それに対して真宗の信は、初めには違いないが、初めを捨てて終わりへいくのではない。初めのなかに、一切が納まっている。信から始まるが、信をやめて、次にその先の証を得てくるのではない。信において得ている証に出遇うのである。信において得られないものに、後から出遇うのではない。信という一念に一切を得ている。得ているものに出遇っていく。

喩えは良くないかも知れないが、山海の珍味を出されたとき、一目見て腹がふくれるというのが、信の一念である。もう食べなくてもよいのだが、しかし、一目見て腹がふくれたからもう食べなくてもよい、と言えば角が立つ。もう十分なのだけれども、それをいただく。不十分だから十分にするのではない。十分のものを十分としてあらわしてくる。それをいただく。食うのでなく、いただくということを行じていくのである。

一目見て全部を得ているのだが、行ずる場合には、どれか一つずつにしていかなければならない。いくら口が大きくても、一度に全部は入らない。口に入る分ずつ、順序を付けていただいていく。得ているものに出遇っていく。得ていないものならば、出遇おうとしても出遇えない。信の一念において全体を奪っている。すでに奪っているものに出遇っていくという意味がある。

このように、本願に目覚めることを転機として、本願によって本願に目覚めた信心が、目覚めた本願の主となる。主人となる。目覚めるのは客であるが、目覚めた限り主人となる。信心は本願全体を奪って、本願全体をもっている。本願自身が我となっているのでなければ、信ずると口で言っても、本当は信とは言えないのではないか。信じる心が主観であったり、信じられる本願が客観として考えられたりする場合は、信ずるということが中途半端でいい加減なのであって、本当は信と言えないのではないか。信とは、一つの証である。

疑情について「能止」ではなく「所止」になっているのはなぜか

信心の仏法ということをあらわすのが、念仏である。純粋信心の行を念仏と言う。座禅は、純粋信心の行ではない。もちろん仏法は証を問題にするのであるが、証《しょう》することができる人だけに証を与えているのでは、大乗にならない。証は仏自身である。証をあらゆる人間に広開する道が、信心である。証を信として与えるのである。証は仏であるが、仏を凡夫に与える。仏を凡夫に開く道が、信である。凡夫を改める必要がないのが、念仏の道である。念仏において初めて、凡夫のまま仏に等しいという確信が開かれてくる。

自力の立場から見ると、凡夫であるならば仏ではない、仏であれば凡夫ではないということになりはしないか。証の立場から言うと、仏から見ればみな仏でないものはなく、迷っているということは夢である。夢から覚めれば凡夫はない。また夢を見ているあいだは、仏はない。仏でしかない仏ならば、また仏でもない。仏も凡夫も、ないのである。仏凡一体というような証が観念や道理としてあるならば、やはりそれを悟らなければならない。そうではなく、そのような生死一如、あるいは一如一体の道理を、理ではなく事実にするのが、信ではないか。

信心を言わない仏法はないが、信心の行として、信によって一切が立つという仏法は、浄土真宗以外にないのではないか。信を純化して信によって一切が立つという仏法になった。そういう純粋信心の仏法というのが念仏の道ではないか。

「生死輪転の家に還来ることは、決するに疑情をもって所止とす」は、疑情により生死に止まらせられるという意味である。そして「速やかに寂静無為の楽に入ることは、必ず信心をもって能入とす」の「寂静無為の楽」は、「生死輪転の家」に対する反対概念である。証、すなわち涅槃・寂静無為・大般涅槃に「速やかに入る」ということは、だんだんではなく一挙に往くということをあらわす。

「信心をもって能入とす」と、信のほうは「能入」と言われている。信は速やかに無為に入ると言う。速やかに入るものは、信心である。信心が、寂静無為・涅槃に入るのである。それならば、生死に入るのは疑情である。生死に入るものは疑情であり、涅槃に入るものは信心である。

ここに、信心には能入、疑情には所止という語が使ってある。しかし、生死に入るものは疑情であり、涅槃に入るものは信心であると言えば、なぜどちらにも能を使われないのだろうか。このように言われるのは、文章技巧のためだけではない大事な意味があるのではないか。

これは『歎異抄』で「よろこぶべきこころをおさえて、よろこばせざるは、煩悩《ぼんのう》の所為《しょい》なり」（聖典六二九頁）とあるのと同じ言い方である。それが所止である。我われをして生死に輪転せしめるものは、疑情である。疑情の所為《しょい》である。仏智を疑惑するその疑惑によって生死に止まらされている。流転は、疑惑という煩悩の所為だという。もし疑情に、能の字を使って能止としてしまうと、疑と信とが同格になってしまうのではないか。生死に入るものは疑であり、涅槃に入るものは信であると言えば同格になるはずだが、その同格ということを外すために、能所を使い分けてあるのではないか。

そもそも疑とは煩悩であるが、疑という心理は信に対するものではない。疑蓋無雑の信と言うが、疑が信の反対概念なのではない。信の反対概念は不信ということ、信じないというのが反対概念なのである。

不信は信がなくなったという消極的なものではなく、積極的なはたらきを言う。ちょうど、無神論が積極的な主張であるのと同じことである。有神論の信仰と同じ強さがなければ、無神論とは言えない。無神論は、単に神に無関心ということではない。神を否定するということは、神を肯定すること全体に対して、否定するのである。肯定する意志の自由を否定するのである。

しかし、疑はそういうものではない。疑惑は、信ずるとも決定できず、不信にも決まらないから疑惑という。どちらかに決まれば疑惑もない。決まらないから疑惑がある。疑惑は猶予と定義されている。

こういう点から考えても、疑と信の関係は、信に対して疑は独立するものではないということがわかる。信については心、疑については情と言う。親鸞教学では、信心や菩提心を阿毘達磨のような学問を使って明らかにしているわけではない。学問的分析は、必ずしも必要がないということである。そうでなければ、学者でないと信仰の道はわからないということになる。信仰の道は誰でもわかるものであるという意味で、阿毘達磨的な解釈を特に避けられたのであろう。それはしかし、親鸞聖人の時代である。今では、世間の人はなかなか賢い。今の凡夫は知恵のある凡夫だから、阿毘達磨くらいではへこたれない。

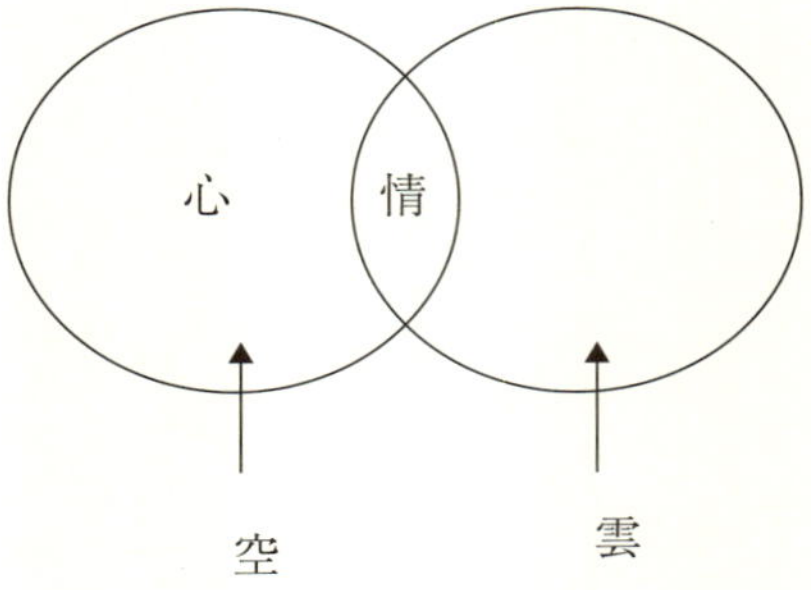

図3

情という字は、よい意味にも悪い意味にも使う。この、疑情という場合は妄情である。信と言えば安心、また一心と言い、三心（至心・信楽・欲生）と言う。心は妄情に覆われているが、妄情の晴れた心は信である。妄情の雲が晴れれば、信が自ずと成り立ってくる。心を情が覆っている。しかし真実信心の天はいつでも晴れている。空は晴れているのだが、妄情のために曇っている。曇っていても、雲と天とは違うのである（図3参照）。

雲が晴れれば心そのものが出てくる。雲が晴れて空が見える。これは、雲が空に変化したのではない。物理的変化を起こしたのではない。雲があったときには空は見えず、空全体が雲である。雲が晴れて空が見えてきたというのは、さっきまであった雲が化学変化を起こして空になったというのではなく、本来あったものが出てきたのである。これまで雲であったものは、実は雲ではなかった。体のないもの、無体の妄情であった。これを情と言う。それが晴れれば、真に客観の世界に触れてくる。そこに信がある。

ここに、位の違いということがある。妄情の上で、疑ったり信じたりしている。情のなかに、信ずる情もあり、疑う情もあるのではない。疑いというのは情に立っている。信ずるのは、情の晴れた信だという。位が違うのである。青い空を曇った空のように思うのは、疑情の所為である。生死のない世界に生死しているのは、煩悩の妄想に過ぎないということである。妄想の晴れたのが、信心である。妄情と信心は、そういう関係ではないか。

空そのものを見出すのは、情ではない。信心だけが見出せるのである。妄情の心で本願を信じても、意味をなさない。それを信仰だと思うのは大きな間違いである。それは妄情に過ぎない。妄情の晴れたのが、信心である。依経分に「已能雖破無明闇　貪愛瞋憎之雲霧　常覆真実信心天（すでによく無《む》明《みょう》の闇《あん》を破すといえども、貪愛《とんない》・瞋憎《しんぞう》の雲霧《うんむ》、常に真実信心《しんじん》の天に覆《おお》えり）」（「正信偈」聖典二〇四頁）と出ていたが、その意味がここにもあるのではないか。

無明も煩悩であり、貪愛も煩悩である。無明がなくなれば貪瞋の煩悩もなくなる、とは言えない。無明は晴れても、貪瞋の煩悩の曇りがある。無明がなくなるのは、夜の明けたことである。夜が明けたということが、すなわち晴天ということではなく、夜が明けても曇っていることもある。信ずるとは智慧を得ることである。無明を破るということも、我われが破っていくのではない。無明を自分で破れるものならば、疑惑ということはそもそも問題にならない。無明を自分で破れるものならば、信心は我われには必要ない。

それは、一般の大乗小乗教学ではないか。そこには、信心ということが出てこない。信ということが出てくるのは、本願や念仏があるからである。我われが自分で明（仏の智慧）を得るのではない。本願を信ずれば、仏を信ずれば、仏自身を我われがもつ。仏の眼をもつことになる。我われが、自分で明をもつのではない。仏を信ずれば、仏自身をもつ。夜が明ければ、闇は去る。本願がなければ、自分で闇を破って天を出してこなければならない。夜を破って昼を出してこなければならない。本願をたのめば、昼が出てくるから夜は去る。

仏の本願に目覚めれば、仏智をたまわる。つまり、無明を破する智慧をたまわる。信の一念に無明は破られるということになる。無明が破られるということと、煩悩が消えるということとは、同じではない。無明は煩悩の一つであるが、また煩悩の根本である。疑惑は根本ではなく、第二次的なものである。

いずれにしても、信と疑は同格ではないということがある。疑とは、躊躇逡巡である。仏のなかにあって、仏を拒んでいる心が、疑である。仏自身に触れたのが、信心である。この区別を明瞭にして、能入・所止ということがあるのではないか。疑情と信心とは、まったく質の違う心である。疑情は人間の心であるが、信心は仏の智慧である。信心は智慧であり、疑惑は妄想である。智慧と妄想は同格ではない。本願を我われの心で信ずるのではない。それは、信という形をとった疑惑である。

廃立の根拠は本願にあり

初めの四句は、選択本願、すなわち浄土真宗の精神を明らかにするものになっている。選択本願念仏は、法然上人の『選択集』の大綱である。三国の高僧の精神を通して、釈迦出世の正意として本願が機に応じて明らかにされたというのが、依釈分の一貫した内容である。しかし、選択本願という意味で本願を明らかにされているのは、法然上人である。本願を選択の意味で明らかにされたのが法然上人である。念仏を選択し、その念仏をもって本願とする。そこに立って廃立がある。法然上人の教学は廃立の教学と言われている。その廃立の原理が本願に求められてくる。

正依の『大経』の経文では摂取となっているが、わざわざ、選択と言っている異訳の経典（『大阿弥陀経』）に依って、本願の意味をあらわしてある（真聖全一、九四一頁参照）。摂取には選び取るという一面があるが、選択は選び捨てる意味が明瞭になる言葉である。選び取る裏には、選び捨てることが背景としてある。だから、むしろ捨てる力で取らせる。一切を捨てて一つを取らせるのである。

「行巻」にも『選択集』の初めと終わりが引いてある。『選択集』の終わりのほうにある三選の文を出されている。まず「それ速やかに生死《しょうじ》を離《はな》れんと欲《おも》わば、二種の勝法《しょうぼう》の中に、しばらく聖道門《しょうどうもん》を閣《さしお》きて、選びて浄土門《じょうどもん》に入れ」（『教行信証』聖典一八九頁）とある。ここにある閣という字は、選び捨てる意味をあらわす。続いて「浄土門に入《い》らんと欲わば、正雑二《しょうぞうに》行《ぎょう》の中に、しばらくもろもろの雑《ぞう》行《ぎょう》を抛《なげう》ちて、選びて正行《しょうぎょう》に帰すべし」（同頁）と、ここに抛という字が出ている。さらに、「正行を修《しゅ》せんと欲わば、正助《しょうじょ》二業《ごう》の中に、なお助業《じょごう》を傍《かたわら》にして、選びて正定《しょうじょう》を専らすべし。正定の業《ごう》とは、すなわちこれ仏の名《みな》を称するなり。称名《しょうみょう》は必ず生まるることを得《う》、仏の本願に依《よ》るがゆえに、と」（同頁）と、ここでは傍と出ている。初めの「閣」は教に、「抛」は行に、「傍」は業になる。このように閣・抛・傍という字で、選び捨てることをあらわす強い表現がとってある。選択はこの三つに帰する。これは『選択集』の最後のほうの言葉をとらえたものである。

一方、「『選択本願《せんじゃくほんがん》念仏集』源空《げんくう》集に云わく、南無阿弥陀仏往生《なむあみだぶつおうじょう》の業《ごう》は念仏を本とす」（『教行信証』

聖典一八九頁）は、『選択集』の初めの言葉である。『教行信証』を見ても、親鸞聖人と深い関係にあるはずの法然上人の言葉は、非常に少なく、ここだけにしか引かれていない。まことに簡潔ではあるけれども、『選択集』のなかからただ拾ってきたというのではなく、初めと終わりとによって『選択集』全体が尽くされているという意味がある。

最後に選択されるのは業であり、正定の業とは称名である。称名という意味の念仏であって、仏の相好を観念する観仏という意味の念仏ではない。初めの聖道・浄土の選びは道綽禅師によってあるが、ここはおおむね善導大師によってある。「選択本願念仏」という言葉には、『大経』が自ずからあらわれている。しかし、三選択が内容になってくると、道綽禅師を先駆とする善導大師の教学によって明らかにしてある。五種の正行や正助二行は、善導大師の教学である（聖典三三五頁参照）。

選択することの背景、基礎として閣・抛・傍がある。それによって一切を廃し念仏が選び取られてある。廃立というと、自分勝手に廃しているように思われるが、自分勝手に廃しているのではなく、根拠は本願にある。最後に「仏の本願に依《よ》るがゆえに」（『教行信証』聖典一八九頁）と理由句が付いているのは、そういう意味である。

『観経疏』では、雑行に対して五種の正行が立てられている（聖典三三五頁参照）。観仏も念仏であって、『観経』は観仏を主として立てられている教えである。観仏と称名が並んでいると言えないこともないが、やはり観仏が主である。称名もあるけれども、観仏が主である。『観経』でも、観仏に堪えられない者のために念仏が説かれたようになっている（真聖全一、八〇九頁参照）。念仏はむしろ、観仏のための念仏であった。念仏の歴史が教理の上ではなく、観仏の形で伝承されてきたのである。

　源信和尚の場合も、『往生要集』において観仏を捨てて念仏を取るということはない。むしろ、観仏のなかに念仏を明らかにしている。法然上人の場合は善導大師の五正行によってあるけれども、『往生要集』の場合は『浄土論』の五念門によってあり、五念門の見方は、礼拝・讃嘆・作願・観察・回向のなかで、観察が主になっている。これは公平な見方であり、源信和尚の独断ではないと思う。

　「願生偈」においても「観彼世界相」（『浄土論』聖典一三五頁）、「観仏本願力」（同一三七頁）と言われている。「観」は止観である。瑜伽教学である限り、瑜伽の行と言えば観である。瑜伽の行をもって『大経』に相応するというのが世親の『浄土論』である、と見るのは、非常に公平な見方であろう。天台におられた源信和尚の場合でも、天台の教学が摩訶止観であるから、やはり止観が中心である。教観二門が天台教学の組織である。天台では、教は『法華経』になる。教は法を明らかにし、観は自己を明らかにする。公平な見方と言ったのは、仏教一般から見れば、という意味である。仏教一般から見れば、観は仏道の方法、つまり仏に成る方法である。仏教の教学と言っても、行や業が出ているのは、実践教学という意味であって仏を知る学問ではない。仏に成る学問である。教法と言うときの法は仏が証《さと》られた法（仏所証の法）であり、また仏の説かれた法（仏所説の法）である。それは同時に、仏たらしめる法でもある。

無師独悟（釈迦仏は師なくして仏に成ったということ）とは、実験観察の態度

そもそも仏教という言葉は、昔からあったものではない。明治以後に、ブッディズム（Buddhism）を翻訳してできた言葉である。それ以前はむしろ、仏法や仏道という言葉が用いられていた。仏教という言葉自体は、キリスト教など他の宗教に対する訳語であろう。仏教自身からは、仏教とは言わない。もちろん教がないわけではないが、教を包んで、やはり行を言う。教・行・証全体が仏法、あるいは仏道である。

教は所説の法であり、行や業は所修の法である。仏教一般の立場から見ると、念仏は目立たないものではないか。むしろ観が、行として仏教を代表する概念である。

考えてみると、観は観察の意味で、観察と言えば実験観察という概念がある。実験観察は明治になってから訳語として入ってきた概念だが、観には実験観察の道という意味があるのではないか。直接自分が実験観察し、自然から学び取る。実験観察は、中世のドグマ（教理、教条）と言われる教会の学である神学と区別された、学問の方法である。実験観察に立つものは、いかに長い伝統をもっていても、それを放棄する。いわゆる中世の学問から近代的人間の学問への道が、実験観察ではないか。これは新しい言葉である。

このように考えると、清沢満之の精神、清沢教学は、近代を俟って、近代の上にあるものである。近代の新しい畑の上に、仏法の種がまかれた。親鸞聖人の精神が近代精神の上に置かれたということが、清沢教学と言われるものの大事な意義である。単に偉いというものではない。清沢満之の「自己

とはなんぞや」という問いも、きわめてヨーロッパ的な人間の問題提出の仕方である。仏教の歴史のなかに、あのような問いを起こした人があるだろうか。きわめてヨーロッパ的かつ近代的な問いである。清沢教学は科学的なところがあり、近代教学という意味をもつ。科学精神、それは実験観察の精神ではないか。

しかし、実験観察の精神と言っても、科学のように自己以外のものや自然を実験観察するのではない。「自己とはなんぞや」と、自己を実験観察するのである。自己という点から言えば、きわめて実存的である。これは大事なことであろう。実存とは今日の言葉であるが、実存という言葉のない時代に実存的に生きた人が清沢満之である。清沢満之は近代の人だと言うけれども、実存は、むしろ現代の概念である。現代の教学に実存科学主義という要素があることは、非常に興味深い。

実験観察主義であれば、身に覚えのないことは言わない。浄土にまだ往ってみたことがないのに、それについて言うわけにいかない。私で言えること、自己において実験観察されたことだけが言える。自己の実験観察を通らないものは、いかに立派な教理であっても保留するより仕方がない。

今日、この精神から新しい親鸞教学が始まってきた。この精神があるかないかで、清沢教学と宗学とが区別される。そうでなければ、宗学とどこも変わらない。大事なのは、自己を離れて一言も言わないという態度である。

自己に立ってはみたけれども少々危なくなって、また自己以外のものに依る。しかし、自己以外のものに依っても頼りない。そのような二股膏薬のようなものではない。自己をもって貫くのが、清沢教学の態度である。その態度の上に教学が立てられてくる。その態度の上に教学が建設されてこなければならない。建設するというよりも、出発点が与えられるのである。

実験観察の態度は、仏教になかったのではない。仏教そのものがすでに、そういう出発点をもっているのではないか。仏教の中道、あるいは八正道などは、何から区別するかと言うと、ウパニシャッドの思弁から区別したのである。無師独悟とは、仏陀は師なくして仏に成ったということを言うのであるが、それがつまり実験観察の態度ではないか。八正道の特色は、一点の思弁的教理も含んでおらず、また形而上学的前提が何もないことである。形而上学を捨てたことが、仏教の一貫した態度である。般若、唯識から我われの浄土の教学に至るまで、それは一貫している。なぜ般若があるのかと言えば、そこには形而上学を捨てるという意味があるのではないか。やはりそれは、「法に依って他に依るな。自らに依って他に依るな」という仏陀の遺教によるのではないか。他に依るのは、形而上学である。

このように、そもそも八正道そのものが止観の実践である。つまり思惟の実践である。正見を成就するための正思惟であるから、正見・正思惟が観であり、正見は観の成就である。止観と言うと、何か違うもののようであるが、広い意味での思惟の道である。八正道の最後は、正定である。正定に連関をなしている。正見に始まって正定に終わる。正見・正思惟は観であり、正定は止である。つまり八正道は、止観の組織なのである。

教を思惟するというのは、教の内容を追っていくという思惟ではない。教を明らかにすることによって、教を受けた自己を明らかにしてくる。どのように教が我われに聞かれ、受けとられているのかを明らかにする。

教を明らかにするということは、紙に書いてある意味を明らかにするのではない。文章の意味を明らかにするのではなく、それを聞いた自己を明らかにするのである。教を聞法思惟する、つまり聞思する。教を聞き、それを思惟するのである。

このように、止は実験であり、観は観察と考えられる。つまり、仏教そのものが初めから実験観察の道なのである。礼拝・讃嘆するところの如来を、自己の上に実験観察するのである。

親鸞教学の特色は、宗教経験についての分析検討の精密性にある

『大経』と『小経』だけなら、物語である。『観経』があって初めて、『大経』と『小経』に説かれてある阿弥陀仏を自己の上に明らかにすることができる。『大経』と『小経』を、わがものにする方法が『観経』である。『観経』がもっている意味がそこにある。それを考えると、浄土の教学が『観経』を解釈された善導大師によって初めて確立されてきたというのも、当然のことかも知れない。

安心という言葉は曇鸞大師にもあるが、はたしてそこで術語になっているかどうかは疑問が残る。善導大師では、はっきり術語になっていると言える。そもそも安心は、浄土の教学の概念というよりむしろ禅の言葉である。禅が広い意味での観、止観をあらわす。観のない定ではなく、観をもった定をディアーナ（dhyāna）と言う。ディアーナは、禅の原語である。観は『観経』だけにあるのではない。『観仏三昧海経』など、観の字の付く一群の経典があり、これらは広い意味では禅経である。座禅も念仏も、広く言えば止観の形態の一つなのである。止観によって、浄土の安心も出てくる。浄土の行・浄土の業が、術語になってくる。心・行・業という概念が、初めて術語になってくる。

『往生礼讃』で善導大師は、浄土の安心は『観経』の三心であると言われる（真聖全一、六四八〜六四九頁参照）。その要点は、二種深信が浄土の安心であり、浄土の行は五念門の行であるということである。行業とも、また業行とも言い、行と業は連関して、かつ区別がある概念である。『往生礼讃』では、修ということを出している。そして、修業を作業という言葉であらわしている。「安心・起行・作業」（同六四八頁）と言う。心・行・業の概念になっている。心から行を起こし、それによって行を完成していく。作業と言う場合、作の字が業の意味である。『往生礼讃』に「勧めて四修の法を行ぜしめて、もつて三心・五念の行を策してすみやかに往生を得しむ」（同六五〇頁）とある。作は四修、心は三心、行は五念である。作・心・行ということが完備してくる。四修・三心・五念の術語が教学の内容になる。

物語をあらわす概念ではないということを示す修の字が、非常に大事な意味をもつ。「化身土巻」を見ると、心・行・業という概念についての非常に精密な分析が出ている（『教行信証』聖典三三九〜三四七頁参照）。分析論になっているところが「化身土巻」の特色であり、『選択集』などと非常に違う点である。カントに分析論があるように、親鸞聖人も分析吟味、検討という手法を用いられるが、親鸞聖人においては、宗教経験の分析検討である。およそ人間がもち得る限りの宗教経験が、全領域にわたって分析してある。その意味での精密性が、親鸞教学の特色である。単なる教理の精密性ではない。経験分析の精密性が、親鸞教学の大事な特色ではないか。

その源泉は、やはり善導大師にある。三心・五念・四修とは、単なる文章の分析ではない。実験観察面が徹底している。つまり、自己自身を通しての吟味検討が徹底している。そこに「それ雑行《ぞうぎょう》・雑《ざっ》修《しゅ》、その言《ことば》一つにしてその意《こころ》これ異なり」（『教行信証』聖典三四二頁）とある。親鸞聖人以前には雑行と雑修とは区別はなく、雑行即雑修であった。こういう分析が粗かったのが、法然教学である。

親鸞聖人は、雑行と雑修とは、雑という言葉は同じことを意味するようであるが、意《こころ》は非常に違うのだと言われる。五正行の一つ一つについても専修が成り立つし、さらに定散についても専修が言える。だから、「専修その言《ことば》一つにして、その意《こころ》これ異なり」（『教行信証』聖典三四三頁）と言われる。雑行のなかにも、雑行・雑心、雑行・専心、専行・雑心との区別がある。正行のなかでも専修・専心、専修・雑心、雑修・雑心と、これらはみな区別されてある。驚くべき精密な分析である。修と行が区別されている。「雑行・雑修、その言一つにしてその意これ異なり」ということである。

そして起行と区別して修をあらわすものが、作業である（真聖全一、六五〇頁参照）。行については、何を（was）行じるかと、いかに（wie）行ずるかが問題である。何を行ずるか、いかなる行によるのかという問題が、起行の問題である。それに対して作業は、「何を」という問題ではなく、「いかに」という問題であり、それは主体的な問題である。何をいかに修行するのか。行は「何を」に当たり、修は「いかに」に当たる。

何をいかに、ということが決まると、後は、誰が何をいかにやるのか、その誰を考えなければならない。心は、その誰をあらわす。念仏すると言っても、喉が念仏するのではない。法を聞くと言うが、誰が聞くのか。やはり宗教心が聞くのである。法を聞くとき、聞く心も出てくる。法を聞くときには、聞くことを縁として聞く心が出てくる。ある言説、教説を聞くと、それについて我われは、門外漢的にいろいろな疑問をもつ。なぜ、あるいは何のためにこういうものがあるのか。はたして合理的かどうか、など。宗教の専門家ではないから、素人だからどんな問いでも無遠慮に出てくる。何でも無遠慮に問う。そういうものがある。それを何もかも包むわけにはいかないけれども、問うな、とも言えない。何を言っているのだ、と耳を貸さずに蹴ってしまうのはよくないが、しかしすぐに答えるわけにもいかない。その場合は、問いを整理しなければならない。問いを整理することが大切である。たとえば、現代の社会に宗教がどのような意味をもつのかというような門外漢的質問が出ている。そういう問いを蹴飛ばすのではなく、整理していかなければならない。

このような問いを出すときに、問うているその人は門の外にいる。つまり門の外の人間が問うているのであるから、人間と言っても実存をもたない立場の人間が立てた問いである。しかし、実存がないわけではなく、その底にある。そういうものがあって、法を聞くことが出てくる。法を聞くと出てくるとも言えるし、またそういうものが法を聞くのである。

行ずるとは、何が行じ、誰が行ずるのか。まさか、目や鼻が行ずるというのではない。この、誰が・何を・いかに、ということが、精密に限定されてくる。誰が・何を・いかに、ということで、行信がある。行信は教理ではなく、宗教の事実であり、宗教心の現実である。宗教心の現前の事実、それ以外に宗教はない。宗教ここにあり、とどうして言えるのか。それは、道を求め、道を得、道を行ずるところに、宗教はあるのである。宗教は教理としてあるのではなく、事実としてあるのである。

本願の念仏は、根元自身が人間を根元に帰す

五正行から言えば、行は観、つまり観仏が行であり、念仏はあるけれども観仏のための念仏である。これは仏教において一般的な念仏である。五正行における観仏は、仏教をして仏教たらしめているような原理に触れない立場であるが、それが一般である。本当は根底に予定されているのであろうが、本願に触れない立場が一般である。しかし、本願は一般のなかに入るものではない。かえって一般を成り立たせているものである。一般のなかに包まれるようであれば、念仏は特殊な教えになるが、単に一般のなかに包まれてあるものではない。念仏という特殊な教えではない。一般を破り、逆に一般を自己限定させてくる原理、それが本願である。

決して特殊なものではなく、固有なものとして生きている、生き生きしたものである。それは何かから出したものではない。あらゆるもののなかの一つから演繹したものではない。そうではなく、それによってすべてのものが成り立っている。すべてのものが、それによって成り立たしめられるものである。あらゆるものを生かし、あらゆるものに生気を与えるものが、本当のプリンシプル（principle）、原理であり、本源であり根元である。

生命というものを考えてみても、生命は特殊というわけにはいかない。そういうものを本願と言っているのではないか。願とは、すべての仏道あるいは仏法に生命を与えているものである。この五正行における観は、そういうものに触れない立場である。人間が人間の立場から出発しているのである。人間という立場であるから、人間にとって一般的であり、誰でもうなずくことができ、公平である。一般の立場は、誰でもそれを承認することができて、無理がない。人間から出発し根元に向かっている。それは、人間から出発して自己の根元にかえろう、自己自身にかえろうと、人間から根元に向かって出発する方向である。

しかし、本願の念仏の場合は、人間から根元へ、ではなく、逆に根元から人間へ向かう。根元自身が、人間をして根元にかえす。そこに、一切の観とはっきり区別される意味がある。念仏を人間の思惟の道の一つとしてあると考えるなら、観という一般のなかの一つの特殊なものとして念仏があることになる。念仏を一般的立場から見た特殊な道として考えると、真に念仏が念仏として、取り扱われていないことになる。それでは念仏が、念仏自身の本質においてとらえられていない。やはり、わずかな努力の一つとして念仏がある。

努力の種類にはいろいろあるけれども、あらゆる努力を総合して、観と言う。思惟も努力であり、その一つとして念仏がある。念仏もある、と、もが付くのである。大らかであるけれども、力がない。念仏もまた、ということになると、信念が確立しない。

そのように人間を立場として見るのではなく、逆に宗教の原理、仏道の原理からかえって人間を見ていく。そこに初めて、念仏が一般とは一線を画してくる。原理に触れれば、原理即事実である。念仏とは、原理に触れた事実である。

龍樹菩薩は、「疾」（『教行信証』聖典一六五頁）の字を使われる。法然上人は「速やかに生死《しょうじ》を離《はな》れんと欲《おも》わば、二種の勝法《しょうぼう》の中に、しばらく聖道門《しょうどうもん》を閣《さしお》きて、選びて浄土門《じょうどもん》に入れ」と言われ、「正信偈」には「速入寂静無為楽」とある。この疾や速は、原理に触れるところに成り立つ。教と言っても、教をして教たらしめている原理に触れれば、教即行即証である。教・行・証は、原理に触れるところに、一挙に成り立ってくる。原理に触れなければ、まず教を聞いて、次に実行して、実行の後に証を得るというように、一々が別々になってくる。人間から出発する限り、そのようになるより仕方がない。

そうではなく、我われのかえるべき原理が我われに名告ってくる。このときには、原理によって原理にかえる。すべて原理のはたらきであるから、原理即事実となる。そのとき初めて、あらゆるものを捨てて念仏一つに帰する根拠が我われに成り立ってくる。我われが原理に立って言うのでなければ、あらゆるものを捨てて念仏一つを取るというのは、いわゆる独断になる。

たとえば、キリスト教の信徒がキリストの教えが一番で他の教えはつまらないと言ったり、あるいは日蓮宗の信者が日蓮の教だけが正しくて他は邪教であると言ったりするのは、独断であろう。それと同じように、念仏が最高のものであって他はすべて中途半端であるというのでは、勝手に法螺《ほら》を吹いているだけの主観的な主張であって、大きな独断に過ぎない。

だから、独断を離れるという点から言うと、何でも意味があるのだというほうが公平である。たとえば善導大師も『観経疏』で「心に依て勝行を起せり。門八万四千に余れり。漸頓すなはち各々所宜に称へり。縁に随ふ者、すなはちみな解脱を蒙る」（真聖全一、四四三頁）と言われている。いかなる教にも無意味な教はない。一門によって一門の教を修する。一つの門によって一つの煩悩を対治する。一つの煩悩を対治することによって、一つの解脱を得てくる。仏陀の教説には、解脱を与えない教は一つもない。仏陀の教説は、それを行ずれば、分に応じてみな利益を得る。八万四千の法門は、いい加減な法螺を吹いたのではない。実験してみればおのおの意味がある。このような立場に立てば、たしかに喧嘩する必要もない。

しかし、念仏が唯一ということを言うときには、そういう立場では言えない。だから善導大師は「順彼仏願故」（真聖全一、五三八頁）と言われ、法然上人は「仏の本願に依《よ》るがゆえに」（『教行信証』聖典一八九頁）と言われる。

私が決めれば、それは独断である。しかし、私が決めるのではない。本願によって決まってくる。こちらから決めるのではない。人間が人間を立場として仏に成る道を決めていくのではない。たしかに無利益の教はないかも知れないが、完成もない。Aを押さえればBが出てくる。Bを押さえればCが出てくる。だから、一つ一つやっていかなければならない。そのように仏道を行ずる道は嘘ではなく、みな効果があるかも知れないが、しかし仏を完成することは永遠の理想になってしまう。その道を夢や妄想であるとまでは言わないにしても、それでは到達する確信もまた、もてない。到達してみるまでは、確信はもてない。その途中に、一つも到達点がないというのではない。あるけれども、仏に成る保証はどこにも何もない。だから、とにかくひたすら頑張る以外に手はない。理想主義的鼓舞と激励、あるいは安慰以外に手はない。しっかりやりなさいと励ましたり、あまり叱ってもやめてしまうから慰めたりしなければならない。また人間は弱いものだから、友達が一緒に歩もうと誘わなければならないこともある。またいくら誘ってやってみても呑気に構えている場合には、しっかりしろと怒鳴らなければならないときもある。このようないろいろな手を使っていくより仕方がない。教育ということを経験すれば、そういうことがすぐにわかる。何もかも全部備わることはない。ちょうど学問が、能力と熱意と金とが備わらなければできないのと同じようなことである。いくら金があっても能力のない者はできないし、能力はあっても貧乏ではできない。

ところが、原理に触れれば、みなが仏に成るという確信をもつことができる。なぜかと言えば、仏が人間に来るからである。仏そのものが動いてくる。仏が我われにはたらいてくるからである。仏をして仏たらしめる原理として願があるが、動いてくるような生きたものでなければ、原理にならない。その原理のはたらきや運動をあらわすものが、念仏である。それはもう、一切から一線を画している。我われが選んだのではない。我われのために選ばれたのである。こちらが決めていくのではなく、向こうのほうから自然に決まってくる。念仏もあった、というのではない。念仏こそ本当の道なのである。

いろいろな道があるのだと思っていたが、そうではない。念仏こそが、初めて道であって、観は路に過ぎない。念仏の道を術語であらわせば、頓教である。頓教に対して漸教と言う（『教行信証』聖典三四一～三四二頁参照）。漸とは、一歩一歩ということである。「聖道門《しょうどうもん》を閣《さしお》きて」（同一八九頁）とは、一歩一歩の路を閣きてということである。

人間から仏に行くのではない。仏自身が来る。しかし、仏が来ると言っても、仏が根元なのではない。仏をして仏たらしめるもの、仏を成り立たせているものが根元である。それは願である。無量寿経に説かれている本願の本という字が、原理ということをあらわす。本願と言うが、願本である。願が根本になっているのである。

法然上人が「仏の本願に依るがゆえに」と言われ、善導大師が「仏願に順ずるがゆえに」と言われているように、仏の本願、仏願が根拠になるのである。「依るがゆえに」や「順ずるがゆえに」は、プリンシプルという意味をあらわしている。だから、仏道の原理は願であり、願のはたらきが行である。そして、仏道の現実、つまり願の現実が念仏なのである。我われ人間が仏の言葉を聞き、それによって仏の本願を憶念し名号を称えるという事実が、願の現実なのである。

本願の事実が念仏

カントには、いわゆる三批判書というものがある。『純粋理性批判』は第一批判、『実践理性批判』は第二批判、『判断力批判』は第三批判、と、それぞれ呼ばれている。そのカントの第二批判に、理性の事実ということが述べられている。第一批判では、学問の事実がなければ基礎づけるものがないと言う。科学の基礎づけがなければ、哲学は成り立たない。それとは逆に、倫理学が成り立つためには、道徳の事実がなければならないと言う。道徳の事実は、学問の場合とちょうど逆になるのである。学問においては、素人学問では出発点にならない。やはり科学でないと出発点にならない。ニュートンの物理学は、科学があることが出発点になる。常識があっても、そこでは役に立たない。しかし、倫理は逆で、倫理学があっても倫理は出てこない。道徳があることは、倫理学という説明や解釈を必要としない。人間があるところにこそ道徳がある。つまり、純粋実践理性の事実、理性の事実があるのである。

仏教においては、願という原理の事実である。本願がどこにあるかと言うと、願は人間の上に人間を超えているものであろうが、しかし願の事実は人間の上にある。人間の上になければ、原理ではなくただ観念になる。願が人間の上に事実となったことが、広い意味での宗教経験である。近代という時代において宗教経験ということを言うならば、シュライエルマッハーが近代神学の開山である。シュライエルマッハーは、絶対依憑の感情と言う。この感情という言葉は誤解を孕んでおり、そこには困難な問題がある。しかし、依憑という言葉は大切である。南無とは依憑である。南無には、依憑という事実がある。

南無というところに、仏がある。南無しないで仏があると言うなら、単に教があるというだけで、教も単なる理論に過ぎない。南無すれば、南無のところに仏がある。清沢満之の言葉で言えば、「宗教は主観的事実である」（岩波書店『清沢満之全集』第六巻、二八三頁）ということになる。これは、きわめて実験観察的な近代的言葉である。このような言葉は、ドグマからは出てこない。ドグマを捨てるところに、宗教的実在としての自己がある。

清沢満之は主観という言葉を使ったが、主観という言葉にはいろいろな問題がある。そういう細かい問題を取り上げ始めると、結局、揚げ足をとるようなことになる。「主観的事実」という言葉は、清沢満之が語った言葉であるけれども、清沢満之が語ろうとしたものを押さえなければならない。清沢満之が「主観的事実」と言った言葉を取り上げて、それなら単なる主観であって客観的事実ではないではないか、などと揚げ足をとってくるのは、卑怯未練な態度であって、よくない。「主観的事実」とは、主観的にしてかつ事実的ということである。客観的にして同時に主体的ということである。主体的にして同時に客体的であるのが、事実なのである。

主観と客観とを分けると、事実にならない。主体的かつ客体的である経験を、純粋経験と言う。主客未分のものが、純粋経験である。つまり機法一体、南無と阿弥陀仏とが一体であるところに事実がある。何の事実かと言えば、教の事実であり、原理の事実である。原理の事実を押さえなければ、何も始まらない。一切がそれによって成り立ち、それを失えば一切はないという、原理即事実、あるいは道理即事実である。道理はわかったけれども感情は満足しない、ということはない。道理はわかったけれども、腹は満足しない、ということはない。腹が満足しないのは、わかったのは道理ではなく理屈、単なる理論だからである。

そうではなく、道理の事実である。本願の事実が念仏である。これは、理論で証明されるものではない。事実として、ただ承認されるものである。信心は、承認することである。承認の躊躇が、疑惑である。承認できないけれども、無理に承認するのではない。承認せざるを得ないのが事実である。原理を証明しているものが事実である。選択という本願の事実が、念仏であろう。念仏が、であって、念仏もではない。「も」であれば、一般のなかの特殊になる。念仏が我われにおいて、「ただ念仏して」と選ばれてくる。それが本願の事実である。この、ただ念仏があるのみということは、こちらから決めるのではない。念仏そのものから、人間のために決まってくる。我われが決めるのではない。我われのために、原理自身が自己を限定してくる。それが選択の意味である。

　本願は念仏を選択し、それをもって本願となす。それが、法然上人が念仏往生の願と言われるものである。そこに立って、法然上人の廃立の教説が成り立つ。選択本願がなければ、廃立は独断の押し売りや圧迫ということになる。廃立は、そういうものではない。道綽以後、善導・源信・源空を貫いて出てくる教学は、選択の教学と言えるであろう。親鸞聖人の教学は、その面を大いに受け継いでいる。親鸞聖人は、その選択本願が浄土真宗であると言われている（「選択《せんじゃく》本願《ほんがん》は浄土真宗《じょうどしんしゅう》なり」〈『末燈鈔』聖典六〇一頁〉）。

　しかし、その選択本願が浄土真宗だという場合に、親鸞聖人は道綽・善導からさかのぼって、さらに龍樹・天親・曇鸞の教学にまで眼を開いてきた。そこに出てくるのが回向である。語るべきことはいろいろあるけれども、そのことが最も大事なのではないか。念仏が回向の法であるということは、法然上人の教学ではほとんど触れられなかった点であろう。その面を、親鸞聖人はさらに明らかにしてこられた。親鸞聖人は、選択という伝承を受けて、その上さらに浄土真宗を基礎づける場合に、回向ということで基礎づけてこられたのである。

選択本願が、初めからあったのではない。法然上人に至って初めて本願の意味が明瞭になったのである。あらゆるものから念仏を選び取るというその意味は、一切の努力を捨てて法を選ぶということである。人を選ばないで、法を選ぶ。法を選び取って、機を選ばない。それが選択という言葉の意味である。しかし回向になると、機の問題が出てくるのではないか。

『選択集』の五番相対と、『教行信証』「行巻」の四十七対にある「回向不回向対」

初めの二行四句は『選択集』の制作に代表される法然上人の一生の事業が総じてあらわされている。法然上人は、『大経』に説かれている本願、『大経』の精神を、特に「片州」において、しかも「悪世」という時機を通して明らかにされた。

そのような事業は七高僧を貫いているが、法然上人の場合は特に「真宗教証興片州　選択本願弘悪世」である。「真宗の教証」と「選択本願」、つまり真宗と選択である。真宗というのはセクトの名前ではない。仏教の原理になるのが真宗である。何をもって真宗とするかと言えば、それは選択本願である。特に真宗ということと選択ということが、法然上人の事業を代表している。

本願を明らかにしたという点では七高僧はみな一貫しているが、法然上人の場合は、本願を選択という言葉であらわされた。それが法然上人のお仕事である。それによって真宗の教学が明らかになった。親鸞聖人はその法然上人の仕事を受け、『教行信証』を制作することによって、それを基礎づけた。『教行信証』の「教巻」の初めに「謹《つつし》んで浄土真宗を案ずるに、二種の回向《えこう》あり」（聖典一五二頁）とあるのは選択本願なる浄土真宗を謹んで案じてみるということである。ここに「回向」という言葉が出ている。

法然上人は、善導大師の教学を受けてこられたが、親鸞聖人はそれに応えるために、さらに善導大師以前にさかのぼって『浄土論』および『論註』から回向ということを見出してこられた。謹んで案ずるという言葉は、もとは『論註』の言葉である。だから「謹んで浄土真宗を案ずるに、二種の回向あり」とは、選択本願なる浄土真宗を『浄土論』・『論註』を通して案じてみるという意味であろうと思う。もちろん回向も、法然上人を離れて見出されたということではない。

名号について、不回向ということを法然上人は言っておられる。『選択集』に、五番相対ということか言われ、そこに回向不回向対という言葉が出ている（真聖全一、九三六頁参照）。これを受けて、親鸞聖人も「行巻」において四十七対というものを明らかにしておられる（『教行信証』聖典一九九～二〇〇頁）。念仏と諸行とについて相対する。相対するというのは、対決するということであるが、それは『選択集』の五つの相対がもとにあるのである。その五つの相対というのは、「もし前《さき》の正助二行を修するは、心常に親近《しんごん》し、憶念断《た》えず、名づけて「無間《むけん》」とするなり。もし後《のち》の雑行を行ずるは、すなわち心常に間断《けんだん》す。回向《えこう》して生《しょう》を得《う》べしといえども、すべて「疎雑《そぞう》の行《ぎょう》」と名づくるなり」（同三三五頁）という善導大師の『観経疏』「散善義」の文の意《こころ》を、法然上人が案じられて出てくるのである。このような善導大師や法然上人の方針を、親鸞聖人は学びとられた上で、もっと大きな規模で、いわゆる龍樹以後の三国の高僧全体の論釈によって、四十七対を明らかにされたのである。

五番相対の一つに、回向不回向対がある。諸行は、回向を俟って初めて往生の行となるが、念仏は回向を必要としない。不回向とは、衆生の回向を必要としないということである。こういう法然上人の解釈から、如来の回向ということを、親鸞聖人は見出されたのである。法然上人を離れて『浄土論』から見出してこられたのではない。如来回向を見出すということも、衆生の回向は不要であるという法然上人の解釈を通して、不回向ということを基礎づけるために見出されたと言えるのではないか。

不回向とは、無回向ではなく、回向は不要であるという意味である。今さら我われの回向を必要としない。なぜなら本来、如来回向があるからである。如来回向がなければ、不回向ということも成り立たない。法然上人が不回向と言われた根拠として、如来の回向というものが前提とされている。このように親鸞聖人は、不回向ということから如来回向を見出されたのである。

「行巻」では三国の高僧の引文を結ぶところに、『選択集』を受けて「明らかに知りぬ、これ凡聖《ぼんしょう》自力《じりき》の行《ぎょう》にあらず。かるがゆえに不回向《ふえこう》の行《ぎょう》と名づくるなり」（『教行信証』聖典一八九頁）と言われている。「不回向」は法然上人の御言葉であるが、親鸞聖人は、ここではご自分の言葉として用いられたのである。

我われにできない発願回向が、如来によって南無阿弥陀仏として成就されている

善導大師の名号釈は「行巻」に引かれている。それは、「「南無《なむ》」と言うは、すなわちこれ帰命《きみょう》なり、またこれ発願回向《ほつがんえこう》の義なり」（『教行信証』聖典一七六頁）である。南無とは、一応は帰命である。けれども、「またこれ発願回向の義」と言ってある。南無阿弥陀仏に回向を加えるのではなく、南無阿弥陀仏の南無に、本来回向の意味が具《そな》わっていると言われている。南無阿弥陀仏の外から回向を加えるのではない。阿弥陀の名、本願の名自身に回向が含まれている。そこから、我われがあらためて回向することを必要としない、ということが出てくる。南無に、すでに純粋な回向があるからである。回向しようというようなところには、純粋な回向はない。我われにとっては、南無にこそ純粋な回向がある。回向とはむしろ、南無阿弥陀仏自身のもつ意義であるということで、「発願回向の義なり」と言うわけである。

これは名義釈であり、名の義を解釈したのである。「この義をもってのゆえに」（『教行信証』聖典一七六頁）という言葉で結ばれているが、「この義」が三つも四つもあるわけではない。発願回向ということが、南無阿弥陀仏の唯一の義、つまり意義である。南無阿弥陀仏という言葉が指向している、指し示しているようなものが義である。ドイツ語にベドイトゥング（Bedeutung）という言葉があるが、これは指し示すという意味である。表現の指向するものが、意義である。南無という言葉は、回向という意味を指し示している。南無・帰命の他に、回向はないのである。

『尊号真像銘文』の、「善導和尚《ぜんどうかしょう》の真像《しんぞう》の銘文《めいもん》」（聖典五二〇頁）に、親鸞聖人の解釈が加えられてい

る。智栄《ちよう》という善導大師の伝承を受けられた方の御言葉のなかに「称仏六字」（同頁）とある。「六字」とは、六字の名号である。称仏六字は「即嘆仏」（同頁）であり、「即懺悔《そくさんげ》」（同頁）であり、「即発願回向《そくほつがんえこう》」（同頁）であると言ってある。南無阿弥陀仏こそ最高の讃嘆であり、最高の懺悔であり、最高の発願回向であると述べられている。

善導大師の『往生礼讃』に、懺悔ということが出ているが、そこに、懺悔というのはほとんど不可能であるという意味のことが出ている。人間が懺悔するということはほとんど不可能であって、「私は懺悔しました」と言えば、それは一番あつかましいことである。懺悔できたということではなく、懺悔できないという懺悔が、最高の懺悔である。南無にこそ、我われにできない懺悔が成就している。南無に、我われが全身全霊を投げ出す、全存在を投げ出すという意味があるのである。

南無において、本願に触れる。本願に触れるところに、我われが懺悔するという意味がある。我われ全体を投げ出す意味がある。そして、我われを動かす本願の徳を讃嘆する意味がある。讃嘆は諸仏称讃なのであって、人間が本願を讃嘆することはできない。もし本願を讃嘆できる人がいるとすれば、本願にたすかった人だけである。

善導大師の名号釈に、すでに「発願回向」と出ている。如来回向とはまだ言われていないが、その一歩手前までいっているのである。親鸞聖人は、その「発願回向」を「如来《にょらい》すでに発願《ほつがん》して、衆生《しゅじょう》の行《ぎょう》を回施《えせ》したまうの心なり」（『教行信証』聖典一七七～一七八頁）と解釈されている。これは善導大師の名号釈の「発願回向」のなかに、すでに如来回向、如来の発願回向ということが叫ばれている、ということを言われたのである。

南無阿弥陀仏の発願回向は、一応は我われの発願回向であるが、我われにできない発願回向が、南無阿弥陀仏として成就されているのである。「如来に回向してもらっているから」と、自《みずか》ら回向しようともせずにケロッとしているという、そんな呑気な話ではない。我われがしようと思ってもできない発願回向が、如来によって応えられている。南無阿弥陀仏として応えられているのである。南無阿弥陀仏の発願回向には、こういう意味がある。

発願回向というのは、一応は衆生の発願回向であるが、それをやめて如来の発願回向というのではない。発願回向というものが、衆生では本当にはできない。それが如来の発願回向によって成就する。如来の発願回向によって如来の発願が成就しているのではない。如来の発願回向として衆生の発願回向が成就している。このようにならないと話にならない。こうならなければ、無回向と不回向とを区別することができない。

「正信偈」に「本願名号正定業（本願の名号《みょうごう》は正定《しょうじょう》の業《ごう》なり）」（聖典二〇四頁）とあるが、正定業とは、どこまでも衆生に関する言葉である。それは、衆生がまさしく往生成仏に決定されてあるという行であり、衆生の運命を決定する行である。つまり正定業は、どこまでも衆生に関する言葉である。それに対して名号は如来の本願であり、如来の名号である。そのように、如来の本願名号と衆生の正定業とが結合されてある。如来と衆生とが結合されてあるところに、この「本願名号正定業」という言葉が生きているのである。衆生の正定業が、本願によって名号として成就されている。名号というのは衆生の問題に答えている。如来が衆生の問題を答えているところに、言葉の力がある。全部が如来であったり、あるいは全部が衆生であったりする場合には、この言葉は意味をなさない。

だから発願回向の場合でも、衆生の回向をやめて、如来の発願回向というのではない。如来の発願回向によって、かえって衆生の発願回向が、南無阿弥陀仏として成就されてある。南無阿弥陀仏は、我らが成就したすがたである。これから成就するのではなく、すでに成就されてある。我われに先立って我われの問題が答えられてある。先立つというのは、先験的であるという意味がある。

法然上人の言われる不回向も、善導大師の名号釈を受けて不回向と言われたのであるが、内容的には如来回向を言ったに等しい。親鸞聖人は、それを如来回向という言葉にされたのである。如来回向という事実は、すでに不回向ということで言い尽くされているが、親鸞聖人がそれに初めて、如来回向という明確な表現を与えられたのである。

「教巻」の冒頭に「謹《つつし》んで浄土真宗を案ずるに、二種の回向《えこう》あり」（『教行信証』聖典一五二頁）とある。そういう言葉を見れば、回向は曇鸞大師の功績であるように思える。普通は、選択は法然上人の功績、回向は曇鸞大師の功績であると言われている。しかし、意地悪く言うわけではないが、はたして曇鸞大師が如来回向と言われたかどうかはわからない。

五念門は、礼拝・讃嘆・作願・観察・回向である。礼拝・讃嘆は、どちらかと言うと穢土の行であるが、作願・観察・回向は、浄土の行ではないだろうか。観察は、浄土の外から浄土を観察しているのではなく、浄土のなかで浄土を観察する。浄土のなかで、という意味は作願から始まる。奢摩他ということを成就せんがために、作願という行がある。そして毘婆舎那ということを成就せんがために、観察という行がある。奢摩他・毘婆舎那、つまり止観である。浄土は本来、三昧の世界である。礼拝・讃嘆は穢土の行であり、作願・観察・回向は浄土の行だが、それらを切り離してしまっては意味をなさない。

宗教心は、実存という人間に存在を開くということ

浄土は、法性が基礎になっている。法性はダルマター（dharmatā）である。法性を、実存という概念から選んで存在と言ったらいいと私は思う。実存という概念から区別して存在、あるいは存在そのものと言ったら良いのではないだろうか。

宗教心にどういう意味があるかと言えば、実存という人間に存在を開くということである。ありのままの存在というものを失っているところに、人間の現実がある。宗教心はそれを開いてくる。ありのままの存在を失ったと言っても、ないわけではない。忘れている、忘却しているわけである。人間が忘却の夢から覚まされる。そこに存在という意味がある。存在は、実存を超えた意味だけれども、やはり実存に意味を与えている。

意味というのは、英語ではセンス（sense）と言うのかも知れないが、私は、意味に一番適切な言葉は、ジン（Sinn）というドイツ語だと思う。ドイツ語の辞書を見ればすぐわかるが、Sinn は非常に含蓄がある多義的な言葉である。意味という意味があるだけではなく、センスと同じように感性という

意味や感覚という意味もあるし、それから精神という意味もある。

Sinn は、日本語にそのまま直すわけにはいかない含蓄がある多義的な概念である。だから哲学の本を見ると、ドイツ語の Sinn という言葉が日本語に翻訳されずにそのまま使われていることがある。今我われにとって大事なことは、Sinn に味という意味があるということである。

仏法にも「愛楽仏法味」（『浄土論』聖典一三六頁）という味がある。「一味」である。一味と言っても、とうがらしの話ばかりではない。大変厳かな話で、もとは『解深密経』のなかで、勝義諦を示す言葉として一味が使われている（「難通達最難通達。遍一切一味相勝義諦」〈大正一六、六九一頁c〉）。勝義諦、第一義諦は法性、存在そのものである。存在そのものとは、考えられた表象と違うということである。存在そのものは、表象されないものである。

ボルツァーノという人は、意味という言葉について深く考えた哲学者である。ボルツァーノは、意味という言葉のどうしても否定できない面を明らかにしようとした。それは、ヴァールハイト アン ジッヒ（Wahrheit an sich）、真理それ自身や、フォアシュテルンク アン ジッヒ（Vorstellung an sich）、表象自体、それから、ザッツ アン ジッヒ（Satz an sich）、命題自体ということである。そういうことから言うと、意味というものは、意味自身を志向する。意味自身は、作用を超えている。意味自身は意味を考えるということを超えている、ということである。

我われが意味を考えるから、意味が自分自身を保っているのではない。我われの考えるという作用を超えて、意味が意味自身をもっている。一と一を加えれば二となるということは、加えるという作用によって支えられているのではない。加えても加えなくても、それ自身で支えている。こういう意味からアン ジッヒ（an sich）ということを言う。

意味があるということは、机があるということとは違う。あると言っても、存在というわけにはいかない。意味ということが言えるためには、言える場所がなければならない。意味は作用を超えたものであるが、しかし、意味ということが言えるためには、何かに触れてみなければ言えないのである。いかにしても触れることのできない超越的なものならば、超越ということも言えない。

ボルツァーノがそういうことを言うのは、心理主義を徹底的に克服しようとするところから来るのである。だから、意味を考えるような意識とは、どのような意識かということを考えてみなければならないと思う。

本願に目覚めた意識だけが、本願を推しはかることができる

この問題を最も古い伝統にさかのぼれば、イデアであろう。「この花は美しい」と言ったとする。「この花」というのは我われの視覚の内容になるが、この花は「美しい」ということを支えるためには、「美しさ」というものがなければならない。「美しさ」を、知覚自身は経験することはできない。我われは「美しい花」を経験するけれども、美しい花における「美しさ」を経験できない。「美しさ」に関係する限りにおいて、「この花は美しい」という判断が成り立ち、花は知覚に与えられるけれども、「美しさ」は理性に与えられる。理性ということを言わなければ、イデアということも言えない

のではないか。カント学派の言葉で言えば、意味とは、経験的意識を超えたものであろう。

しかし、意味を考える意識でなければ、意味があるということも言えない。そういう点から考えても、意識は、無限のものだということである。意識は、ある決まったものではなく、無限の段階をもつものと考えなければならない。ノエマの面において超越的であるならば、今度はノエシス面において掘り下げなければならない。意識と言われるものを押さえて、それを超えていかなければならない。意識をノエシス面において掘り下げていけば、それは無意識と言われるものになるかも知れない。意識の底に無意識があると意識することができなければ、無意識ということも言えない。無意識を無意識と言える意識こそ、深い次元から言えば本当の意識であろう。

本願というようなことを、我われは気軽に話してしまっているけれども、本願とはこんなものだと言えるのは、いったいどんな権利があって言えるのか。本願は、やはり意識を超えたものである。しかしそう言えるためには、言えるということがある。言えるということはやはり、本願を本願と言えるような意識がなければならない。それが信心ではないか。信心は、ある意味で先験的意識ではないか。

信心は、普通の意識ではない。本願というものは、普通の意識では言えないことである。だから法然上人でも、「聖意測りがたし」（『選択集』真聖全一、九四三頁）と言われている。親鸞聖人も三心釈をする場合には「仏意測《はか》り難《がた》し」（『教行信証』聖典二二五頁）と言っておられる。人間がそれを言うことができない。なにゆえに念仏を選ばれたか、それは「聖意測りがたし」と法然上人も言われ、親鸞聖人もそれに応じて、なにゆえに如来は三心の願を起こされたか、それは「仏意測り難し」と、一応そう言われている。

しかし、わからないものだからと言ってやめたら、元も子もないことになって、「信巻」はできないことになる。「しかりといえども竊《ひそ》かにこの心を推するに」（『教行信証』聖典二二五頁）と、やはり推してくる。人間の意識では、仏の心を考えはかることはできない。だからと言って、ああそうですかと引き下がったのでは話にならない。「しかりといえども」と、やはり推す場所がなければならない。本願に目覚めた意識だけが、本願を推しはかることができるのではないか。本願という超越的な対象を知る意識は、やはり本願海に生まれた先験的な意識ではないか。

意味というものは意識を超えている。意識された意味と意味自身とは違う。ジン アン ジッヒ（Sinn an sich）ということである。けれども、意味を知る意識がなければ、意味があるということも言えないわけである。

法性は、空という表現をとる。なぜ空と表現するのかと言うと、考えでとらえられないものだということをあらわすためである。考えでとらえることを禁止する意味である。我われが空をとらえれば、とらえられた空は有である。

法性という意識内容と法性自身とは違う。表象された法性と法性自身とは違う。法性自身は、やはり Sinn an sich という意味をもつのであろう。しかし、いかにしても得られないというものではない。意識を破った意識で知られる。識を超えたものが意味であるが、それはいかにしても知られないものではない。いかにしても知られないものなら、ないものである。ものは識に与えられるが、ものの意味は信に与えられる。事物は識に与えられたものだけれども、事物の意味、事物をして事物たらしめている意味は、かえって智に与えられるのである。

識というのは、何でも対象化してみる。識という立場に立つ限り、意識内容しか意識することはできない。智となると、そうではない。智の場合、破るという意味がある。意識を破る。だから、ものそのものに触れるという意味がある。いわゆる存在そのものに触れるということがある。意識を破ったところに存在を開くのである。オープンされる。我われが思うのではない。人間の意識を破って、存在自身が名告るのである。そういう場合に唯識では「触《そく》」、触れるという言葉で言われる。触は、直接ということをあらわす。

浄土とは、形而上学的かたじけなさの感情

法性を分別しても、法性の意味はない。法性に触れるところに、法性の意味がある。法性、Sinn an sich に触する。ドイツ語で言う感性、ジンリッヒカイト（Sinnlichkeit）は、唯識でいうところの「触《そく》」の意味である。触されたものが味である。法性とは考えられるものではなく、触れたときに味としてあるものである。こういう意味で、存在そのものは人間を超えているけれども、この人間を超えている存在が、かえって実存に応える意味を語っている。存在は人間を超えているのだけれども、我われの問題が我われを超えて応えられているのである。実存の意味が存在によって応えられている。

どこまでも人間の意味である。

人間の意味ならば人間の意識に見出されそうなものだが、人間の意識のなかに見出すことはできない。実存の意味は、かえって人間を超えた存在によって応えられる。その意味をあらわす言葉が功徳である。意識を破って存在に触れるのを奢摩他という。存在そのものとなる。我われが無になる。そうすれば存在が、無になった我われのなかに自己を開くのである。意味を開く。それが観察であろう。意味が観察されるのが、浄土の止観である。だから法性は空と言うより他はないのである。

しかし、意味として浄土が成り立つ。浄土は意味である。意味を超えている法性が、かえって人間の意味をあらわす。浄土とは種々なる意味の世界であるということが言える。そうでないと、浄土はわからないのではないだろうか。だから、浄土を受用《じゅゆう》という字であらわす。意識を破って存在にかえるところに、浄土と人間とが互いに意味を受用する。意味受用の世界が浄土である。道元禅師の言われる自受用三昧の世界である。

自他が実存だが、自他が自他を超えた一つのもの、ザイン（Sein）という一つのものを共同《ぐどう》に受用する。共同に生きる。自他が存在を共同に生きる。これが受用の意味である。このように、私は浄土の意味を考えている。これは私の意見である。こういうところに根があって、初めて人生の意味も出てくる。人生の意味、生きることの意味は、浄土の意味から出てくるのである。

現代は意味喪失の時代である。人生に意味がないとわかっていて生きるのは、自殺以下である。自殺もできないというような醜態になる。では、意味はどこにあるのか。そういう問題に対して、意味のもとはこのようなところにあると、答えられるのではないのか。

言語学・記号学の分野に、『意味の意味』という本がある。それは、意味を扱ってはいるが、哲学の問題として意味を考えているわけではない。意味が存在に関係して初めて、哲学の問題になる。実存に関係して初めて、宗教の問題になる。

ドイツ語には意味という言葉を受け入れる地盤がある。前述のように、ドイツ語にはジン（Sinn）という言葉がある。Sinn という言葉はなかなか面倒な言葉で、他の言葉にはなかなか翻訳し難い。仏教にも意味という言葉を受け入れる地盤がある。仏教には受用や一味という言葉がある。『浄土論』解義分に入第四門を説明しているところがあるが、その文中に「種種の法味《ほうみ》楽《らく》」（聖典一四四頁）という言葉が出ている。その言葉を、曇鸞大師は『論註』下巻で「観仏国土清浄味・摂受衆生大乗味・畢竟住持不虚作味・類事起行願取仏土味」なる「無量荘厳仏道の味」と釈しておられる（真聖全一、三四五頁）。このようなところからも、浄土は種々なる意味の世界であることがわかる。

浄土の世界は三昧の世界であることが大事である。散心に与えられたものではなく、定心に与えられたものである。願生も、得生も、定心に相応する感情なのである。浄土と言っても感情である。いわゆる、かたじけないという感情である。かたじけなさ、存在のかたじけなさである。言ってみれば形而上学的かたじけなさとでも言うべき世界が浄土なのである。

南無阿弥陀仏とは欲生心の言葉

五念門のうち、礼拝・讃嘆のところまでは、我われで考えられる。つまり穢土における行と言える。しかし、作願・観察・回向になると、浄土の行という意味が出てくる。浄土の外にいて浄土のことを観察したり、想像したりするのではない。そのため、清浄を二種に分けたり観察を三種に分けてある。回向門だけが二種というわけではない。そういう点から考えてみても、回向を二種に分けるということも、曇鸞大師が特別考えたわけではないだろう。

『論註』の二種の回向についての文章を見ると、往相回向というのは、衆生が浄土に生まれる場合に、自分の行を他の衆生に回向するという意味になっている。やはり、衆生回向の意味である。だから、親鸞聖人の言われるような如来回向ということが、曇鸞大師が自覚の上にはっきりしていたというわけではないと思う。他力については、はっきりしている。善導大師も法然上人も、他力ということは曇鸞大師だと言われる。それは間違いのないことだが、曇鸞大師において回向ということが他力ほどはっきりしていたなら、法然上人でも善導大師でも如来回向ということを言うはずだが、言わない。

回向が如来回向であることを見つけたのは、親鸞聖人である。けれども、親鸞聖人は、私が見つけたと言うと話にならないから、曇鸞大師の功績に譲っておられる。親鸞聖人には、ゆかしいところがあるのである。曇鸞大師は、他力ということを言われたり、回向を二種に分けるなどして回向に着目されてはいても、回向が如来の回向であるということは、ご自身でもはっきりしなかったのではないか。そうかと言って、『浄土論』にまでさかのぼっても、如来回向はなおわからないだろう。たしかに如来回向ということは『浄土論』を読まなければ親鸞聖人は気づかれなかったであろうが、ただ文字を読むだけではなく、読むことを通して浄土そのものに触れて感得されたのであろう。

いくらさかのぼってみても『浄土論』にも、曇鸞大師にも書いていない。経典にさかのぼってみても書いていない。『大経』に書いてあるではないかと言うが、『大経』の第十八願文の「至心回向」も、「至心に回向して」と読むのが本当である。「至心に回向したまえり」とは、出ていない。本願文を文字通りに読めば、「至心に回向して彼の国に生まれんと願ずれば、すなわち往生を得」としか書かれていない。結局、経典までさかのぼってみたところで、如来回向は、どこにもありはしない。ではどこから出てきたかと言えば、感得からであろう。

その手がかりはやはり、法然上人である。法然上人に手がかりを得て、そして善導大師に、という具合に、親鸞聖人はさかのぼっていかれたのだろうと思う。法然上人は、何も如来の回向ということを言っておられない。不回向と言ってある。そこが出発点である。それから、さらに回向ということを振り返って、『浄土論』に触れ『浄土論』を超えて『浄土論』をご覧になったということであろう。本に書かれている文字を探して見つけたのではないと思う。回向は、自分のなかに生まれてきたものであって、人から教えられたというものではない。初めて『浄土論』の文章を、回向は如来の回向であるという深い感得を通して見ると、文章がそうなっている。こういうわけだろうと思う。

だから、二種や三種に分けること自体は、たいした意味がない。しかし、回向のところで二種に分けることは、素晴らしい意味がある。ただ浄土教の範囲だけではなく、大乗仏教の考えを一変する大きな意味がある。こういうことを、親鸞聖人が明らかにしたのではないか。

客体的には、どこを探しても如来回向はありはしない。感得は主体にあったのである。主体ということになると、私は三心釈だろうと思う。三心釈がむしろ、如来回向ということの源泉ではないか。

どういうことかと言うと、三心と言っても欲生心が中心であるが、「信巻」に「「欲生《よくしょう》」と言うは、すなわちこれ如来、諸有《しょう》の群生《ぐんじょう》を招喚《しょうかん》したまうの勅命《ちょくめい》なり。すなわち真実の信楽《しんぎょう》をもって欲生の体とするなり」（『教行信証』聖典二三二頁）とあり、その後に、「誠にこれ、大小・凡聖《ぼんしょう》・定散《じょうさん》・自力の回向《えこう》にあらず。かるがゆえに「不回向」と名づくるなり」（同頁）と続く。この言葉は、「行巻」の「凡聖《ぼんしょう》自力《じりき》の行《ぎょう》にあらず。かるがゆえに不回向《ふえこう》の行《ぎょう》と名づくるなり」（同一八九頁）と同じ内容である。これは、法然上人の『選択集』の「三選の文」の直後に続く親鸞聖人の言葉である。これは、今見たように、三心釈のなかの欲生心の解釈と同じ言葉である。

つまり、欲生心ということが如来回向のもとである。欲生心が回向する。「欲生はすなわちこれ回向心なり」（『教行信証』聖典二三三頁）とあるように、欲生心が回向心である。そして名号は回向された行である。回向されたということにおいて、不回向と言う。親鸞聖人は不回向ということからさらにさかのぼって、回向する御心を見出してこられたのである。

だから、三心釈が如来回向の源泉である。そのように見ると、南無阿弥陀仏というものが初めてわかるのではないか。南無阿弥陀仏とは、欲生心の言葉である。本願の言葉という意味は、もっと内面的には欲生心の言葉である。欲生心というところで初めて、人間の存在の根底が人間の意識を破るという意味がある。人間の意識を破って人間の根底が名告るという意味がある。欲生心こそ、宗教心の純粋な意味をあらわしたものである。

法然上人は本願文を「至心に信楽して我が国に生まれんと欲え」と、ここで意味を切られる。この言葉は「我が国に生まれんと欲って乃至十念せよ」という具合に続く。ここに「十念」を選択せよと呼びかけられている。こういう具合に法然上人は明らかにされた。「十念」を選び取られた。だから本願は、念仏を選択して、もって本願となすという意味である。ここに選択本願ということの根拠がある。念仏が選択本願だということは、十念である。親鸞聖人は、「欲生我国」は如来回向であると見られた。欲生心は、如来の欲生心であるということが見えてきた。親鸞聖人の着眼点はそこにある。

回向を信じるのではなく、信じるのが回向

大事なのは、本願文から何を見出したかである。本願文から選択本願を見出したのが法然上人である。「乃至十念」のところに、選択を見出された。経典の願文をこのように読むことはできるものではない。親鸞聖人の場合は、欲生我国というところに回向があると見出してこられた。この選択・回向という二つの概念が、浄土真宗の根本概念である。選択回向の教学である。

選択は行を言う。乃至十念は、十念の行をせよということである。回向というのは、信心について言う言葉だろうと思う。宗学で、「信心までも回向された」とよく言うが、「までも」ではない。むし

ろ、信心のところに回向があるのではないか。信心のところで回向ということがあるのではないか。つまり、回心である。回心ということが回向である。回向は、ものをもらうことではない。意識を破ってその底に流れている存在に触れるところに、回向がある。

信心が信心自身を自覚する。回向を信じるのではない。信じるのが回向である。信じるとは、意味に意味自身を見出すということである。意味は意識を超えたものであるが、意味自身を語るような意識でなければ、超えているということも言えない。信心に先験的意識を与えるのが、欲生我国である。欲生というのは、信心の先験性における先験的原理である。翻され目覚まされたのを、信楽と言う。目覚ますのを、欲生と言う。信楽があって欲生があるのではなく、欲生があって信楽があるのである。

選択の背景にある回向にまで話が及んでしまったが、選択すなわち真宗という形で『大経』の本願を明らかにされた、ということが法然上人の大きな事業である。しかし、選択を真宗としてあらわすということには、片州や悪世という時機があって決めたという意味がある。片州かつ悪世というシチユエーション（situation）が、選択本願なる浄土真宗を、法然上人をして開かしめた契機になったのである。

片州が片州を超え、悪世が悪世を超える。こういうことが、選択本願なる浄土真宗が興った総じての意味であるが、別しては「還来生死輪転家　決以疑情為所止　速入寂静無為楽　必以信心為能入」である。これは、選択本願の要点を別して明らかにされたのである。本願の帰結である。本願の帰結は、疑いを離れて信を獲るというところにある。

疑惑は、情識に結合して起こって、情識を惑わしめるもの

信心は先験的意識である。先験的というよりむしろ、超越的と言ったほうがよいかも知れない。信心は超越的意識である、それに対して、疑いは内在的意識である。超越的に対して内在的である。疑は、内在的な情に属するものであるから、疑を疑情というのである。唯識に情識という言葉があるように、情という字に識という字を付けたほうがよくわかる（「或仮者能有此　情識故亦名有情」〈『成唯識論述記』大正四三、二三四頁a〉）。

疑が内在的な疑情に属するのに対し、信は超越的な智に属するものである。信心は智に属するものである。信は心であらわし、疑は情であらわす（以下、図4参照）。

信は、心に属するものである。智は、情に通ずる面がまったくないわけではないが、情でない面がある、心も、情である部分もあるのだが、情を超える部分がある。情は心だけれども、心は必ずしも情だけではない。心という概念は広い。心には無限の段階がある。心において、その情でない部分が智である。信心は智である。

信心は、智に属するものである。疑惑は、内在的なる情識に属するもの、情識に結合しているものであり、情識に結合して起こって、情識を惑わしめるものである。

信心を惑わすことはあり得ない。疑いがやっきになったところで、信心を惑わすことはできない。情識に結合して起こって、しかも情識を惑乱せしめるものが疑惑である。疑惑は、疑と惑からなっている言葉である。情識に疑が起こると、その疑が情識を惑する。それが疑惑である。

識は、虚妄《こもう》分別ということを特徴とする〈「如此諸識皆是虚妄分別所摂」〈『摂大乗論』大正三一、一三八頁a〉〉。主観・客観、ノエシス・ノエマという構造をもっているのが識である。虚妄分別と、分別に虚妄という字が付く。智は無分別である。分別の識というものがなければ、疑の起こる場所がない。疑は、この分別をして惑乱せしめる。惑乱とは、決まらないということである。AとBとのあいだで決まらない。AとBとのあいだをさまよわせるわけである。決まらないということは、人間にとって苦しいことである。それを惑と言う。あるいは煩悩と言う。悩ます。決まらない。だから不安なのである。決まらないことは不安なのである。人間は不安であると言うけれども、分別の心が不安なのである。身体は何も不安なことはない。分別の心が不安なのである。分別があれば、必ず疑惑が結合して起こってくる。分別を破った智には、疑惑の起こる場所がもうなくなっている。疑惑はどこにでも起こるのではない。分別という立場があれば、必ず疑惑が起こってくる。今すぐ起こらなくても、次には起こる。しかし、識が智になるなら、疑惑の起こしようがない。こういうわけで信と疑は、超越的に対して内在的という、質的な相違がある。

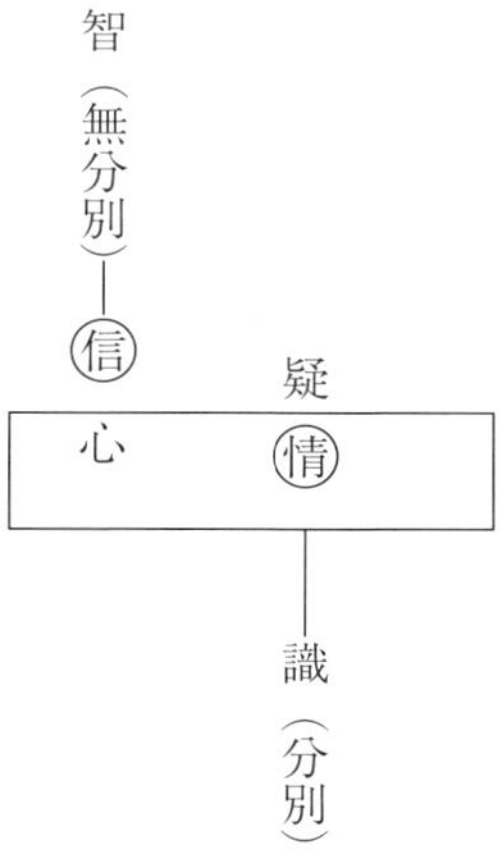

図 4

能ということを厳密に言えるのが信である。先にも述べたように、疑惑が能止するということになるなら、疑惑が信心と同格の力をもつことになる。疑惑は、疑惑させられているのではなく、自ら疑惑しているに過ぎない。一番大切なのは「能発一念喜愛心」という場合の

「能」である。もっとさかのぼれば、「能令速満足　功徳大宝海」（『浄土論』聖典一三七頁）の「能」である。「能」は能動の能であり、能力の能である。こういう問題は『浄土論』までいく。「他利利他の深義《じんぎ》」（『教行信証』聖典二九八頁）の問題である。衆生から言えば他利と言う。利他と言えない。我われから言えば他利と言うより他はないが、利他は如来のみが能《よ》く利するのである（同一九四頁参照）。能は如来だけに使える。本当の能動、本当の能力は人間にはなく、如来にのみある。

能は、人間の分別の上にあるものではない。存在を忘れた意識の上には能ということがない。絶えずひきずりまわされているのが、存在を忘れている人間の本質である。存在を破ったときにはたらいてくる存在自身のはたらきだけが、能である。人間の主観の力には、能はあり得ない。

悪世とは念仏が誹謗される時代であり、念仏のおこる時である

初めの二行「本師源空明仏教　憐愍善悪凡夫人　真宗教証興片州　選択本願弘悪世」は、『選択集』を制作された意義を、総じてあらわしている。この法然上人の事業には、「顕大聖興世正意　明如来本誓応機」と言われている、大聖興世の正意としての如来の本願を、機に応じて明らかにされたという意味がある。如来の本願を選択本願として明らかにされたのが、法然上人である。真宗を選択本願によって立てるわけである。如来が念仏を選択して、それを本願とされた。それを選択本願と言う。法然上人は廃立を言われたが、その廃立の原理となるものが選択本願である。如来の廃立が選択本願である。

往生の業について、諸行と念仏ということがある。『大経』で、諸行と念仏とをあわせて説かれているところが、三輩往生の経文である。そこに、「一向専念　無量寿仏」（聖典四四頁）とある。第十八願成就は、「ただ念仏」ということであるが、三輩往生の経文になると、諸行をもって念仏が磨かれてくる。念仏が「一向専念無量寿仏」というように磨かれてくる。「一向専念無量寿仏」に廃立が成り立ってくるのであろう。念仏を諸行とあわせて説くという意義は、『選択集』によってみると、廃立・助正・傍正、という三義である（真聖全一、九五〇〜九五一頁）。その三義が、念仏を説くために諸行とあわせて説かれた心である。廃立・助正・傍正という三つの解釈をすることが可能である。

法然上人は、「どれかに決めるということはできないから、決めるのは読む者の自由であるが、私自身としては、善導大師によって廃立をとる」ということを言われている（「ただしこれらの三義、殿最知りがたし。請ふ、もろもろの学者、取捨心にあるべし。今もし善導に依らば、初め〈廃立〉をもつて正となすのみ」〈真聖全一、九五一頁〉）。必ずしも廃立でなければならないというのではなく、三つとも含蓄していると一応は考えられるものであろう。同じ三輩往生の経文で、「一向専念無量寿仏」ということが一貫しているということに着眼したのは、源信和尚である。しかし、源信和尚と法然上人の着眼点には相違がある。その違いは、それぞれが生きられた時代の違いからくるのではないか。

法然上人をして特に廃立を選ばしめたのは、悪世という時ではないか。法然上人の意義は、廃立ということを称えなければ、消えてしまうのではないか。廃立によって初めて、法然上人の名が永遠に残ることになる。一切を廃して念仏一つを取るという決断である。念仏もではなく念仏のみ、あれもこれもではなく、あれかこれかという決断の信仰に、法然上人の宗教改革の意義がある。

宗教改革によって、初めて仏教が純粋宗教となることができた。一切から念仏一つを選ぶというのは、法然上人ご自身の決断の信仰だが、そうせざるを得なかったのである。縁となっているのは悪世という時であろう。しかし、因としては、選択本願ということがある。どこまでも法然上人が念仏一つを選び取ったのだが、取らしめたのは悪世である。その廃立に、真に根拠を与えたのは選択本願である。選択ということが原理となって、初めて廃立が成り立つ。

「選択本願弘悪世」と、ここに悪世ということが出ているが、これが源信和尚との違いであろう。今は悪しき時であるという時である。その悪世という言葉は、現代に近い意味をもっている。法然上人にとって悪世とは、具体的には、念仏が誹謗される時代ということではないか。念仏が誹謗されるときが、結局、念仏のおこるときである。現代という時代において、思い当たることが多い。現代がどこから始まったかというと面倒な話になるが、宗教否定が現代の大きな特徴ではないか。それは、神は死んだ、というニーチェから始まるのかも知れないが、十九世紀以後であろう。そういう宗教否定ということが現代の特徴と言える。

禅と念仏の共通点は、思弁を否定していること

宗教を否定するということは、いつの世にもあったのかも知れない。悪世と言えば、釈尊の時代から五濁悪世である。釈迦仏は五濁悪世に出興されたと言われている。依経分にも「五濁悪時群生海

応信如来如実言（五濁《ごじょく》悪時の群生海《ぐんじょうかい》、如来如実《にょじつ》の言《みこと》を信ずべし）」（「正信偈」聖典二〇四頁）とあるように、悪世は五濁悪時である。だから、広く言えば、釈迦仏自身が五濁の世に出られたということになる。いつの世にも五濁ということがあるにしても、その五濁に末法史観が重なって、特に法然上人、親鸞聖人、日蓮上人もあわせて末法の時代を生きられたということになる。

たしかに釈迦仏が出興され生きられた時代も五濁には違いないが、それは有仏の時、正法の時である。末法ということにおいて初めて五濁無仏ということが顕著に痛感されたということがあるだろう。

現代の大きな特色と言える宗教否定は、特にヘーゲル以後の十九世紀後半は顕著ではないかと思う。

悪世の意味は、『教行信証』の「後序」に顕著に出されている。「聖道《しょうどう》の諸教は行証《ぎょうしょう》久しく廃《すた》れ」（聖典三九八頁）ということも、そこにある。特に末法ということが語られるのは「化身土巻」である。親鸞聖人にとって悪世は、いろいろな観点からご覧になっているかも知れないが、仏法が滅亡するということだろう。仏法の滅亡ということは、仏法が否定されるということである。それは現代で言うと、宗教否定という形だと思う。宗教否定のときに、かえって時代そのものが宗教的に近づいてきているということがある。

つまり、教会としての宗教、教会に代表されている宗教の否定である。それは、教会を超えた宗教に対する要求が、教会の宗教の否定という形であらわれているのだと言える。今日、宗教否定ということが、実は宗教の要求である、という事実は、現代においては実存という問題になるのではないか。

鎌倉時代には、法然上人・親鸞聖人の念仏と、道元禅師の禅があるが、念仏や禅は仏教の実存性を回復する意義をもっている。思弁仏教に対するプロテストである。禅と念仏の共通点は、思弁を否定していることである。思弁によりとらえられた仏教は、仏教の本質である。つまり、本質仏教である。一方、禅と念仏は、本質仏教に対する実存仏教というべきものである。そういうところにプロテストということがある。

念仏や禅からの抗議に応えて、天台から新しい形をとって出てきたのが、日蓮上人である。教会の宗教の否定において、かえって宗教の問題をあらわす概念が、実存概念である。

しかし、その実存という概念は昔からあった。トマス・アクィナスの神学から挙げるなら、エクシステンティア（existentia）が実存であり、実存に先立つのは、エッセンティア（essentia）、本質である。今日の実存主義では、本質に先立つものは人間の実存であると言う。これは、それまでとまったく逆である。本質が実存に先立つのではなく、むしろ本質に先立って実存があると言う。考えで人間を見るよりも、見る人間のほうがまず先にある。本質を人間が解釈するかも知れないが、解釈された人間よりも、解釈している人間のいることのほうが先である。実存は本質に先立つのである。

本質がそのまま実存として実現されているのは、善き世であって悪しき世ではない。実存ということが現代に問題となるのは、今の実存はどういう実存かと言うと、適当ではないかも知れないが、「病んでいる実存」である。実存として取り上げられる人間は、病気をしている人間である。陽気な人間ではない。これが大事なことではないかと思う。

仏教そのものが、本来、実存から出発している。一切は苦であるという命題からして、すでにそうである。だから、仏教を実存仏教と言うのは、思弁により失われた仏教本来、思弁により失われた仏教を取りかえすということになるわけである。

宗教の問題は、自己とはなんぞやという実存の問い

宗教で人間を考える場合に、人間とは病気する人間だということが大切なことである。ただ陽気な人間ではない。病んでいる人間ということが大事なことである。進化発展している人間ではない。発展していても、自己の根拠を失っているために、理性が根拠となってくる。その理性が、ついに人間を人間でなくしているのが現代である。そこに、大きな矛盾がある。

こういうときには、出直すより他に道はない。出直しということが、悪しき世に深い意味をもっている。つまり、実存は実存に違いないが、その実存は、非本来的な実存である。人間が人間でないものに解体してしまうような実存なのである。こういうことから考えてみても、実存の問題を中心として、たとえば医学と哲学とが結びついてくるというのも現代の特色である。精神病理学という概念と実存という概念の結合は、奇跡ではない。胃が悪いということと実存とは結びつけようがないが、精神病理学と実存とは、結びついても何も矛盾はない。だから、ついには、病理学から哲学に転向した人がある。ヤスパースがそうである。

それから、分析ということも大切である。実存分析ということがある。人間の本質から人間を天下りに決定することは、無意味である。理性の作った理想などというものを信用するものは今時、一人

もいない。むしろ、人間そのものを見直さなければならない。人間をして人間を語らしめようというのである。仏教の言葉で実相と言われるのは、そういう意味ではないか。現代の学問で言うと、アナリティックス（analytics）、分析論ではないか。そこにあるのは、諸法の実相はなんぞや、という問いである。人間の存在の実相は何かという問い、そういう意味をもったものが、現代の分析という概念である。総合ではなく分析である。こういうことも考えてみる必要がある。

実存という概念はキルケゴールから始まる。キルケゴールはマルクスと同じ時代の哲学者であるが、時代的に、二人ともヘーゲルの思弁哲学に対する反抗がある。あの時代は、人間を社会的存在と理解することで一つの道を見出している。では実存的人間と社会的人間はどう違うかと言うと、実存的人間には個人ということがある。これが大事な概念である。人間を社会的存在と理解するだけでは、個人の問題は解けないのではないか。だからキルケゴールの大きな功績は、単独者、例外者という概念によって実存は個人だということを明らかにした点かも知れない。それは、非常に大事な概念である。

宗教問題も、個人という問題に関わる。個人性を捨ててしまっては、宗教は意味をなさない。宗教そのものに実存の意味をもつのである。個人ということは、決して個人的ということではない。個人と個人的とは、言葉のもつ深い関係もあるが、非常に違う面がある。たとえば、マックス・シュティルナーは、我を唯一者と言う。キルケゴールは、我を単独者と言っている。言葉から言えば、同じことであり、たいした区別はないように思える。しかし実際には大きな区別がある。方向がまったく逆というほどの違いがある。単なる言葉の問題ではない。

ベルジャーエフの本から知ったのだが、ブーバーは、医学のほうの影響が大きいらしい。精神病理学の影響が大きいと言う。妙なことだと思っていたのだが、あのブーバーにイッヒ・ドゥ（Ich-Du）という、人と人との関係をあらわす言葉がある。Du に対する Ich というようなことが、キルケゴールの言う単独者であり、それは実存的個人である。ところが、シュティルナーの言う唯一者は、むしろ Ich Non-Ich の関係ではないか。我と汝の関係ではなく、我と非我との関係である。唯一者と単独者は、言葉としては同じでも、そういう違いがある。

実存は一人であるということは、実存は主体であるということである。実存とは、実存一般があるわけではなく、自己の実存である。つまり、我は自己性、実存の自己性である。アイゲントリッヒカイト（Eigentlichkeit）、本来性、自己性ということと実存の概念とは、離すことができないのである。本来性、自己性ということが、実存の本質である。つまり、宗教の問題は、自己とはなんぞや、ということである。それが実存の問いである。

実存が病気している悪しき時代

人間存在を実存と言うためには、自分自身の生死を問題にしなければならない。「すべての人間は死すべきものである。ソクラテスは人間である。ゆえにソクラテスは死すべきものである」というような、論理学の三段論法の話とは違う。実存的人間には、どこまでも自己性というものがある。私の生死である。

無量寿経の特色は、死が取り上げられているということである。『大経』には第十九願に「臨寿終時」（聖典一八頁）とあり、『観経』には「命終」（聖典一〇〇頁）という言葉が少なからず見られる。そして、『小経』には「臨命終時」（聖典一二九頁）という言葉が出ている。これは、ただ呼吸が止まるということではない。そんなものが本願のなかに出てくるはずがない。対象的人間といったような生物一般の約束としての死ではない、自己の死ということがある。

宗教の自覚は、死して生きるということである。臨終のほうは生まれて死ぬのである。それが宗教の自覚の場合は、逆になる。死んで生まれるのである。生の終わりは死であると言う。その終わりから出発するところに、実存概念を媒介として信仰が成り立ってくる。もちろん実存に立ったからと言って、社会の問題がなくなるわけではない。だから、マルクスが間違いだというわけにはいかないが、個人の問題が残るということである。

実存の自己と、シュティルナーの自己とは違う。個人は非我に対する我ではない。それならば社会的である。その場合は、我というものを立てるために、他を我でないものとする。我に対して、我以外のものは非我である。しかし、そこには大きな矛盾がある。我でないものを非我とするならば、我の独立のためには非我によらねばならない。非我によるような我は、個人ではない。

我から非我を区別することにおいて、我を立てる。我を独立させるために他を必要とする。もし他を認めないならば、自己は消えてしまう。自己は解体する。独立するためには他が必要となるが、他が必要なら、独立できないことになる。他を廃して他から独立できるように思うのは、妄想ではないか。矛盾ではないか。自己を独立するために、他を廃する。廃するために、他が必要ではないか。それは矛盾概念、妄想というものではないか。

イッヒ・ドゥ（Ich-Du）は、汝を汝とすることによって、私が私となる。その逆ではない。だから共同体と言う。実存共同体が、そこに成り立ってくる。我と世界があるのではない。我そのものが世界として生きている。それが実存である。世界もあり、また歴史もある。そういうことはこみ入った問題であるが。

「病気している実存」は、私の作った言葉で、あまりいい言葉ではないかも知れないが、実存が病気しているという意味をもった時代が悪しき時ではないか。

いわゆる教会とか教団とか、そういう形をとった宗教を否定する形で、宗教の問題が出ているのが現代である。だからこそ今日、宗教そのものが必要なのではないか。ある特定の宗教ではなく、着物を脱いだ宗教そのものが必要なのではないか。人間そのものが実存をもつということは、裸の人間になるということである。裸の人間に呼びかえすのには、裸の宗教でなくてはならない。

裸とは、あらゆる思いから裸になることである。それが実存である。本来的実存とは、裸の自己ということである。理性が自己だとか、人間は神によって創られたとか、そういう何かを入れると、裸の人間はわからなくなる。

では何も入れないほうがいいのかと言うと、それでは実存ということさえも言えなくなるという批判もある。ティリッヒがそれである。ティリッヒは、本質の否定と言って完全に本質を否定するならば、実存と言うこともできない、と言う。それに実存主義にも実存理性という概念がある。けれども、本当の裸の実存になるならば、いわゆる本質というような考えた本質ではなく、考えることもできなかったものに触れるのではないかと思う。それは本質ではない。それこそアイゲントリッヒカイト、本来性である。考えた本質ではなく、考えられないものを本質とするようなものに遇うのではないか。

悪世という時代には、何かの宗教ではなく、宗教そのものが必要

それは、仏教で言えば、ダルマター（dharmatā）というものであろう。あるいは、自己もそういうものである。自己に遇って自己を知ると言うが、あらかじめ考えた自己に近づくのではない。自己になって初めて自己に遇う。「あっ、これか！」というものに遇う。それこそ本当の自己の由来するところである。他に由来するのではないが、何からも由来しないというのでもない。泡のようなものだというわけではない。人間は人間以外のものに由来するのではない。人間の自己は自己自身に由来するのである。

時が永遠だというのも、このようなことから考えるのではないか。昨日が今日になったのではない。昨日と今日は同時にはない。昨日であったときは、今日ではない。今日であったときは、昨日ではない。そうしてみれば、今日は今日しかない。昨日に相対していない。裸の今日、それは永遠である。昨日が今日になり、今日が明日になるというのではない。そうではなく、永遠の今において、自己の

本来性に遇う。自己の本来性は、遇って初めて見えるものである。

悪世という時に、宗教そのものではなく、何かの宗教を出したのでは、間に合わない。天台宗や黄檗宗を出しても間に合わない。必要なのは、宗教そのものである。だから、そこに「一向専念」と言う。つまり廃立である。道元禅師は只管打坐《しかんたざ》と言う。あれもこれもある、というものではだめである。宗教そのものに直面するところに廃立がある。悪しき世というのは、こういう時である。絶望の時が、何かに最も近づいている時でもある。これまであったものでは間に合わないという、まさに絶望の時、その時こそ絶望を超えるものに最も近づいている時である。

まだ抜け道があるうちは、だめである。これしかないという時である。今ごろすでにあったものをもってきても間に合わない。試験済みのものを出しても間に合わない。かつてあったものをもってくるのではなく、かつてあったものに、かつてなかった意味を見出す。かつてあったものに、絶望の時をくぐって、かえって今、遇うのである。

キリスト教では、ルネサンスがその時である。ルネサンスの時をくぐって宗教改革が起こった。旧教の法皇庁に代表される宗教に対する抗議という形で、プロテスタント神学というものが起こったのである。もちろん、現代は、そういう時代の事情とはかなり違うが。

釈迦仏も悪世に出て悪世を生きた。悪世と言えば、なかなか病気の原因が深いのである。搾取というような問題より、もっと深いところに病気の原因がある。病気は異常ではない。精神の病気の原因は、精神にある。それは、自己が自己でなくなっているという問題である。自己をなくするような病気、自己を無に導くような病気、つまり死に至る病である。

その病気の原因はやはり自己にある。神に対して反逆することを罪と言う。今日、罪ということを言っても、それは決して神に反逆するというような宗教的な罪ではない。しかし実存そのものを考える場合に、神学的概念である罪というもともとの概念がなければ、実存の問題を解くことができないのである。それほど実存が病んでいるということである。

罪と言っても、それは人間を創った神に対する罪ではない。アイゲントリッヒカイト、本来性に対する罪である。自己が自己に反逆するという罪である。それは自己の内にあるものである。自分に背くということである。

そのように、悪世ということは、非常に意味の深いことである。悪世という時代が、法然上人をして廃立せしめた。しかし、それはどこまでも縁であって因ではない。事由は、選択本願にある。選択は、法然上人の個人の独断ではない。宗教心の廃立である。宗教心自身が廃立せしめたのである。

念仏の要点、念仏が要求しているものは信心

選択本願とは、具体的には「ただ念仏」ということである。念仏に「ただ」ということを置くのを、選択、あるいは廃立と言う。念仏だけならば、選択も廃立もない。念仏を傍正や助正というだけならば、法然上人の存在は消えてしまう。それなら源信和尚の上で済んでいる。もう一度繰り返すだけの話に過ぎない。廃立を言ったことによって、法然上人を俟って初めてできたことがある。

悪世というだけではなく、片州ということもある。片州とは狭いところということである。狭いところだから謙譲というのではない。井のなかの、というようなことではないか。井戸のなかにあって世界がわからない。狭いところで小競り合いをしている。「主上《しゅしょう》臣下《しんか》、法に背《そむ》き義に違《い》し」（『教行信証』聖典三九八頁）ということが、親鸞聖人ご自身の批判として出されているが、そういうことではないか。かえってそこで、人類を救うような事業が行われたのである。

具体的には、選択本願の事業である。念仏を選択して本願とする。念仏に「ただ」が付く。「ただ念仏」が「明仏教」であり、教であり、行である。念仏が本願の行である。本願は念仏を選んで行となす。本願の行を明らかにするのが、仏教である。仏教に明るいというのは、本質を見失わせないようにするということである。

たとえば『大経』下巻の三輩の文には、諸行と念仏とをあわせて説いてある。しかし、諸行も念仏もどちらも説いてあるからと言って、どちらでもよいというのではない。それでは、仏教に不明である。どちらもあるのだからと言って、どちらも両立するようなことがあってはならない。いかなる宗教を選ぶかは、その人間の性格によると言っていれば、喧嘩も起こらないが、それは仏教に不明であると言わなければならない。性格とか、資質とか、好きとか、嫌いとか、そんな話ではない。自分の思いに合ったものを追うところに、人間は浮いているのである。思いが我われを裸にさせないのである。そういうときには、思いに同情すべきものはない。思いは叩き壊さなければならないものである。それに同情していれば、道草を食うだけである。中心を見失わせないということが大切である。本願の行について迷失させない。そのために、行ということから言えば、念仏を選ぶのである。念仏が主である。行ということが、誰でも、どこでも、いつでもできるもの、そういう意味の行である。そのような行は、どこにでもあるというものではないだろう。人間の上に立てられたものなら、どこにでもある。人間の能力を基として立てられたものならば、あれもある、これもあるといった具合に、どこにでもある。だが人間に開かれているけれども、人間からは開かれないもの、そして根元自身が人間に名告ってくるような行、それはただ一つしかない。純粋行と言えるものはただ一つしかない。そこで唯念仏ということが大きな意味をもってくるのである。

源空章の後の二行は、念仏の要点である。念仏が主、あるいは本と言ってもよい。本願の本、念仏をもって本願とするという場合の本ということ、つまり念仏為本ということである。主眼点の明らかになるのが、明るいということである。主眼点が一点の曇りもなく明瞭である。暗示するのでもなく、かつまったく狂いや惑いがないということである。念仏が主ということに対して念仏の要は何か、と要点をあらわすのが後の二行である。念仏の要点はどこにあるか。もちろん、念仏の他に要点を考えるのではなく、念仏自身の要点である。要は要求ということをあらわす。念仏自身が求めているものである。アンシュプレッヒェン（ansprechen）というドイツ語がある。我われに語りかけるということである。我われに語りかけるのは、我われに近づき我われに要求しているのである。

このようなことで、要点とは、念仏自身の要求しているものである。それが信心というものである。称えよと言うが、声を出すことを求めているのではない。誰でもできるということをあらわしているのである。そこに我われに、求めているものがある。それを後の二行であらわしてある。『選択集』は十六章あるが、第一章、第二章は教行をあらわす。第三章は本願章である。これらが『選択集』の主となっている。

初めに『選択集』の主眼があらわされている。主題、主たるものが明らかにされてくる。それが念仏である。「還来生死輪転家」以下四句は、念仏の要点である。要という字は『歎異抄』にも「老少《ろうしょう》善悪《ぜんあく》のひとをえらばれず。ただ信心を要《よう》とすとしるべし」（聖典六二六頁）とある。これは本願が我われに求めているもの、念仏を選んだという本願が念仏において我われに求めているものを明らかにしているのである。

本願章、三輩章、利益章、特留章、摂取章、そして続いて三心章がある。「還来生死輪転家　決以疑情為所止」はこの三心章の言葉を基にしている。この言葉の基づくところは善導大師の『観経』の三心釈である。三心釈は、善導大師が『観経』を解釈される場合に、最も力点を置かれた文章であり、『観経疏』ではこれに「散善義」の約三分の一が費やされている。善導大師の内面を伝えている非常に重要な一段である。それに基づいている。

『選択集』において法然上人は、教や行については明晰な分析をしておられるが、三心章になると何も付け加えておられない。善導大師の三心釈がそのまま引いてあるだけで、何も自分から加えられているものがない。ただわずかに「生死の家には疑をもって所止となし、涅槃の城には信をもって能入となす」（真聖全一、九六七頁）云々の結語があるだけである。それを親鸞聖人が「正信偈」に引かれたのである。

法然上人は、善導大師の三心釈に何も加えておられない。その意味は、すでに行が決定されたならば、その他に信はないのだということである。「ただ念仏」の「ただ（唯）」が信心である。行は済んだから、今度はさらに別に信を立てよう、などということはない。行がはっきりすると、そこに信が確立される。念仏の他に信はない。念仏が行と言われるが、行というのは信心の行体である。信心の体は信心ということはない。信心の体は心ではない。行が体である。そういうときに、行という意味を、我われは考えてみなければならないのではないか。ザッハリッヒ（sachlich）というドイツ語があるが、これには行というような意味があるのではないか。

真理が真理自身を証明している事実に触れた意識が、宗教意識

ザッハリッヒは事実である。本願の行とは、本願のザッハリッヒである。清沢満之は、「宗教は主観的事実である」（岩波書店『清沢満之全集』第六巻、二八三頁）と言われた。これは、宗教はテオリー（Theorie）ではないということである。この事実というのが大切な概念である。そのような意味を、曽我量深先生は、よく唯識の言葉で、現行と言われた。事実とはつまり、現行の事実ということである。現に行じているところの事実である。このザッハリッヒということが大事なのではないかと思う。

実践項目として行を考えるなら、違ってくる。それは諸行ではないか。実践項目として考えられるものを諸行と言う。それより、もっと近いのが、現行である。本願は種子であり、念仏は現行、本願

の現行せる事実である。こういうことが大事なのではないか。事実に対して人間ができることは、承認することだけである。理論ならば疑ってみることができる。

真理が真理自身を証明している事実は、我われがあらためてそれを論証することを俟たないのである。真理が真理自身を証明している事実、そういうものに触れると、人間に残るのはただ承認することだけである。「当体全是」という天台宗の言葉がある。「まさにこれだ」とうなずくというのが、全是である。疑わないのではない。疑っても疑っても疑うことができないもの、ザッハリッヒに触れていることである。それが法然上人の信心だろう。

行の他に信があったら大変ではないか。信が行を決定するのではない。行が信を決定するのである。法然上人の念仏は、純粋行の仏教である。それが法然上人の信仰の内容、内的事実である。このように言えばよくわかるのではないか。無分別智というのもそれである。無分別智とは、事実に触れて、これだなという意識である。これだなという意識がなければ、事実とも言えない。事実を事実と言うのは意識である。

けれどもそれは、事実を対象化して意識しているのではない。意識の破れた意識である。無分別智ということも、そのように考えれば非常に単純である。事実を対象化している意識ではなく、対象化の止《や》んだ意識である。主観・客観の無くなった意識である。それを宗教意識と言うのである。自己の実存があり、世界の実在がある。これに触れなくては一語も言えない。何の確信もつかめないのである。

行によって信を見出し、信によって行を成就する

「本師源空明仏教　憐愍善悪凡夫人　真宗教証興片州　選択本願弘悪世」は『選択集』の事業、思想的事業である。「顕大聖興世正意　明如来本誓応機」という七高僧を一貫した事業を、『選択集』によって明らかにした言葉である。

選択という言葉に、法然上人が初めて着目した。念仏往生の本願を選択本願と言うように、選択ということが廃立の原理である。一切を廃して念仏一つを取るという原理が選択にあるわけであろう。念仏を選択して本願とするということが、選択本願の行である。それに対して親鸞聖人は、回向ということに着目された。回向ということは、天親菩薩・曇鸞大師の教学による。念仏は選択の法のみならず、回向ということを呼び起こしてくる。回向を呼び起こしてくる意義をもつのが『選択集』である。

本願文で言えば、「乃至十念」というところに、選択がある。乃至十念の念仏を選択する。さらに、「至心信楽　欲生我国」というところに、親鸞聖人は回向を見出してこられた。普通は信心までも回向されると言われるが、信心をこそ回向されているのである。念仏を選択し、それにより信心として如来自身の心を回向する。念仏を選択し、それにより、至心信楽を衆生に回向する。それが欲生我国である。

むろん、選択と回向には深い関係があり、法然上人がまったく回向に触れられなかったのではない。親鸞聖人が回向ということを見出してこられたのも、やはり法然上人によるのではないか。

繰り返すようだが、「行巻」の三国の高僧の証文を結ぶところに、『選択集』の結びに即して、全体を結ぶというような形になっている。そこに「明らかに知りぬ、これ凡聖《ぼんしょう》 自力《じりき》の行《ぎょう》にあらず。かるがゆえに不回向《ふえこう》の行《ぎょう》と名づくるなり」（『教行信証』聖典一八九頁）という言葉がある。これは「回不回向対」（同二〇〇頁）と言って、対するということがある。「行巻」の終わりに四十七対というのがあり、念仏と念仏以外の教が相対して念仏の絶対を明らかにするということが出ている（同一九九～二〇〇頁）。この対ということの基づくところは、『選択集』の「この文の意を案ずるに、正雑二行につきて五番の相対あり。一には親疎対、二には近遠対、三には有間無間対、四には回向不回向対、五には純雑対なり」（真聖全一、九三六頁）である。これは「比校対論《ひきょうたいろん》」（『教行信証』聖典一九九頁）ということである。比校対論は昔からあることだが、たとえば、世親菩薩が『十地経』を解釈するのに、校量勝と言っている。校量勝とは校量して勝れたことをあらわすという意味であるが、比校対論とはそういうことである。

　比校対論という方法を親鸞聖人がしておられるのは、『大経』下巻の初めに出ている「一念」（聖典四四頁）と、同じく『大経』下巻の終わりに出てくる「一念」（聖典八六頁）についてであろう。下巻の終わりの「一念」は、流通分における付属流通のところに出てくるのであるが、そこに一念に大利無上を得ると言う、大利無上ということが出ている。

　『選択集』の利益章に「願成就の文のなかに一念といふといへども、いまだ功徳の大利を説かず。また下輩の文のなかに一念といふといへども、また功徳の大利を説かず。この一念に至りて、説きて大利となし、歎して無上となす」（真聖全一、九五二〜九五三頁）とある。「この一念」とは、『大経』下巻の終わりに出てくる「一念」（聖典八六頁）である。一念は初めにも終わりにもあるが、法然上人は、ことに終わりの一念を重要に見られた。しかし、親鸞聖人はさらに一念について、終わりの一念に即して、それを通して、『大経』下巻の初めの「一念」（同四四頁）を新しく見出してこられた。己証の一念、それを特に「信《しん》に一念あり」（『教行信証』聖典一九一頁）と言っている。そうすると、終わりの一念は「行《ぎょう》の一念」（同頁）ということになる。

行の一念の代わりに信の一念を立てるのではなく、行の一念に即して信の一念を見出してこられた。行の一念をやめたわけではない。行の一念のなかに、さらに信の一念を見出してこられた。行の一念の成就するときが、信の一念である。何が成就するかと言えば、行の一念だが、いつ成就するかと言えば、信の一念に成就する。行という言葉は、本願全体をあらわす。本願全体のはたらきを、行という言葉であらわすのである。

行によって信を見出し、信によって行を成就する。行を成就するという信の一念を俟つ、ということがある。行の一念が不完全なわけではない。完全なる行の一念が完全であることを証明するのに、時ということが入る。時を俟つということがある。信の一念を成就するとき、四十八願全体が成就するという。このような重要な意味が信の一念にある。

時を超えた意味が時においてはたらく

『歎異抄』にも「念仏もうさんとおもいたつこころのおこるとき」（聖典六二六頁）とあるように、時が重要な意味をもつ。ティリッヒが言った、ロゴスに対するカイロスという問題である。名号はロゴスである。ロゴスは言葉という意味であるが、言葉は意味をあらわすということだから、ロゴスには言葉という意味もあり、意味という意味もあるわけである。意味が言葉によってあらわされるのだから、言葉には意味があるのであろう。

ロゴスには理性という意味もあるが、これは後にロゴスの発展の上に出てきたと思われる。ロゴスは、言葉というのが、その原始的意味である。言葉は、隠れていたものを顕わにするということがある。本願は隠れているものだが、それを顕わにする。公開する。オープン（open）するという意味である。いつでも、どこでも、誰でも、というように、その意味を開示するということである。言ってみれば、オッフェンバールング（Offenbarung）、啓示という意味が言葉にあるわけであろう。それを通して自己自身を見出してくる。自己一人ということ、親鸞一人というような自己というものを見出すのである。

ロゴスには普遍的なものという意味がある。オープンするのは、普遍的な意味を明らかにするということである。一切の人類に呼びかけるという意味があるのである。一切衆生がことごとく諸仏であるということを明らかにするのが、本願である。超世とか超発というのは、こういうことに付けられる意味であろう。一切衆生は自己一人である、というような自己を見出すところに、信の一念がある。

行は、普遍的というところに意味がある。信はどこまでも個別的、広く言えば個的なものであり、インディヴィドゥム（Individuum）という意味がある。親鸞一人《いちにん》というのが単独性、つまり一人性と言ってもよいものが、普遍的なロゴスのなかに意味として具わっている。しかし、そういう単独性、一人的なものが現実的に世にはたらくのは、時においてはたらく。意味は時を超えたものであるが、意味がはたらくときには時においてはたらくのである。

ロゴスという言葉のなかには、普遍的なものという意味があると言ったが、いつでも、どこでも、誰でも妥当なるものとして、「時処諸縁を論ぜず」（真聖全一、八八一頁）というような超越性がなければ、意味ということは成り立たない。はたらきかける対象から超越しているところに、意味の意味たるところがある。しかし、意味は時においてはたらくのである。時を超えた意味も、世にはたらくという場合には、時においてはたらくと考えなければならない。

そこには、ロゴスからは演繹できないものがある。ロゴスにとっては偶然であるような、時というものが媒介となる。時によって、機が明らかになる。仏教の言葉で言えば「時機純熟《じきじゅんじゅく》」（『教行信証』聖典一五五頁）である。時が機を明らかにする。時は法を明らかにするのではない。時によって機が熟されるわけである。そして法のはたらく場所となるのである。機という概念は面倒な概念であるが、感という意味をもつのではないか。感応道交ということがある。今日よく使われる呼応という言葉があるが、感応道交とは呼応ということである。

機と法は、呼応関係というようなものである。法はいつでもあるが、機を俟ってそれに応ずる。機の感応である。機が、時を通して目覚めてくる。目覚めるとは、感ずるようになることである。そこに初めて、法はそれに応えてはたらくことができる。こういうことが行信の上にあらわされるわけである。

信心は本願に対して発すのではなく、本願の心をたまわるのが信心

話が逸れたが、信の一念は、親鸞聖人の己証の意味であるから、己証の巻である「信巻」に、一念の文を綿密に解釈してある。親鸞聖人は、「願成就の一念」（『教行信証』聖典二四一頁）と言われる。至心信楽の願成就の一念という意味である。信心は本願に対して発すのではない。本願の心をたまわるのが信心である。本願の心に、機が目覚めるのである。本願の心と信心の心と、二つあるのではない。本願の心に目覚めるのである。そのとき至心信楽が成就する。

それに対して、後の一念は「弥勒付嘱《みろくふぞく》の一念」（『教行信証』聖典一九二頁）と、親鸞聖人は言われた。それは法然上人が非常に注意されたことであり、それを伝承されたのであるから、伝承の巻である「行巻」に述べてある。そこに、弥勒付嘱の一念の経文を綿密に解釈してある。そのときに、大利無上ということがある。大は小に対する、無上は有上に対するという対ということに法然上人は注意された（真聖全一、九五三頁参照）。

一般的には大と言えば、大乗仏教の大であるとか、大般涅槃の大などを意味する。無上は、無上菩提とか無上涅槃の無上、小とは小乗という意味の小を意味する。これが一般の公式論、一般の立場で

ある。小乗である者が、小乗をやめて大乗の道を求める。我われは努力次第で、大であり無上であることもできる。そういうのが、一般の考える意味である。

ところがそういう意味から考えると、対ということがおよそ意味をなさない。大きいのが小さいのに対するとか、無上が有上に対するのは、何の意味もない。我われは小でもあり大でもあり得るという立場から見れば、対ということが意味をなさない。大とか無上とは、真の意味の大乗である。真の意味の大乗は、本願を離れては無い。我われは、大乗ということを理論では考えてみるけれども、いざ実際ということになると努力から始める。

大乗のなかに本願があるのではなく、一切衆生が一切諸仏であるというのが大乗である。そういうことを現実の上において真に成り立たせるところに本願がある。本願があって初めて対ということが言える。大・無上ということは、人間の努力の上には成り立たない。こういうところに対ということが意味をもってくる。法然上人は『選択集』の二行章で、五番相対ということを明らかにされた（真聖全一、九三六頁参照）が、それをもっぱら善導大師の教の上に明らかにされている。

親鸞聖人は法然上人の五番相対を受けて、大規模にした。つまり、法然上人に至るまでの三国の高僧の上に、四十七対を見出してこられた（『教行信証』聖典一九九～二〇〇頁参照）。むろん、ここに法然上人の五番相対も入っており、そのなかに回向不回向対ということがあるが、親鸞聖人は、ここに重要な意味を見出されたのではないか。だから高僧の証文を結ぶところに、「明らかに知りぬ、これ凡聖《ぼんしょう》自力《じりき》の行《ぎょう》にあらず。かるがゆえに不回向《ふえこう》の行《ぎょう》と名づくるなり」（同一八九頁）と言われている。

回向不回向対は、親鸞聖人が直接『選択集』のなかからもってこられた言葉である（真聖全一、九三六頁参照）。そこには第二十願という問題がある。念仏を回向するというような回向が本願の上に出ているのは、第二十願である。法然上人の『選択集』に、すでに不回向が出ているということは、意味の深いことである。法然上人の教学は自力回向の教学ではないか、と言えそうであるが、そうではない。法然上人の教学には、「凡聖自力の行にあらず。かるがゆえに不回向の行と名づくるなり」ということがあるのである。

『歎異抄』にも、「如来《にょらい》よりたまわりたる信心」（聖典六三九頁）という言葉が、法然上人の言葉として出ている。また不回向を証明するのに、法然上人は善導大師の名号釈を引かれている（真聖全一、九三七頁参照）。だから、そういうことにも深い関係がある。名号釈では、南無というのは、一応は帰命であるが、同時にまた発願回向の義であるとしておられる（「「南無《なむ》」と言うは、すなわちこれ帰命《きみょう》なり、またこれ発願回《ほつがんえ》向《こう》の義なり」〈『教行信証』聖典一七六頁〉）。こういうところを根拠にして、法然上人は不回向の行と言われている。

南無阿弥陀仏という本願の言葉に触れて、発願回向という宗教心に目覚める

我われが念仏を回向するのではない。念仏自身のなかに回向という意味をもっている。念仏を念仏以外の力で回向するのではない。念仏そのものに回向という意味があると、善導大師は名号釈に述べている。法然上人の不回向は、これを手がかりとしている。親鸞聖人が回向を立てられる基になった

のは、さかのぼれば『浄土論』であり、さらにさかのぼれば、『大経』の本願成就の至心回向である。しかし、法然上人の教学と無関係にではなく、法然上人の不回向を通して如来回向を見出してこられたのである。不回向とは、念仏以外の心で念仏を回向する必要はないという意味である。つまり、回向を必要としない。「不回向」の不とは、不要の意味である。不回向の行とは、回向不要の行という意味である。念仏以外の心で回向することを俟たない。

それ自身で回向という意味をもつのが、発願回向である。我われが発願したり回向したりするのではない。発願したり回向したりするのは、念仏にたまわる心であろう。発願したり回向したりすることは、我われの思いから出るのではない。発願回向は、念仏にたまわるのである。念仏は、行者の思いを破る。先にロゴス（言葉）と言ったが、思いを破ったというところに言葉（ロゴス）という意味がある。

「凡聖自力の行」というのは思いに立った行ということである。名号が出てくるのは、思いを破ったという意味である。思いとは主観・客観である。だから思いを破るとは、主観・客観を無条件に超えているということである。主観・客観から到達するのではなく、主観・客観以前から始まっている。思いから始まるのではなく、むしろ思い以前から始まってくるところに、言葉、あるいは表現ということの意味がある。表現の世界の独特の意味がある。主観・客観の立場から、表現の世界は出てこない。

表現の世界は、主観・客観の世界からは出てこない。思いを超えて語りかけられ、語りかけを受けた我われが、初めて思いを超えた心を自分のなかに見出してくる。思いに相談したら、聞くということは成り立たない。独り言があるだけである。いろいろ思いをめぐらすということがあるだけである。名号は思いを超えたところから起こって、思いより深いところを目指して、語りかけてくる。

　名号は我われの思いに語りかけているのではない。もし我われの思いに語りかけているのなら、我われはあらゆる言葉を論理的に解釈することになる。そうではない。言葉は我われの実存に語りかけるものであって、理性に相談しているのではない。

　発願回向の真の意味に注意するために、親鸞聖人は発願回向に「如来《にょらい》すでに発願《ほつがん》して、衆生《しゅじょう》の行《ぎょう》を回施《えせ》したまうの心」（『教行信証』聖典一七七～一七八頁）という注を付けられた。「如来すでに発願して」は、善導大師の言葉を改めたのではなく、善導大師の言わんとされた純粋な意味を見出されたのである。

　発願や回向という言葉は、簡単に言えば宗教心である。発願回向は祈りと言ってもよい。そういうものは人間の心理からは出ない。環境からも遺伝からも本能からも出てこないのが、宗教心である。むろん人間から出てくるのではなく、人間を破って人間の根元からあらわれるものが宗教心である。一般には精神と言ってもよい。精神とはそういうものである。そういうものは意識に覆われている。大地の精神、人間の大地性としての精神である。

　フランクルという精神病理学者が、他の立場から実存分析をやっていて、無意識的精神ということを言っている。精神の故郷は無意識であると言う。それがつまり、精神の大地性であろう。宿業という言葉は、科学的概念に直せば、無意識になるのではないか。心理学的な翻訳を与えれば、である。如来因位という場合の因位とは、無意識である。哲学的に言えば、発願や回向は存在に具わったものということになる。そういうものは、思いに具わったものではない。思いを超えた存在に具わったものである。それが思いを超えて、思いを超えたところに語りかける。南無阿弥陀仏という本願の言葉に触れて、発願回向という宗教心をもつ。南無阿弥陀仏を通して、そういう宗教心に目覚めるわけである。

親鸞聖人は「発願回向」を「如来すでに発願して、衆生の行を回施したまうの心」といただかれた。つまり、発願回向とは大地の心なのである。回向に遇うとは、大地の心に目覚めるということである。そういうわけで親鸞聖人は、法然上人や善導大師からさらにさかのぼって回向を明らかにされたと言えるが、善導大師・法然上人をやめたのではない。やめてはさかのぼれない。さかのぼるとは、くぐるということである。くぐらなければ、さかのぼることはできないし、さかのぼったとは言えない。『浄土論』の回向を何度読んでみても、親鸞聖人の言われる回向がわかるわけではない。親鸞聖人は『論註』によられたと言われるが、『論註』ですら回向が明瞭というわけではない。

『論註』では、回向に二種の相を明らかにされたということがある。還相は薗林遊戯地門であるが、これは回向ではなく回向の結果である。しかし、その回向の結果である回向の果を通して回向の因の意義を見出す。

因から果が出るというが、むしろ果をもって因の意義を明らかにする。薗林遊戯せしめるような意味を、回向に見出してくる。そこに、薗林遊戯とは思いを超えたはたらきであるということが言える。主観を破ったはたらきが薗林遊戯である。薗林遊戯こそが、今日言うところの自由な精神をあらわす言葉と言えよう。責任を荷負し得る精神が、自由な精神なのであろう。

自由こそ精神の本質である。そういう精神の本質をあらわすような言葉が薗林遊戯という言葉である。種々の神通、種々の身、種々の説法、そういうのが薗林遊戯ということである。神通というのはある意味の精神である。精神が自由であるということである。『論註』に「大菩薩《だいぼさつ》、法身の中において、常に三昧《さんまい》にましまして、種種の身、種種の神通《じんずう》、種種の説法を現ずることを示すこと」（『教行信証』聖典二九八頁）と言われている。精神が自由で開放されていることをあらわすのが、薗林遊戯の世界である。

存在の自由をあらわすのが、薗林遊戯である。薗林遊戯するところは生死である。煩悩に遊戯するのである。生死煩悩がある限り、何々からの自由ではなく、何々への自由である。フロム　サムシング（from something）という自由ではなく、トゥー　サムシング（to something）という自由である。薗林遊戯にはそのような意味があり、そこに責任ということがある。何でも思うことをやるのが自由なのではない。煩悩生死にも自由である。

何もない自由ではない。大悲や愛、責任などをもった自由である。空中に雲散霧消するような自由ではない。しかし、そうかと言って、往還二回向は、人間から考えられる回向の行ではない。

如来回向や本願力回向ということが、『論註』の上にはっきり出ているわけではない。二種の回向と言われるが、行者の回向という形をとっている。そういう点が、親鸞聖人が明らかにされた回向からすると、不明瞭である。

回向を二種に分けたということも、『浄土論』にまでさかのぼってみれば、それほど特別なことではない。たとえば、観察も三種に分けてある（聖典一三八頁参照）。だから、曇鸞大師自身としては、回向だけ特別の意味をもつから二種に分けられたわけではない。

しかし、親鸞聖人は回向が二種に分けられたところに深い意味を感じられた。全体を見直してくるような大きな回転《えてん》というような眼、これまでの見方を一変するような意味を、回向が二種に分けられたことに見出してこられた。

いくら『論註』を通して見ても、回向は人間の回向ではなく如来回向なのだということは出てこない。『浄土論』よりさらに根本の『大経』についてでも、回向を人間の回向と理解して「至心に回向して」と読むのが、文法上から言っても本当である。

如来から回向されたという自覚が、如来より回向された

「至心に回向したまえり」と読むことは、文法上は無理なことである。「たまえり」などということを加えて読む発想は、曇鸞大師にもない。曇鸞大師はたしかに回向を二種に分けられたが、回向が如来の回向であると言い切ったわけではない。しかし、回向を二種に分けられたところに、そう言い切ったのと同じ意味を、親鸞聖人は見ておられるのである。親鸞聖人は言い切って読まれたが、親鸞聖

人が言い切って読むことができたのは、『論註』によるのだという。『論註』によって、『論註』の言わんとするところを明らかにされたのである。

そのように、善導大師、法然上人にさかのぼっても、如来の回向が直接出てくるのではない。やはり、最後は親鸞聖人の感得によるのである。曇鸞大師の文章や善導大師の文章、法然上人の文章を通したりはしても、あるいは『大経』を通しても、感得なしにただ文章から出てくるわけではないのである。この文章からあの文章へというような話ではない。感得と言っても、神秘的ということではない。根元的直覚である。親鸞聖人ご自身の回心である。回向の意味を見出したのは、回心であろう。このような意味があるのだと思う。

法然上人の場合でも、相対は五つあり、回向不回向対だけが相対ではなく、いろいろな相対がある。法然上人も、深く善導大師の解釈を通して、五つの相対を明らかにされた。特に回向不回向対だけが大事であるとは言っておられない。

親鸞聖人からすれば、曇鸞大師が往還二回向を明らかにされたのは、回向の概念ではなく、回向そのものを明らかにされたのだということになる。そもそも回向を考える立場が違う。我われが考えていく立場、人間という立場から如来を考えるのではなく、如来から人間を考えてくるような立場を、親鸞聖人は言われるのである。法然上人が回向不回向対を言われたのは、不回向は、我われのする回向が無用である、我われの回向は必要でない、ということを明らかにするために言われたのである。

法然上人の場合、それが如来回向だとまでは言っておられないが、ほとんど言ってあるに等しい。

我われの回向は不要であると言われているのは、如来の回向ということが言ってあるに等しい。如来の回向がなければ、不回向とは言えない。無回向になってしまう。そこに、如来回向と言われたに等しい意味がある。それを、不回向すなわち如来回向と言い切ったのは、親鸞聖人である。

そのような点から言えば、如来回向ということは、三国の高僧にも『大経』にさえもないわけである。如来回向は、根本直覚ということではないか。しかも、伝承を通してたまわった自覚である。回向という自覚が、回向されたのである。回向というのは、むしろ自分が自分自身を自覚するということ、自己が自己によって自己ではなく、自己は如来によって自己であるということを自己が知ることである。それが回向ということである。まことに大きな自覚である。

その自覚は超越的自覚である。自己をやめたのではない。自己において自己の根元に由来した自己である。ものがもの自身の由来を自覚した、ものがもの自身の背景を自覚した、そういう自覚である。法然上人においては、選択については、はっきりしている。しかし、さらに親鸞聖人は、如来が念仏を選択し、その念仏をもって如来自身を我われに回向されたと言われる。信心を回向されたということを言われたわけである。

法然上人は、初めて本願に選択という意義を明瞭にされた。それが選択本願である。「選択《せんじゃく》本願《ほんがん》は浄土真宗《じょうどしんしゅう》なり」（『末燈鈔』聖典六〇一頁）。「如来の本願を説きて、経の宗致《しゅうち》とす」（『教行信証』聖典一五二頁）。宗はセクトという意味ではない。選択本願は存在の意欲と言ってもよいが、仏教の言葉では法性の意欲である。

法性の意欲と言っても、法性自身には意欲がない。だから、法性の意欲とは、法性に目覚めた自覚をもって法性自身を言い当てて、そう言うのである。我われが存在に目覚めるのは、存在自身の本願によるのだと言うのである。本願は人間を超えているが、人間がなければ本願ということも言えない。如と言うより仕方がない。

実存が実存たらしめていることを、実存の自覚を通して選択本願と言い当てた。存在に目覚めなければ、選択本願という言葉があるはずがない。本願に選択という言葉が用いられているのは、漠然とした本願を限定してくる意味がある。

本願に目覚めた人がなければ、本願に目覚めるということも言えない

「正信偈」に「五劫思惟」（聖典二〇四頁）という言葉が出てくるが、この思惟のはたらきが選択である。本願が本願自身を思惟し、念仏にまで自己を具体化する。自己が自己を選択する自由を、自己はもつ。それが自己ということである。

他から決められるのではなく、自らを自らにより選び取る。これが意志ということである。そういう意志の自由が、実存の本質である。選択本願をビジョンとしてあらわせば、法蔵菩薩になる。法蔵菩薩は実存の原形である。今日、仏教の現代的意義や深い意義を明らかにするとき、人間をどう考えているかということが大切である。

仏教において人間を考える場合、実存を考えているのではないか。法蔵菩薩が人間の本質であるこ

とを、親鸞の教学は明らかにしてきたのである。そういうことでなければ、現代的意義は出てこない。漠然としていた本願の意味が、選択という言葉によって明瞭になった。選択とは思惟のはたらきである。本願が五劫思惟の願として明らかになり、本願が念仏として具体化された。つまり念仏というのは、存在が実存をもって存在自身を限定したのである。

実存の側から実存の根元である本願に近づいていくという面と、本願が自己自身を限定してくる面との二面がある。『歎異抄』は実存の側から本願を語っている。『観経』も「実存から存在へ」である。『観経』は我われを真実に目覚めさせるために、方便真実という教説が立てられてくる。実存から存在へという方向、その方向のために方便真実の教を立てられたのが、『観経』である。それに対して『大経』は存在から実存へという方向であり、その方向のために真実方便の願を立てられた。このように、方便真実という順序と真実方便という順序とが成り立つ。我われからの順序から言えば方便真実であるが、存在そのものの秩序から言えば真実方便である。そういうことが総じて、この源空章の後半の二行に出ている。

「還来生死輪転家」は、本願ということをあらわしているが、漠然とした本願ではなく、選択本願である。選択本願とは、念仏である。本願が単純簡明な形にまで自己を限定してきた。存在を仏教の言葉で言えば法性、離言の法性と言う。存在とは、龍樹菩薩が語っているように、有にあらず無にあらずである。存在ということは、言ってみようがない。つまり、ありのままということが存在である。ものがものとしてもののごとくあるということである。

だから、アリストテレスも「それ」というのは定義不可能なものであると言う。定義することができないものということは、一般者の限定を超えたものということである。つまり主語となって客語とならないということである。主語と客語とをもって限定するのが判断というように言われている。そういうものが個物である。

ところが本願とはなんぞやと定義しようとすれば、本願以外のものから定義するより仕方がない。西田哲学などでも、主語となって客語とならないものが「それ」と言われるには、やはり判断がなければならないという。存在そのもの、ありのままということだけでは、「それ」ということさえも言えないではないか。

如そのものは非安立だが、如という言葉は安立である。如そのものは非安立だが、それでは如とも言えない。如という限りは安立だと言う。だから如ということを『浄土論』では「一法句《いっぽっく》」（聖典一四二頁）とあらわす。法には違いないが、やはり句である。第四勝義（勝義勝義）は非安立。第三勝義（証得勝義）は安立。勝義諦のなかに四つの勝義諦を立てる（「然勝義諦。略有四種。一世間勝義。謂蘊処界等。二道理勝義。謂苦等四諦。三証得勝義。謂二空真如。四勝義勝義。謂一真法界」（『成唯識論』大正三一、四八頁ａ））。最後の第四勝義諦はいかなるものにおいても世俗諦が入らないものである。第三勝義諦は世俗諦であらわされた勝義諦である。苦であらわされた苦でないもの、苦によって苦でないものをあらわした。そういうことが言われなければならない。

いかなる一般者も包まないのなら、「それ」とも言えない。「それ」と言えるのは何かという問題になると、面倒になってくる。西田哲学では、無の一般者ということを考えなければならない。そうしなければ、「親鸞一人がため」というような、実存を明らかにする立場、人間の実存として成り立つ立場が出てこない。だから、存在を無の一般者としてあらわすのである。

無の一般者ということもやはり、自覚した人が言うのである。そうでなければ、本願ということも言えない。本願に目覚めた人がなければ、本願に目覚めるということも言えない。名号は、人間を超えたものが人間のために自己自身を限定した形なのである。それが、つまり念仏である。我われは未完成だから簡単になれない。もし我われが完成していたら、もっと簡単になれるのではないか。ゴチャゴチャ言わなければならないのは、完成しない証拠であると思う。

しかし、我われはどこかで、簡単であることを本能的には知っているのである。無分別智で知っているのである。その無分別智で知っていることを、分別を通して具体化するために、こういうことを言わなければならないのであろう。

誰もが本能的に知っていること、無分別智で知っていることが離言の法性である。そういうものにかえる。悟った人だけが知っているのではないし、誰のものでもない。特定の人にしかないものなら、ドグマになってしまう。ドグマは人間を解放せずに、かえって人間を閉ざしてしまう。

念仏という、最も単純明瞭という形にまで本願が自己を開示してきた。だから、裸の念仏と言っても良いような、そういうものに触れて、人間が裸になる。裸でやってきたものに触れて、我われが裸にかえるのである。

第十九願には、深心に当たる心がない

初めの二行では、選択本願を明らかにした『選択集』の思想的事業を総じてあらわされた。後の二行「還来生死輪転家　決以疑情為所止　速入寂静無為楽　必以信心為能入」は要点である。これは三心章によっている。むろん三心章は善導大師の三心釈をその内容としているが、しかしそこでは法然上人自身は、二行章のように私釈を加えることをされていない。結論のところに、善導大師の三心釈の一つの了解としてのこの言葉が出ている（「生死の家には疑をもって所止となし、涅槃の城には信をもって能入となす」〈真聖全一、九六七頁〉）。

三心釈とは、つまり二種深信である。第一の至誠心とは、至誠をもって行じるというのだから、行に対する態度であろう。そして、行じた結果を発願回向するのである。

純粋に信心をあらわすのは、第二の深心である。善導大師は深く信ずる心、信ずるという言葉を加えて「深信の心」と言っておられるが、信ずるということは、本願の「信楽」を通して解釈されたのである（聖典二二五頁参照）。

ところで、もともと『観経』に説かれている三心は、定散二善を前提としているから、定散二善に通ずるような意味がある。そういうところから、親鸞聖人の教学では、三心は第十九願である。『観経』の教説の原理を、四十八願の上にその原理を求めるならば、第十九願である。第十九願は修諸功徳の願であり、修諸功徳を『観経』では二善とあらわしてある。

しかしながら、三心（至誠心・深心・回向発願心）を完全に第十九願だと言ってしまうと、そこには大

きな問題がある。第十九願において、行は修諸功徳だが、行に対する信は至心発願欲生である。もし三心が至心発願欲生に当たるなら、至心は第一の至誠心、発願は第三の回向発願心である。しかし、第十九願の三心には第二の深心に当たる心がない。それが大変大きな問題である。

　第十九願には至心発願欲生、第二十願には至心回向欲生となっている。しかし本来、発願と回向とは、離すことができない概念である。『浄土論』でも、回向門を明らかにするときに、「いかんが回向する。一切苦悩《くのう》の衆生《しゅじょう》を捨てずして、心に常に作願す、回向《えこう》を首として大悲心を成就することを得たまえるがゆえに」（聖典一三九頁）とある。作願、回向となっている。作願というのは発作するということだから、発願とほぼ意味は同じである。『浄土論』にかえってみても、作願回向、発願回向と言ってあり、発願と回向は離れていない。名号釈でも、「『南無《なむ》』と言うは、すなわちこれ帰命《きみょう》なり、またこれ発願回向《ほつがんえこう》の義なり」（『教行信証』聖典一七六頁）と、ここでも「発願回向」と続けて言ってある。『観経』では「回向発願」（聖典一一二頁）、名号釈では「発願回向」である。このように発願という概念と回向という概念とは決して離すことができないはずである。第十九願でも、発願と言えば、次に回向を呼び起こしてくるし、第二十願では、回向と言えば発願を前提としている。ただ重点が発願に置かれているか、回向に置かれているかの違いがあるだけであろう。回向と言っても、発願抜きでただ回向だけということはない。発願回向における回向に重点が置かれているのであろう。

　至誠心をもって行じたその行により勝ち取られた善根を、発願して回向する。回向には、何かをどこかへ回向するということがなければならない。行の結果を回向する。行によって勝ち取られた善根を回向する。どこに回向するかと言うと、発願の方向に回向するわけである。

行は、今の場合は定散二善である。学問的思惟、あるいは思惟行が定善である。定善は、特定の態度が必要な行である。散心ではできない。定心という特別な心によって行ぜられる行である。つまり、学問でも芸術でも、研究室やアトリエという場所がなくてはできない行である。それに対して、暑いとか寒いとかと言っている日常的意識により行じられるものが、散善である。散善というのは散心によって、日常的意識によって行ぜられるような善である。定心と言えば、特定の意識状態を前提としなければ成り立たないような、日常生活を括弧に入れた意識状態をもってできるのが定善である。『観経』に「教我思惟」（聖典九三頁）と言ってあるが、その思惟が定善である。定善は一応、散善より高い位に置かれている。

『観経』の定善は、韋提の「教我思惟」という要求により説かれた教説である。善導大師は、散善は韋提の求めないところであり、散善は釈迦の自説とされている。韋提は散善を求めたわけではない。定善を求めたというのが、善導大師の解釈である（「定善の一門は韋提の致請にして、散善の一門はこれ仏の自説なり」〈真聖全一、四四六頁〉）。思惟がそのまま学問というわけではないが、たとえば学問と道徳というのが定善と散善である。そういうものは、必ずしも我われを救うものではない。宗教的な意味をもったものではない。学問は学問のためにあり、道徳は道徳のためにあるもので、宗教のためにあるのではない。人間の救いというようなことには関係ない状態である。

定散二善と言うが、善はヴェルト（Wert）、価値である。善と言うと、普通は道徳的価値をあらわすが、学問的な意味も広く含んでいる。つまり善とは、価値概念であって、必ずしも宗教に関係がない。学問は人間が救われるためにあるものではない。真に人間が人間であるためにあるものが、学問や道徳というものである。むろん宗教も、究極は人間のためのものである。しかしながら、普通の価値意識から人間を見れば、人間は幼いか、あるいは野蛮であったり、愚かな存在である。

ところが、宗教意識から人間を見れば、人間は悲惨なものである。単に野蛮な、あるいは愚かなものでもない。悲惨なものである。人間は、自己を否定することにより、初めて自己となる。究極は人間のためということはあっても、人間を否定するそういう否定媒介を人間がもつことにより、初めて世界が二つになる。

異質なものに触れるということが、宗教的意識である。そうすると、価値概念が発願という宗教的要求になる。つまり、それは人間からの解脱である。人間が人間から解脱するという要求に立つと、価値概念が宗教的要求をもってくる。価値の意味が変わる。価値転換である。発願回向とは価値転換を言うのである。発願という宗教的要求に立つと、本来は本願にあらざる、行の価値であるような定散二善が、宗教的価値に変わる。浄土の要門というのが価値転換である。それに対して念仏は、人間を人間から解脱せしめて成就する、宗教の意味をもった行である。念仏は、本願の成就である。しかし定散二善は、本願の成就ではない。それが発願という宗教的要求により価値転換が行われるのである。それが発願回向という概念である。

第十九願の「発願」と第二十願の「回向」を一緒にして、『観経』の「回向発願心」ができているのではないか。回向発願心というように、回向と発願とは分かれないものである。『観経』の三心は定散二善に通ずる意味をもっている。しかし、通ずるならば『観経』の至誠心・深心・回向発願心は、至心・発願・欲生に当たらなければならない。しかし、そこで問題になるのは、第十九願の三心には深心がないことである。

至心は第一の至誠心、発願は第三の回向発願心である。だが、第十九願には第二の深心がない。深心というものはどこから出てきたのか。そう考えるとき、「深」という言葉に親鸞聖人は非常に深い意味を見られた。自分が深いと思うような深さではない。どこまでいったら深いのかを親鸞聖人は考えられた。だから、「七深信《しちじんしん》」「六決定《けつじょう》」(『愚禿鈔』聖典四四〇頁)ということがあって、七度深信ということを繰り返されているのである。七度も繰り返せば、ようやく思い当たるであろう。

深心とは如来の心であり、如来の心を人間に開くのが信心

深心、深い心は甚深広大の心である。甚深広大は法性(dharmatā)をあらわす概念である。法性心(dharmatā-citta)という言葉もある。法性心は、如来心である。

人間にも深い心があるのではない。人間という意識の立場においては、深い、あるいは広いということも成り立たない。深心は仏教の言葉だが、もっと広く言えば、主観が破られた心である。主観の上に、深い、広いは成り立つはずがない。深心は、主観を絶滅した心である。「如来の智慧《ちえ》海は、深《じん》広《こう》にして涯底《がいてい》なし」(『大経』聖典五〇頁)と言われているように、無涯無底である。如来の智慧海とは、

如来心である。深心ということを厳密に言うならば、そう言わなければならない。人間でも深めようと思えば深くなる、というものではない。人間が深くなれば、主観が破られなければならない。主観を破られると意識がなくなるかというと、そうではない。

仏教学は本当の意味の心の教学だと思う。間違いやすいのは、心と言うと、すぐ主観だと思う癖がついているからである。心の教学と言えば観念論などに間違われやすいが、そうではない。

仏教では、心も意も識も同義語である。西洋哲学では、心は意識と違う形而上学的含蓄を含み得るものとなっている。心は不滅であるという。カントが不滅ということを論証しているように、心という概念は形而上学的な意味をもつ。

意識は経験の領域にあるものであるが、心は経験を超えているかのようにとらえられやすい。識という概念より心という概念のほうが高いように思われがちであるが、そうではない。仏教では、心も意も識も同じである。信心も特別な心ではなく、普通の意識である。そういうことが大事なことである。心と言っても、形而上的な意味をもつわけではない。やはり普通の心である。

信心も、我われにまったく経験されないことを言っているのではなく、人間の経験の一つに他ならない。問題は、意識というものには無限の段階があるということである。心にも、真理に目覚めた心もあれば、真理を失って固執しているような心もある。

執は、主観に止まった心である。宗教心とは、自己を破った心である。しかし自己を破るとは、無意識になることではない。人間を破ったということは、意識がなくなることではなく、一層深い意識である。破ったということもなお言えるのであるから、言える限りは意識がなくてはならない。甚深広大と言えるのは、主観を破った意識なのである。

唯識教学では、転識得智、識を転じて智を得ると言う。識が転じられて智になったということは、識をやめて智になったということではない。智と結合して起こる意識になったのである。執と結合して起こる識が回転され、智と結合する識となった。意識の回転である。転識得智ということは、そういうことである。

意識がなくなって智というものが入ってきたというのなら、それはインスピレーションであって、それでは、自覚にはならない。天下りのものになる。識が智になると言っても、意識がなくなるのではない。執に覆われていた識が転じられて、目覚めた意識になる。それは、主観を破った意識である。主観を破ったら、意識がなくなりはしないかと思うかも知れないが、そういうことはない。

そういうような意味で、心ということはつかまえにくい。心と言うと主観だと言うし、心をやめると言うと、形而上学的なものを考える。今日のように客観や科学を重視する時代になると、早合点して、心について考えることがなくなる。心などと言っていると、時代遅れだと言われるような具合であるが、そうではない。心というものを深く考えるということは、大変意味のあることである。

仏教学は心の教学、すなわち自覚の教学とも言える。自覚の智とはそのまま、ありのままを知ったということである。今日、客観的であることが、ありのままというように思われているようだが、それは大きな独断ではないか。客観的であることはありのままの一面に過ぎない。ありのままを客観的にうつしただけで、客観であることがありのままなのではない。ありのままというのは、客観的でも主観的でもない。ありのままは、如（tathatā）である。存在の存在性が、ありのままということである。

深心は如来の心だが、如来の心を人間に開くという場合に、信心となる。如来の智慧を如来でない者に開くとき、信という形をとってくる。それを信心と言う。如来を如来でないあらゆる人間に開放したのが、信心である。

如来の智慧は、証と言ったらよい。ありのままというものは、考えるものではない。証されるものである。客観的に対象化されるものではなく、ありのままは、直接証されるものである。存在そのものを、思惟の対象として考えることはできない。考えられたのは、存在者である。存在そのものは、アインハイト（Einheit）、つまりあること自体である。あること自体は、あること自体というより他ない。

あること自体は、何かではない。何かであると言ったら、もうすでに対象化されている。心理学の対象や物理学の対象、生理学の対象など、そういう対象となり知識となる。しかし、あること自体はあること自体というより他はなく、そういう具合に証されるものである。それを開いてくるのが宗教意識である。だから、私は価値ということをあまり用いない。価値ということは、人間臭い。

価値でなく意味、ジン（Sinn）を用いる。いかに価値を失った人間でも、生きている限り生きているという意味がある。生きていること、それは存在の意味である。あること自体を対象化して言えるものなら、こうだと言えるが、そういうわけにはいかない。意味は、意味を得た人にのみある。あるということのなかに甚深広大な意味が見出される。これは言ってみようがない。あることに落ち着いた人にのみ、あることの意味が見出される。それは、偉いものではない。あるということのなかに、無限に意味がある。それを見出すのは、あることになった人である。

「ありのまま」という日本語の「あり」は存在、存在そのものである。存在が存在である限りの存在である。「ありのまま」とは、あるものがあるものに落ち着いたことである。落ち着けずに仕方なしに我慢しているのではない。外に求めていた価値の幻惑から解かれ、そして意味を見出す。なぜ意味がわからないかと言えば、価値に幻惑されているからである。そういうことが、宗教意識というものだと思う。

甚深広大とは、そのように法性をあらわすのである。法性とは、存在の意味をあらわす言葉である。意味はむしろ、無価値と言ってもよい。無功徳と達磨が言ったように、Sinnを無価値と言ってもよい。証というものは、証した者にのみある。証という人間を超えたものを、人間の意識の上に与える場合に、信という形で与える。信は証の初めである。深心とは、深く信ずる心であり、信ずるというところに、存在の深い意味の智慧が、信という形で公開されるのである。

深いということは、存在の深みである。存在の深みは意識を超えたものである。その意識を超えた存在の深みが意識の上に置かれるのが、信心の意識である。意識を超えたものが意識されるのである。それが信心の意識であると、言えるのではないか。

そのように、深心はとても大事なものである。人間も、努力すれば深くなるというものではない。人間はいかに努力しても浅い。努力のしようによっては深くもなり浅くもなるというものではない。主観は本来、浅いものである。主観は、目隠しして閉じこもっている。閉鎖している。その主観の底を破ったとき、初めて深みに触れる。深いということに触れれば広くなる。広いものは必ずしも深いとは言えないかも知れないが、深いものは必ず広い。広いから深いという証明はないが、深ければ必ず広い。自己を破ることが深さに達するということである。自己を破れば、世界は自己の内にある。身に満ちている。自己を破れば、世界は自己の内にあるのである。

善導大師の深心釈のなかに「疑いなく慮りなく」という言葉がある意味

深く信ずる心とは、なかなか意味の深い言葉である。信心の智慧とは深く信ずる心であり、信心という意識において意識を超えた智慧である。深く信ずるとは存在の深みに触れるということ、存在の意味が開かれるという意味である。こういう大切な概念を、『観経』の教説がもっている。『観経』の三心が重要な意味をもっているのは、深心があるからである。

深心は『観経』の三心の一つだから第十九願になるが、第十九願ならば深いということは言えない。第十九願なら底がある。底がある第十九願の位の『観経』に、底のない深さが出ている。その深はどこから来たかというと、第十八願しかない。第十八願の信楽である。だから『観経』は、位は第十九願であるが、しかしそうかと言ってまったく第十九願というのではない。第十九願のなかにあるけれども、第十九願を超えたものがそこに開いている。

そういうことがあるから、親鸞聖人は「顕彰《けんしょう》隠密《おんみつ》の義あり」（『教行信証』聖典三三一頁）と言われる。つまり、経文が立体的であると言われている。第十九願は第十九願、第十八願は第十八願と、別々のものと割り切ることはできない。「信楽」は第十八願にあるから、第十九願には関係ないと割り切ることはできない。また、「深心」は『観経』の三心の一つだから、第十八願には関係ないと割り切ることはできない。『観経』の三心の一つでも、深心だけは定散二善を超えている意味がある。

深心は、深く信ずる心である。深信は、二種に開いてある。七深信の第一深信が、自己を深く信ずる機の深信であり、後の六つは法の深信である。七深信と言うけれども、初めの一つだけが自身を信ずると言ってある。後は法を信ずると言われている。本来信心とは、法を信ずるというのが普通であろう。天親菩薩が一心と言われたのは、法を信ずる心である。

しかし法を信じると言っても、法と一つになれないという問題がある。法を信じないというのではない。二なのである。法を信じているのだけれども、法と自分と一つになれない。

たとえば、自動車に乗ってはいるのだけれども、自動車と一つになれないということがある。自動車に乗りながら、衝突しないかと心配するわけである。自動車に乗って、自動車を疑う。紙一重《かみひとえ》というのは、そういうことを言うのである。慮りなく自己をあずけることができないのは、私をもっているからではないか。自動車に乗らずに歩けば、怪我をせずに行けると思う私があるからである。だから、乗って損したということになる。歩いたら行くことができないとなって、初めて乗るのである。

自動車に乗るにも大変なことである。

たとえば汽車に乗る場合もそうであろう。歩いて東京まで行けば、怪我なしに行けたということがあると、汽車に乗っても二つになる。汽車に乗るのも、二種深信がなければ乗れないということになる。実際そのようなものかも知れない。

信ずるということでも、如来を信ずる、あるいは本願を信ずるという大げさなことを持ち出さなくても、普段の生活のなかで、人を信ずるということも、二種深信がないとできないのではないか。裏切られた、飼い犬に手をかまれた、こんなやつとは思わなかったと言い出すのは、二種深信なしに人を信じていたからではないか。二種深信がなければ、人を信ずるということもできないのではないか。「たとい、法然聖人《ほうねんしょうにん》にすかされまいらせて、念仏して地獄《じごく》におちたりとも、さらに後悔《こうかい》すべからずそうろう」（『歎異抄』聖典六二七頁）というところに、本当に人を信ずることができるのである。ということはつまり、人を信ずるにも二種深信がなければならないということである。法の深信に無疑無慮になれないのは、自分に対して無疑無慮になっていないからである。自分の思いで法に乗ると、その思いがいつまでも一重の紙となる。思いで隔てられる。その場合、思いが思いを知らされなければならないのだが、思いにとって一番わからないのが、思い自身である。

思いぐらいは自分の思い通りになると思うのは、思いを知らないのである。思いにとって一番わからないのが、思い自身である。思いは思いだと知る。思いが思いに過ぎなかったことを知らされる。それを、主観を破ると言うのである。そこに初めて、思いを超えた世界が出てくる。それは客観というものではなく、法であろう。主観を破って、法に慮りなく自己を托す。法の深信からさらに機の深信を開く。思いの破れた心の上に法が開かれる。我われの上に自己を開くと言ってもよい。無慮になった心に、真理は開かれるのである。

善導大師の深心釈（法の深信）のなかに「疑いなく慮《おもんぱか》りなくかの願力に乗じて」（『教行信証』聖典二一五頁）という言葉があるのは、この意味である。さらに「自身は現にこれ罪悪生死《ざいあくしょうじ》の凡夫《ぼんぶ》」（同頁）とある。身というのは、体をあらわす概念である。身体や自身という言葉も出されている。

思いが思いを思い知ることが、思いを破ること

身はカーヤ（kāya）である。日本語で身は自己である。善導大師が言われる「自身」を、清沢満之は「自己トハ何ソヤ　是レ人世ノ根本的問題ナリ　自己トハ他ナシ」（岩波書店『清沢満之全集』第八巻「臘扇記」、三六三頁）と、「自己」という言葉で言われる。思いの他に、流転している自己があるのではない。流転しているのが、自己そのものである。思いをもっている背後に自己があるわけではない。

自己には思いの部分も思いでない部分もある、というのではなく、思いが自己自身だということである。思いによって曠劫より流転している、その他に自己はない。思いが思いを知るということが、主観が破られるということである。これは唯識の言葉で言うならば、能取と所取の二取を離れるということである。主観が破られるということは、二取から離れるということである。二取が破られるとは、二取をやめるのではなく、捨てることである。捨てるというのは、知ることである。知るという

ことの他に、捨てる方法はない。思いを思いと知ることである。思いを思いと知ることが、思いを破ることである。思いが破れたところが、思いを超えた世界、つまり法の世界である。

思いで法に乗ると、その思いが障《さ》える。思いが一重の紙となって障える。本願を思ってみても、本願というものを思う思いは、本願を思わない思いと同じことになる。本願でないものも思いであるし、本願も思いとなる。

いかなるものを分別しようとも、すべて分別されたものに過ぎないということである。本願を思う分別が本願を思わない分別より上等だということではない。本願を思うような思いは特別な思いだ、泥棒の思う思いとは格がだいぶ上だと考えるけれども、そうではない。いかなるものを思おうとも、思いに過ぎない。思いを思いと知るということ以外に、思いを超えることはできない。知ると言っても、対象化して知るのではない。対象化して知るということになると、破れない。知ること自身を知る。つまりそれが自覚である。

思いを自覚すること以外に、思いを捨てることはない。そして思いを離れられないのが人間である。どんな思いも思いに過ぎないのであって、そうではないかも知れないということがない。決定的なものではないか。そこに初めて、自己を深信するということが成り立つのではないか。他人の忠告を受けて、考え直してみる必要のないもの。何を思っても思いに過ぎないということだけは、人からいくら言われても動かない。金剛堅固とはそういうことである。明証、エヴィデンツ（Evidenz）である。

二種深信の「無疑無慮」ということから、法然上人がなされた信疑決判という問題も出てくる。

「還来生死輪転家　決以疑情為所止　速入寂静無為楽　必以信心為能入」では、疑いを戒めて信を勧めてある。このようなことは二種深信のなかにないようだが、二種深信に「無疑無慮」ということがあって、こういう了解が生まれてくるのである。二種深信というのは、信心そのものの構造である。「総序」に「たまたま行信《ぎょうしん》を獲《え》ば、遠く宿縁を慶《よろこ》べ。もしまたこのたび疑網《ぎもう》に覆蔽《ふへい》せられば、かえってまた曠劫《こうごう》を径歴《きょうりゃく》せん」（『教行信証』一四九〜一五〇頁）と出ている。ここにも、疑いを戒めて信を勧めてある。運命を決するのは、信か疑かである。信心は二種深信だが、その信心が要点だということを言う場合に、このような形になる。それは、二種深信のなかの「無疑無慮」から出てくる。信心を要となす。要点をあらわす言葉ではないかと思う。

主観の心理は疑惑であり、信は主観を破った存在の智慧である

「決するに疑情をもって所止とす。速やかに寂静無為の楽に入ることは、必ず信心をもって能入とす」。信心について能入と言うなら、疑情は能止と言わなければならない。疑いが生死に止《とど》めるからである。疑情をもって能止となすと言わなければならない。能止とすべきなのに、なぜ所止となっているのか。ここには、そういう問題があるのではないか。

行と信の場合にも同様の問題がある。所行能信という場合でも、所行があるなら能行がある、能信があれば所信がある、などということになり、宗学みたいなことになってくる。信には所信はなく、能信だけである。そして、行には能行はない。所行があるだけである。能行を言いたければ、能信が

能行であると言うしかない。

信ずるということは、我信ずるということである。真宗の人は他力の癖がついているものだから、信ぜしめられるというような言い方をするが、そのように遠慮する必要はない。「我信ずる」と言えばよい。「我信ずる」のが回向である。「我信ずる」なら自力ではないか、自ら信ぜしめられるのが他力だろうと、そのように言いたいかも知れないが、そうではない。「我信ずる」のが、他力回向である。それでこそ初めて光るのである。所行により能信が成り立つのである。

このように、能所は必ずしも対をなしているとは言えない。しかし私は、疑は所止、信は能入という場合の能所についてこのように考える。能とは「能令速満足」（『浄土論』聖典一三七頁）の能であり、絶対積極性をもった概念である。それから、「他利利他の深義《じんぎ》」（『教行信証』聖典二九八頁）から言っても、「能《よ》く」は如来だけに使える。我われから言えば他利と言うより他はないが、利他は如来のみが「能く」利するのである（同一九四頁参照）。

能は、そのように絶対積極性をあらわす。信と疑は、同格で半分半分というようなものではない。疑のほうは妄想であり、主観のなかにある意識である。主観の心理は疑惑であるが、信は主観を破った存在の智慧である。だから疑と同格というわけにはいかない。信と疑では相撲にならないということであろう。だから所と言ってあるのではないか。

『歎異抄』第九条には「よろこぶべきこころをおさえて、よろこばせざるは、煩悩《ぼんのう》の所為《しょい》なり」（聖典六二九頁）とある。煩悩の所為だと知る智慧が信心であり、それは煩悩と争うものではない。煩悩と矛盾しない心が信心である。歓喜しないのは大変だ、信心がなくなったのではないか、と心配するようなことではなく、それは煩悩の所為に過ぎないという言い方である。

「煩悩の所為なり」という場合の「所」の使い方と、「疑情をもって所止とす」という場合の「所」の使い方とは、同じではないか。情はいい意味で使われる場合もあるが、情に疑は属するものである。信は心と言ってある。これは、言葉のあやというだけのものではない。

繰り返しになるが、情は情識と言う。唯識では情識とは外境に似て現ずる識、妄情に覆われている識を言う。智に相応するような識を、信と言う。信は智慧に属するが、疑は妄情、つまり主観の意識に属するものである。信心は主観を破った智慧に属するものである。信と疑は、まったく同格ではない。

生死輪転の家に還来する、涅槃の楽に入るというのは、自覚的意味を言う。自分の意識により、生死の世界を作っているに過ぎない。二種深信のなかに無疑無慮ということがあるが、その了解として、信疑決判が出ている。信疑決判は信心の重要性、信心を要とするということをあらわす言葉である。

「恭敬」の「恭」は機の深信、「敬」は法の深信によって成り立つ

二種深信は、信心そのものである。そういう二種深信の信こそ要である。念仏の要は信心にある。あるいは、本願の要は信心にある。源空章の後半の二行は、その要点を明らかにされた言葉である。最後にこういうことを出されたのには、伏線があると思う。伏線は龍樹菩薩から始まっている。

親鸞聖人は「正信偈」を作られた後に「文類偈」を作られたと思われるが、その「文類偈」を見てみると、龍樹菩薩以外の六人の高僧のところはあまり変わらないが、龍樹菩薩のところはだいぶ変わっている。

「正信偈」では、「憶念弥陀仏本願　自然即時入必定（弥陀仏の本願を憶念《おくねん》すれば、自然《じねん》に即《そく》の時、必定《ひつじょう》に入《い》る）」（聖典二〇五頁）が「信楽易行水道楽（易行《いぎょう》の水道、楽しきことを信楽《しんぎょう》せしむ）」（同頁）の内容である。これは「易行品」の阿弥陀仏を説いたところ（弥陀章）に出ている偈文によっている。阿弥陀仏のところには、特別の偈文が作られている。親鸞聖人はそこを、龍樹菩薩が自らの信仰を述べられたところ、易行の信楽の表白として見られたのである。そこには、「我」という字が一行一行に使ってあり、天親菩薩の「願生偈」のようなものなのである（『教行信証』聖典一六六頁参照）。

ところが、『浄土文類聚鈔』（以降、『略文類』と略）では「応以恭敬心執持、称名号疾得不退。信心清浄即見仏（恭敬心《くぎょうしん》をもって執持《しゅうじ》して、名号を称して疾《と》く不退を得《う》べし。信心清浄《しんじんしょうじょう》なればすなわち仏を見たてまつる）」（聖典四一二頁）と変えてある。「不退」までは十仏章の言葉であり（『教行信証』聖典一六五頁参照）、「信心」以下は弥陀章の言葉である（同一六六頁参照）。ここで私が指摘したいのは、信心がはっきり出してある点が、「正信偈」の場合と『略文類』の場合と違うことである。

「信心清浄なればすなわち仏を見たてまつる」というようなことは、弥陀章の偈文の言葉である。それが、「正信偈」の場合は、弥陀章によりつつ、こういう語が使われていない。『略文類』のほうに使ってある。そしてかえって十仏章の言葉が用いてある。『略文類』では「恭敬心」というように、信心を表面にあらわしてある。これなど何でもないようなことだが面白い。恭敬の心とは尊敬する心、人を敬う心である。信心とは非常に深い心、主観を破った心だという一面とともに、信心がなければ人も信ずることができないという面が、あらわれている。

信心は主観を破った心であるけれども、特別な心ではない。むしろ、最も人間らしい心である。つまり恭敬の心、人を敬愛する心である。それが、こういう形で出ているのが面白い。恭敬というのも、そんなところに理屈をつける必要がないかも知れないが、恭敬の恭は機の深信、敬は法の深信によって成り立つ、ということが言えるだろう。二種深信がなければ、恭敬の心は成り立たない。恭敬の心とは、非常に広い概念である。特別な概念ではなく、ある意味でヒューマニティをあらわす言葉である。それが信心により、かえって本当の意味の人間らしさという心が成り立つ。こういう点も面白いことである。

恭敬の心はやがて信心である。龍樹菩薩に「もし人《ひと》、善根《ぜんこん》を種《う》えて、疑えばすなわち華《はな》開けず。信《しん》心清《じんしょう》浄《じょう》なる者は、華《はな》開けてすなわち仏を見たてまつる」(『教行信証』聖典一六六頁)という言葉がある。そこに「疑えばすなわち華開けず」ということから見ても、信心は開くという意味をもっている。疑いは覆っている。覆われたものが開かれた、公開された、主観を破ったということがそこに出ている。信心は閉ざされた心ではない。一方、疑いは閉ざされた心である。信心は開けた心であるから、「信心清浄なれば、華開けてすなわち仏を見たてまつる」のである。こういう大事な言葉が「易行品」の弥陀章にあるのだが、それは「正信偈」には引かれておらず、『略文類』に出してある。

ここに、信疑ということがはっきり出ている。「ただ信心を要《よう》とす」（『歎異抄』聖典六二六頁）ということをあらわすわけである。たとえ善根を種えても、疑うなら華開かず。この問題は、第二十願にもかかっている。第十九願を修諸功徳の願と言うのに対し、第二十願は植諸徳本の願と言う。こういう意味で、第二十願の眼を開いてみれば、そういう問題はすでに龍樹菩薩において触れられている。

第二十願の意味を明らかにしたのは、親鸞聖人が初めてであろうが、親鸞聖人の開いた眼から見ればすでに開かれていたのである。本願の要は信にあると言われたのは法然上人が初めてかと思えば、そうではない。一番初めからである。龍樹菩薩にすでにある。疑いを戒めて信を勧めるということは、信が要点だということなのである。法の深信については、機の深信が要なのである。法がありさえすれば話は済むようだが、そうではない。法は機を要としているのだという。

念仏の要は信というところにある。なるほど「念仏為本《ねんぶついほん》」（『教行信証』聖典三九九頁）かも知れないが、その念仏の代わりに「信心為本」と言うのではない。念仏は為本だが、為本である念仏の要点は、信というところにある。行というところにあるのではない。その意味において、念仏の仏教は信心の仏教だと思う。悟りの仏教でなしに、信心の仏道である。龍樹菩薩は「信方便の易行《いぎょう》」（同一六五頁）と言われる。信をもって方法とするのが、易行の念仏である。念仏は、称える努力ではない。信というところにその要点がある。念仏の要点は信心だということは、法然上人が初めて明らかにしたように思うが、実は三国七高僧に一貫している道である。こういうことが明らかにされているように思う。

存在は人間の課題ではなく、主観を自覚することが人間の課題

仏を見るとは、あらかじめ予想していた仏を見るのではない。人間が人間のままで、仏を見ることはできない。人間が見るものは人間である。自分が仏に成らなければ、仏を見ることはできない。仏を見るとは、主観を破って主観から開かれた世界に出遇うということである。我われが考えていたような仏を見るのではない。見なかったものを見るのである。

源信和尚の和讃には、「摂取《せっしゅ》の光明みざれども」（『高僧和讃』聖典四九八頁）とある。「正信偈」にも「煩悩障眼雖不見（煩悩、眼《まなこ》を障《さ》えて見たてまつらずといえども）」（聖典二〇七頁）とある。「見たてまつらずといえども」というのが、大事なのである。

たとえば、『涅槃経』で意味の深いのは、仏を見るということは仏性を見るということである。けれども、仏を見るときは、仏に成ったときである。仏を見るということは、自己が仏であることが明らかになったときである。それを見性と言う。これは性の世界である。それだから、純粋の性は安楽浄土である。

「真仏土巻」には「ここにして性《しょう》を見ることあたわず、煩悩《ぼんのう》に覆《おお》わるるがゆえに」（『教行信証』聖典三一二頁）とある。安楽浄土において初めて性を見る。安楽浄土の性というところに、厳密に見という字を使うことができる。この土で性を見るということはできない。源信和尚の「見たてまつらずといえども」という言葉の使い方は、こういうことを踏まえている。『涅槃経』にはいろいろなことが述べられていて、「眼見」や「聞見」（『教行信証』聖典三一三頁）ということが出ている。見るというこ

とに対して、聞くということを対応させて明らかにしてある。
また「聞不具足」や「信不具足」を言うのも『涅槃経』である。証は仏の世界であり、それを煩悩のある衆生の上に開くという場合に、信という形で与える。煩悩の衆生ということを忘れては、信は起きない。

宗教でも哲学でも、存在と自覚ということを言う。存在という概念は自覚から言えば高い。しかし、存在は人間の課題ではない。存在を作ったりすることはできない。主観をもった人間のできることは、主観を自覚することである。運命ということを、形而上学的な意味ではなく厳密に言おうとすれば、必然ということになる。人間にとって必然的なこととは、意識をもっているということではないか。

ノートヴェンディッヒカイト（Notwendigkeit）ということがある。Not は論理的な概念としては必然と訳すが、必然と言うと上品過ぎるのではないか。Not とは行き詰まったことをあらわす言葉である。背に腹は替えられぬというような困ったことをあらわす言葉である。だから、Notwendigkeit と言えば、やむにやまれぬという意味であって、運命と言うほうが合うのではないか。Notwendigkeit は、日常語でなく論理的な概念に使う場合には、必然というような意味で使う。

Notwendigkeit を日常語として見るときには、宿命的という意味になる。宿命ということを神話概念として用いないならば、人間にとって宿命的であるとはどういうことであろうか。宿命は人間にだけあるに違いない。人間が人間以外の存在者から区別される点は何にあるかというと、ハイデッガーが存在了解と言っているように、人間に意識があることではないか。そして意識があることが、我われにとって本当にどうにもならないことではないか。

お前は考えるから悩むのだ。考えをやめろ、と言われれば、なお考えざるを得ない。ノイローゼになるのは、人間の特権ではないか。宿命というのは、そういうものではないか。人間に意識があるということが、まったく神話概念を孕まない意味での宿命性である。宿命ならば、それに勇敢にぶつかるより道はない。退歩はない。主観以外にない、と主観を徹底的に知ること、それが機の深信である。

人間の宿命である意識にぶつかって、徹底的に主観を主観と知ることをしたのが、唯識観である。所取不可得なるがゆえに、能取もまた不可得である。唯識観というのはみなそれである。そうやらなくてもできる、のではない。

つまり、主観みたいなものはだめだ、考えているところではだめだと言うけれども、もし主観を捨てれば、考えることをやめれば、人間ではいられなくなる。人間ではあり得ない。むしろ主観を勇敢に引き受けるというところに自覚というものが出てくるのである。

人間にとって意識をもつことが運命ならば、使命は自覚にある。Notwendigkeitということから言えば、人間は意識的な存在だということだが、しかしそれゆえに自覚することができる。つまりヴェンディッヒカイト（Wendigkeit）、可能性である。存在可能である。存在はなし能《あた》う（なされうる）ものであるが、自覚はでき能《あた》う（なしうる）のである。主観をもっているということで、人間にはお手上げである。それは宿命であるけれども、それゆえにこそ自覚は特権である。

人間にとって存在ということは、宿命でもないし使命でもない。それは与えられたものである。意識が作るものではない。意識してみたら我われは存在していたのである。ハイデッガーが、我われは投げ出された存在だ、と言うのはそれである。実存は投げ出されたものだと言うのは、それである。投げ出されたというような言い方をするのは、つまり過去性である。それは我われの思いを超えて、そこに与えられた運命である。

私があるということは、意識を超えたことである。人間にとってなすべきことは、自覚するということである。それしかない。Notwendigkeit はやがて Wendigkeit、可能性となる。我われが自覚をもったときに、その可能性を果たすわけである。意識をもつことを運命として与えられた存在の使命を果たすのである。それを果たさないうちは、負い目をおう。投げ出されたということは、ただそこにほったらかされたという意味ではない。

コーエンというカント学派の人がある。与えられたというのは、特別に与えられた、とコーエンは言う。アウフガーベ（Aufgabe）、課題なのである。与えられたのは、ただ与えられたのではない。特別に与えられているのである。

我われは意識をもって存在するということを与えられているが、はたしてそれはコーエンの言うように、特別に与えられていると言うべきか。

「汝なすべきが故になし能《あた》う」とカントは言う。それは何も特権ではなく、当然なことである。意識をもった人間が、意識をもったものだと知ることであるからである。だから、果たすわけである。与えられた宿命を果たすわけである。

存在は自覚を超えているが、とにかく、自覚ということが大事である。人間にとって大事なのは、つまり機にとって大事なのは、法を作ることではなく、法を行ずることでもない。機にとって大事なことは、それを知ることである。法は自然に与えられている。二種深信と言うけれども、機と法と、二股をかけるのではない。我われにとって、要は機の深信の一点である。機の深信が、その要点であろう。

広い言葉で言えば、存在の要点は自覚にある。だから、存在を自覚してみれば、存在は自覚を超えている。存在を自覚してみれば、自覚された存在は自覚に先立ってある。だから存在は、優位である。しかし、その存在も、自覚しなければ無いに等しい。自覚を俟って、存在が成就するのである。そういうことが、要点の要という意味である。

第十四章　結　勧

25、弘経大士宗師等

弘経大士宗師等　拯済無辺極濁悪
道俗時衆共同心　唯可信斯高僧説
六十行已畢　一百二十句

弘経《ぐきょう》の大士《だいじ》・宗師等、無辺の極濁悪《ごくじょくあく》を拯済《じょうさい》したまう。
道俗時衆《どうぞくじしゅう》、共に同心に、ただこの高僧《こうそう》の説を信ずべし、と。
六十行《こう》、すでに畢《おわ》りぬ。一百二十句なり。

「本願を信ぜよ」という言葉が、「高僧の説を信ずべし」になっている

この依釈分の最後は、依釈分の初めの「印度西天之論家　中夏日域之高僧　顕大聖興世正意　明如来本誓応機」を受け、それに照応している言葉である。「印度西天之論家　中夏日域之高僧」が「弘経大士宗師等（弘経《ぐきょう》の大士《だいじ》・宗師等）」（「正信偈」聖典二〇七頁）であり、「明如来本誓応機」により、「拯済無辺極濁悪（無辺の極濁《ごくじょくあく》悪を拯《じょうさい》済したまう）」（同頁）と結んである。それに対して信を勧める

というのが、「道俗時衆共同心　唯可信斯高僧説（道俗時衆《どうぞくじしゅう》、共に同心に、ただこの高僧《こうそう》の説を信ずべし）」（同二〇八頁）という言葉である。

無辺の極濁悪を拯済したもう大聖興世の正意から、本願の精神が明らかにされた。本願とは、念仏という法である。その法に対し、我われに信を勧められている。信ということが、念仏の要義なのであろう。自ら念仏を正信し、正信を勧める。自らの念仏の正信、自信を表白し、それを通して、教人信をあらわすという結語である。

「唯可信斯高僧説」は信を勧めておられる言葉だが、その高僧の説は「印度西天之論家」以下の「正信偈」の後半になる。前半はもっぱら『大経』に依っている。言ってみれば、釈尊によっている。釈尊が『大経』を説かれた意味を明らかにしている。「印度西天之論家　中夏日域之高僧」の前までは、「正信偈」の前に置かれた言葉で言えば、「大聖の真言」（聖典二〇三頁）である。「正信偈」の前半は、大聖の真言を通して作られた讃歌であり、後半は「大祖の解釈」（同頁）ということになる。

「唯可信斯高僧説」が対応する部分を前半の依経分のなかに求めるならば、その依経分の真ん中の「如来所以興出世　唯説弥陀本願海　五濁悪時群生海　応信如来如実言（如来、世に興出したまうゆえは、ただ弥陀《みだ》本願海を説かんとなり。五濁《ごじょく》悪時の群生海《ぐんじょうかい》、如来如実《にょじつ》の言《みこと》を信ずべし）」（「正信偈」聖典二〇四頁）という四句である。

依釈分の最後の四句である「弘経大士宗師等　拯済無辺極濁悪　道俗時衆共同心　唯可信斯高僧説」は、依経分の「五濁悪時群生海　応信如来如実言」を広げたような意味である。依経分の「五濁

悪時群生海　応信如来如実言」を、依釈分の最後の「弘経大士宗師等」以下四句の形によってあらわされる。依釈分の初めの四句である「印度西天之論家　中夏日域之高僧　顕大聖興世正意　明如来本誓応機」は、依経分の真ん中の「如来所以興出世　唯説弥陀本願海」を受けて出されており、依釈分最後の「弘経大士宗師等」以下の四句は、依経分のなかの「五濁悪時群生海　応信如来如実言」を受けて出ているわけである。

依釈分は、初めの「印度西天之論家」以下の四句と、最後の「弘経大士宗師等」以下の四句とが、照応してあり、その前後の照応を、依経分に求めるならば、依経分の真ん中に出ているわけである。それで今言った「唯可信斯高僧説」は、ちょうど「応信如来如実言」に応じているわけである。「応信如来如実言」が、依経分を通して信を勧めている。それに応じて、さらに依釈分を通して信を勧めるのが、「唯可信斯高僧説」という言葉である。依経分を通して信を勧める。依経分により「自信教人信」し、さらに、依釈分を通して「自信教人信」してある。このようになっている。

「唯可信斯高僧説」と、「応信如来如実言」の言葉が、同一の趣旨をあらわす。「応信如来如実言」と「唯可信斯高僧説」の二句が、「正信偈」を一貫して、「正信偈」全体に響きわたっている。「正信偈」全体に波打っている響きが、この二句により代表されている。

本願を信ぜよ、念仏を信じよという言葉が、如来如実の言を信ぜよ、この高僧の説を信ぜよという言い方になっている。この言い方になっているのは、我を信ぜよ、ということではないということである。私の言うことを信ぜよ、ということではない。そういうところに「正信偈」を貫いている独特の讃歌の生命がある。

むろん、自分は信じないとか、何も信じなくていいというのではない。たとえば、『歎異抄』第二章がそうであろう。三国の高僧ということが、ここでは「よきひとのおおせ」（『歎異抄』聖典六二七頁）となっている。よき人の仰せを信ぜよという意味である。高僧の説を信ぜよとか、如来如実の言を信ぜよという言葉を、別の言葉で言えば、よき人の仰せを信ぜよという意味になる。

『歎異抄』では「弥陀《みだ》の本願」（聖典六二七頁）を受けて釈尊の教説が出ている。「弥陀《みだ》の本願まことにおわしまさば」（同頁）とある。「おわしますから」ではない。まことであるから、ではなく、まことであるならば、と、仮説の形になっている。仮説により、一層そうであろうという強い確信をあらわす。それを受けて、釈尊の教説が出、釈尊の教説を受けて善導大師の教説が出、善導大師の教説を受けてさらに法然上人の教説が出てくる。よき人を最も具体的に、近いところに見れば、法然上人である。法然上人の背景として善導大師がおられる。このように『歎異抄』では簡潔にあらわしてある。

『歎異抄』では善導大師、法然上人だけが出ているが、「行巻」のほうでは、さらにくわしく、龍樹菩薩、天親菩薩、曇鸞大師、道綽禅師、源信和尚が述べられている。「行巻」では、二人を七人にしたのである。『歎異抄』では二人が述べられているが、やはり一人であろう。「偏依善導一師」という言葉が『選択集』にあるように、ここでは法然上人だけである。

「行巻」では、善導大師の名号釈にわざわざ私釈を加えてある。また善導大師のところで、聖道・浄土の祖師たちの言葉がまとめてある。「行巻」から見ても、善導大師に大きな位置が与えてある。

善導大師、法然上人で、初めて浄土の教となる。そして伝承されている浄土の教、具体的には念仏の道が一乗であることが、親鸞聖人によって明らかにされた。浄土の教こそ、唯一無二の一道であり無碍の一道である。こういうことを明らかにするために、龍樹菩薩、天親菩薩、曇鸞大師など、善導大師以前にかえられた。それは善導大師を否定するためにではなく、善導大師の念仏が一道だということを明らかにするためである。

善導大師が念仏往生の願と言われるのを受け、法然上人は選択本願の念仏と言われる。念仏を選択して、それを本願とするという意味である。念仏を選択すると言っても、浄土の教は、聖道に対する浄土という特殊なものではない。それこそが唯一の仏道なのだということを明らかにするために、さらに回向ということが必要になってくるのではないか。念仏を選択し、その選択された念仏こそが、回向の法であるということを明らかにする。選択本願の法が回向の法であることを明らかにすることにより、一道ということが基礎づけられてくるのではないか。

「由」とは背景を自覚することであり、依ってきたるところを感得するということ

天親章には「広由本願力回向（広く本願力《りき》の回向《えこう》に由《よ》って）」、曇鸞章には「往還回向由他力（往《おう》・還《げん》の回向《えこう》は他力《たりき》に由《よ》る）」（「正信偈」聖典二〇六頁）とある。「由」は由来するという意味の「由」である。「由」は、善導大師以前にさかのぼることを意味している。善導大師を捨てるのではない。天親菩薩、曇鸞大師にさかのぼることにより、善導大師、法然上人の由来するところを明らかにする。

「由」が基礎づけをあらわす言葉ではないかと思う。

「由本願力回向」という言葉は、我われはどこにもあるように思いがちだが、実はそうではないのであって、『浄土論』のなかにただ一度だけ出ている。しかも、解義分の最後の、第五功徳門を明らかにするところである。そこに「本願力の回向《えこう》」（聖典一四五頁）という言葉が出ている。不思議な話だが、親鸞聖人の教えを通してみれば、そのような言葉はどこにでもあるように思うが、実はそうではないのである。

親鸞教学の初めにかえってみれば、一か所にのみ出ている。一か所にしか出ていない言葉に、親鸞聖人は深い意味を感得されたのである。由とは背景を自覚することであり、由《よ》ってきたるところを感得するということである。由ということを明らかにするのが学問の仕事なのであろう。

『論註』に、「覈《まこと》にその本を求むれば」（『教行信証』聖典一九四頁）という言葉があり、続いて三願的証の結びに「これをもって他力《たりき》を推《すい》するに増上縁《ぞうじょうえん》とす」（同一九五頁）という言葉がある。曇鸞大師は、推すとか本《もと》を求めると言っておられる。曇鸞大師は本という字は使っておられるが、末という字を使っておられない。しかし、本があれば末もあるはずである。

ものを通してものの本《もと》を求め、本によってものが初めて基礎づけられる。掘り下げるということはそういうことである。

暗中模索するのは、推すということではない。暗中模索はのれんを押しているようなものであって、推したことにはならない。我われにとって問題となるのは、推す場所である。本《もと》から出てきたものであるがゆえに、本が推せるのである。本から出てきたもの、本から由来したもの、それは体験である。体験がなければ、そもそも推してみようもない。

体験を得るというのは、学問ではない。いかにして体験を得るかは、ある意味では方法はないとも言えるし、またある意味ではすべてが方法とも言える。いかにして信仰体験を得るかについては、こうしたらこうなるというような方法はないとも言えるが、一切が方法であるということも言える。そういうものを具体的に示すのが時である。時において得る。時熟ということである。時が熟することにより、体験が成り立つ。計画通りに得られるものでもないし、たなぼた式に上から落ちてくるものでもない。特定の方法がないとも言えるし、すべてが方法だとも言えるのである。

本《もと》を求めるとか推すと言うが、本を推す地盤である体験の事実は、本から出てきたものである。けれども、その本というものは、体験の事実を離れては出てこない。本というものをあらかじめ考えた、その考えから事実は出てこない。回向をいくら考えても、信仰は出てこないのである。体験の事実は学問からは出ない。体験の事実が、時においてたまわるということから言えば、ゆくりなくも出遇うということである。そして一度その事実が成り立つなら、そのとき初めて本を推せる。そういうことが基礎づけである。

基礎づけということは宗教体験に限らず、何にでもあるのではないか。基礎づけという言葉は、カントの哲学で有名であるが、その場合でもやはり、自然科学の知識が成立していなければ、基礎づけられない。はたして可能なりや、ではなく、いかにして可能なりや、ということを言うのである。

学問の場合と道徳の場合は違う。常識の考え方では、推す地盤にならない。やはり学問的認識がなければ、基礎づけの事業の地盤にはならないのである。

道徳の場合は、話が逆である。道徳が成り立つのは、倫理学を俟ってではない。倫理学の学説によって、道徳が成り立つのではない。知識の場合は学問がなければ、出発できない。道徳の場合は、道徳の学問が出発点となる必要がない。そこに人間の意識の体験、実践理性といった事実の体験というものがあれば、道徳は十分に成り立つ地盤となる。そういう事情は、知識の場合と行為の場合とは逆になるが、いずれにしても、事実のないところには、推してみることもできないのである。

はたして可能かではなく、いかにして可能かが問題である。いかにして可能かをあらわすのが、由という言葉である。

「本願力回向」という言葉は『浄土論』の解義分の最後に出ている。「本願力回向」は貴重な言葉だが、さらに念を押せば、そこに「本願力回向」という言葉はあっても「由るがゆえに」という言葉はない。一か所「本願力回向」という言葉が出るが、しかしそこには「本願力の回向《えこう》をもってのゆえに」（『浄土論』聖典一四五頁）となっていて、「由るがゆえに」とはなっていない。にもかかわらず親鸞聖人が由を付けたということには、重要な意味がある。

これは、どこから来るかと言えば、善導大師の三心釈から来ている。「正しく由るがゆえに」の「由」という一字により、『大経』の法蔵菩薩の勝行段の意味を、善導大師は明らかにした。「不可思議の兆載永劫《ちょうさいようごう》」（聖典二七頁）の修行という神話的表現の意義を、由ということであらわした。

『浄土論』の「本願力の回向をもってのゆえに」という言葉を、親鸞聖人が、「由るがゆえに」と改めたのは、善導大師の三心釈によっている。『観経疏』の三心釈に、「この雑毒の行を回して、かの仏の浄土《じょうど》に求生《ぐしょう》せんと欲するは、これかならず不可なり」（『教行信証』聖典二一五頁）と言って、「何をもってのゆえに」（同頁）と続き、そして「正《まさ》しくかの阿弥陀仏《あみだぶつ》、因中に菩薩《ぼさつ》の行を行じたまいし時、乃《ない》至《し》一念一刹那《いっせつな》も、三業の所修みなこれ真実心の中《うち》に作《な》したまいしに由《よ》ってなり」（同頁）と、受けている。こういう非常に大事なところに「由」という字が出ている。法蔵菩薩の修行は、信心の背景をあらわすわけである。永劫とは、一念の背景である。そこに由来するということがある。

他力と言っても、神秘的な力ではない。神秘的なら、時などいらない。如来が人間に信仰を開こうと思えば、思ったときに開けるはずである。だから、他力と言っても、神秘的な力ではない。他力というのは、時のはたらきである。真理は、人間が自覚しようがしまいが変わらないが、自覚となって真理自身を証明するためには、時が必要である。これは面白いことではないかと思う。

カントの論理学の分析論で、一番難解なのはシェーマ（Schema）、図式ということである。先験的な主観の形式がどうして客観に妥当するのかと問うとき、シェーマということが出ている。主観と客観と一致するのが真理だが、主観の形式がどうして客観に一致することが可能かというその場合に、カントはシェーマということを言っている。シェーマということの中心をなす概念は、時の問題である。時間である。

真理は自覚を超えている。しかしその真理も、自覚されなければないに等しい。真理は自覚を超えており、自覚が真理を作るのではない。自覚されようがされまいが、真理は真理自身によって支えられている。仏教でも、仏があってもなくても如（真理）は恒常にして変わらないと言う。仏とは、自覚するということである。自覚しようがしまいが、それによって変わらないもの、それが如である。あるがままが、存在の真理なのである。その場合のあるというのは、存在の存在性である。それは、自覚しようがしまいが、変わらないものである。しかし、そういうことが言えるのは、自覚を通して言えることである。だから、存在は自覚を超えているが、その自覚を超えている存在が存在自身を成就するためには、自覚を必要とするのである。これは不思議な構造である。自覚を俟って、真理が真理自身を証明するのである。

曽我量深先生はご自身の頌寿の講演（講題は「われ如来を信ずるがゆえに如来在しますなり」昭和四十年十月十六・十七日於大谷大学講堂）で、「如来ましますがゆえに我われはそれを信じなければならんのか。また、信ずることができるのであるか。また、われわれ衆生の要望、われわれ衆生の願い、もしくは、われわれ衆生の信心あるがゆえに如来はあらわれてくだされたのであるか。どちらのほうがもとであるか。すなわち、どちらのほうが先であるか」という問いを、清沢満之先生からいただいたと言っておられた。そのとき曽我先生は、清沢先生から与えられたその問いを考えれば考えるほど、結局、わからないようになってしまった、と言われていたと思う。しかし、わからないでよいのではないか。いやわからないでよいということはないかも知れないが、今述べたように、存在と自覚の構造からその問題は出ているのであろう。信ずるところに如来がある。自覚しなければ、如来があるともないとも言えない。真理は自覚が作ったものではない。しかし、真理があるということも、自覚しなければないのと同じである。しかしあの頌寿の曽我先生の講演を聞いていた人は、みなわかったのだろうか。面白い話である。

わかってしまう話より、わからない話のほうがよいとも言える。わかったと思えば、話はそれで済んでしまう。如来が先か信心が先かという話は、不思議な話である。これほど不思議な話があるだろうか。存在と自覚の構造ほど不思議な話はない。これは認識論から言えば、主観と客観が一致するという問題で、最難関の問題である。カントの言うような認識論は、構成されたものだという考え方がある。主観のほうが客観のほうに行くと考えればたしかに構成だが、逆に客観が主観に来ると言えば、唯物論の認識論になる。

客観が主観を限定すると言えば、唯物論の考え方になる。主観のほうが客観に触れることにより、それを構成すると言えば、構成主義の認識論だから観念的になる。

主観が客観に行くのか、客観が主観に来るのか、どちらにしても、主観と客観との一致ということが、古くから考えられている問題である。構成主義の認識論も唯物論的認識論も、一致ということが、その根底に横たわっている考えである。しかし、一致ということを言うと、さらにいくらでも疑問を起こし得る。

他力回向の信心は、もちろん構成主義の認識論でも唯物論的認識論でもどちらでもないが、そこにはそういう認識論の問題と共通の問題があると見ると面白いのではないか。

存在を忘れている人間を、存在に呼びかえすことにより、存在自身を人間に開示する。これが、他力回向の信心の認識論である。時を媒介にして呼びかえす。他力回向などと言うとわからないが、時に回向される。時にたまわったものが、自覚ということである。自覚しようとする思いでできたものではない。思いがつのってできたものではないし、思いをやめてただ俟っていてできたものでもない。思ってできないなら、俟っていてはなおできない。そういうような、時にたまわったという体験を感得という。

感得ということは、インスピレーションというようなこととは違う。感得には、一面からは思いを超えたということがあるが、同時に、思いを超えてできたということは、偶然かも知れないが、そうなるべくしてなったという必然でもある。成就すべきときに成就したのであるという面があるのである。

とにかく、「由」ということが大事である。「由」というところに基礎づけがある。基礎づけられるものは、善導大師と法然上人によって伝承された。けれども、その基礎づける根拠を、善導大師、法然上人からさらにさかのぼると、回向ということが出るのではないか。選択回向ということになる。そういうところが、「行巻」と『歎異抄』の違い、もっと広く言えば、『教行信証』と『歎異抄』との違いだろう。その二つはある意味で一致しているけれども、完全に一致しているというものでもない。『歎異抄』は『教行信証』全部を包んでいるわけではないが、『教行信証』は『歎異抄』を包んでいる。

『浄土論』や『論註』は、回向ということの一点で貫かれていると言える。上三祖の教学は回向の一点にある。本願は念仏を選択し、選択された念仏をもって、本願自身を回向するわけである。

時を媒介として、如来が如来自身を成就する

回向とは、如来が衆生になること、つまり存在が自覚となることだが、そのことにより、衆生自身が成就するというよりもむしろ、如来自身を成就する。『教行信証』の「教巻」は「謹《つつし》んで浄土真宗を案ずるに、二種の回向《えこう》あり」（聖典一五二頁）という言葉で始まっている。その「浄土真宗」は、選択本願である。法然上人から伝承された選択本願を『浄土論』『論註』を通して案じてみると、二種の回向があるということである。

こういうことにより、浄土の道が大乗であることが初めて明らかになる。大乗のうちの半分は聖道、半分は浄土ということではなく、浄土が大乗である。そこには如来が如来によって如来を成就するという意味がある。如来が如来によって如来を成就すると言っても、それは決して同語反復ではない。空転しているのではない。そこには、衆生の自覚を俟って、ということがある。そこには、時によって、時を通して、ということもある。如来が如来によって如来自身を成就するのであるが、それは時によって、時を媒介としてである。

『教行信証』には、広く三国の高僧を通して、伝承ということがあらわされている。『歎異抄』第二章では、伝承ということが簡潔にあらわされていて、それが「愚身《ぐしん》の信心におきてはかくのごとし」

（聖典六二七頁）という言葉で結ばれている。『教行信証』では、「正信偈」全体をもって「愚身の信心におきてはかくのごとし」ということが示されている。同じく『歎異抄』第二章ではさらに、「このうえは、念仏をとりて信じたてまつらんとも、またすてんとも、面々《めんめん》の御《おん》はからいなりと」（聖典六二七頁）ということが言われている。このことを信ずるか否かはみなさんの自由である、と自己の信仰を披瀝して、取るか取らないかは、みなの自由だというように言ってある。

取るか取らないかは、自由だと言う。自由ということが、信を勧めるということである。どうしてもこのようにせよというのは、信を勧めるのではない。押しつけたということになる。しかしまた、勝手にせよと突き放すのでもない。無理やり巻き込むのでもないし、勝手にせよと突き放すのでもない。これが自由であり、本当に勧めるということではないか。

ごちそうを勧める場合もそうであろう。「さあ、どうぞ」と言う。無理に食べろと言うのでもなく、これだけしてやったのに勝手にせよと言うのでもない。「さあ、どうぞ」、と言うが、「面々の御はからいなり」という意味ではないか。自分が毒味して勧めるような気持ちである。

そこに「詮《せん》ずるところ、愚身《ぐしん》の信心におきてはかくのごとし」（『歎異抄』聖典六二七頁）と言ってある。自信を明示してある。しかし、自信を勧めるということがどうしてできるかというと、伝承の裏づけあっての自信だからである。「弥陀《みだ》の本願まことにおわしまさば、釈尊の説教、虚言《こごん》なるべからず」（同頁）、そして「法然のおおせまことならば、親鸞《しんらん》がもうすむね、またもって、むなしかるべからずそうろうか」（同頁）ということで、自信が裏づけられている。自分の信ずるところはこの通りです、と言って、そして勧める。それができるのは、自分の信ずるところが、「親鸞がもうすむね、またもって、むなしかるべからずそうろうか」と言われるような自信だからである。つまり伝承に裏づけられている自信、それは歴史への信頼だからである。

無理に勧めたり、蹴飛ばしたりするのも、信仰には違いないかも知れないが、そのような信仰は、歴史に対する懐疑に立っている。親鸞聖人の場合はそうではない。歴史に対する信頼により、初めて自分を静かに表明し、そして勧めることができる。歴史への信頼ということにより、初めて自己自身を明らかにする。そのことの他に何もないし、それが同時に人に勧めることもできるのである。静かに自己を明らかにすることは、歴史に対する信頼により成り立つ。そういう静かな確信が、「正信偈」において全体を脈打っている。

それこそ、歴史的確信というものではないかと思う。依経分や依釈分を通して述べてあること全体が、親鸞聖人の歴史的確信であろう。本願の歴史が本願自身を証明している。そういうものに裏づけられた親鸞聖人の信仰、それが伝承ということだろうと思う。

伝承を『歎異抄』に求めれば第二章であり、『教行信証』では「行巻」全体が伝承を明らかにするものである。伝承を通して伝承の帰結が述べられている。行と言っても本願が行じられている歴史であり、決して個人的な行ではない。本願が釈尊ならびに三国の高僧を通して行じているという歴史である。これから本願を探すのではない。我われの問題が、我われに先立って、歴史として成就されている。裸の本願を信ぜよというのではない。本願は裸ではない。歴史として成就している本願である。

本願そのものの真理性、本願の法性、本願のダルマター（dharmatā）というものは、どこまでも有仏無仏を超えたものであるが、それが釈迦や三国の高僧という、つまり人の上に成り立っている。ダルマ（dharma）、法に対して、プトガラ（pudgala）、人と言う。法が人になっている。歴史は人の上に成り立つ。あるいは時の上に成り立つ。法が、人間となって法を証明する。人間でなければ、法を証明できない。法は人間を超えているけれども、人間を超えている法も、人間を俟ってこそ証明できる。こういうことである。

三国の七高僧の歴史は、法が人を呼び覚まし、その人の上に法自身を証明してきた歴史

本願を歴史の上に成就するという願が、第十七願である。本願を成就する本願、本願の本願である。「正信偈」の「重誓名声聞十方（重ねて誓《ちか》うらくは、名声《みょうしょう》十方に聞こえんと）」（聖典二〇四頁）の「重ねて誓う」というのは、本願の本願ということである。だから、「正信偈」を成り立たせているのは、第十七願であろう。自分の思いを超えてこの説を信ずべし、ということは、人の言ったことを信ぜよ、経に書いてあることを信ぜよと言うのではない。自覚を離れて、何か教理のようなものを信ぜよというようなことを言っているのではない。

思いを超えてこの説を信ずべし、と言っても、思いを超えたところは、教理ではない。思いを超えるとは、主観を超えるということである。主観を超えたものは教理ではない。主観を超えた世界とは、歴史的現実である。教理を固執している立場を捨てて、現実にかえれということである。かえってみれば、そこにすでに求めるものが成就しているではないか。夜が明けたぞ、ということである。歴史にかえれ、主観の、思いの外に出よ、ということである。戸を開けよということである。戸を閉めているから、ろうそくやマッチを探しているのである。ろうそくやマッチを探す必要がないではないか。戸を開けてみよ、夜は明けているではないか、というわけである。「唯可信斯高僧説」には、そういう意味があるのではないか。七高僧の言説を信ぜよ、と言う。これらの七高僧の説や、釈迦の言説は、教理ではなく、歴史的現実の証文ということである。

仏教を神学のように考えるがそうではなく、仏教の優れたところは、テオロギー（Theologie）、神学の要らないところにあると思う。キリスト教神学のまねをして仏教の教学を作るのが、教学の運動ではない。教理を組み立てるというようなことは、仏教学ではない。仏教で大事なのは、教理というものから、それ以前に人間を呼びかえす。教理と言えばイデオロギーの一つである。イデオロギーのなかにまぎれこんでいる人間を、現実に呼びかえす。そういうところに、本当の実存ということがあるのだろう。

教学は、教理を作ることではない。教理がないのが仏教学の弱点ではない。むしろ教理を必要としないほどはっきりした真理に触れた点が、仏教にはある。『歎異抄』に「不可称不可説不可思議」（聖典六三〇頁）と言われ、あるいは龍樹菩薩が空と言われるのは、神秘的という意味ではなく、それは現実をあらわすのである。教理になったら戯論分別である。言うことも思うこともできないというのは、神秘的だからではない。戯論分別を寂滅した現実だから、言えないのである。思いもおよばず、言葉もおよばないのは、神秘的だからではなく、また隠れているからでもない。むしろ、思いや言葉のほうが現実を隠している。隠れてはいないが、我われが隠しているのである。現実はとうに夜が明けている。我われのほうが隠している。それを破って、足下にかえれと言うのであって、それには複雑な分別、言説を必要としない。こういうところに仏教の大事な点があるのではないか。

教理でもなく、そうかと言って、教理を離れた神秘的体験でもない。それは現実の事実ではないか。真理が真理自身を証明している事実、それは神秘説でも組織された教理でもない。それが、生きた歴史的現実の証文となっている言葉である。歴史が歴史自身を証明している言葉を、親鸞聖人がここに読み取って、見出してこられたのである。

「正信偈」の全体を貫いているのは「この歴史を見よ」という信念

三国の七高僧の歴史は、思想史とか、教理史とかというものではない。歴史と言っても、そういう意味の歴史ではない。行の歴史であり、実存の歴史である。本願を見出した者が、本願によって生かされてきた歴史である。法が人間となる。法が人間を求め、人間を呼び覚まし、そして呼び覚ました人間の上に法自身を証明してきたような歴史である。それが歴史である。行の歴史である。決して教理史ではないということが、大事なのではないか。

しかし教理でないからといって、言説もないのではない。言説はあるが、教理の言説ではないということである。言説がなければ、それは神秘主義になる。言説など要らないと言うなら、たとえば臨済宗などの禅宗になってしまう。たしかに『維摩経』のような経典もあるから、仏は何も説かないということも成り立たないわけではない。

とにかく、教理でないと言っても、言説もないというのではない。教理を語る言説ではないということである。生きた歴史が歴史自身を語る言説があるのである。その意味から言うと、親鸞聖人が見出した七高僧の言説は非常に貴重な言葉である。文類という意味は、そのように考えてみるとよくわかる。龍樹菩薩、天親菩薩、曇鸞大師を考えてくる場合も、そうである。親鸞聖人はそこに浄土教の歴史の出発点を見出されるが、それはちょうどまた、大乗仏教の歴史の出発点でもある。一般に、大乗仏教の出発点を押さえるという場合に、般若思想や唯識教学を出すが、本願は出してこない。

親鸞聖人は、般若から本願を演繹してこない。親鸞聖人が明らかにされた歴史は、教理史や思想史ではないからである。親鸞聖人は唯識や中論の教理がわからないほど頭が悪かった、ということではもちろんない。何かそこに生きた現実を語る言葉、そういうものが親鸞聖人に必要だったのではないか。そういうことで、仏教学や真宗学を考える場合に、教理史のような幽霊を払いのける必要があるのではないかと思う。

「正信偈」は「唯可信斯高僧説」という言葉で結ばれているが、『略文類』のほうでは、依経分の最後に「唯信釈迦如実言（ただ釈迦《しゃか》如実《にょじつ》の言《みこと》を信ぜよ）」（聖典四一一頁）とある。「正信偈」では依釈分の最後に「唯可信斯高僧説」ということが置いてあり、『略文類』では依経分の最後に「唯信釈迦如実言」とある。依経分も依釈分も形式を等しくして、あらわしてある。『略文類』のほうは、わかりやすくしてある。

「正信偈」の場合は、構造がたくみで構成的である。「如来所以興出世　唯説弥陀本願海」という言葉は、前を承けて後を開くのであるが、それが依経分の真ん中に置かれている。「如来所以興出世唯説弥陀本願海」というところから、法蔵菩薩の因位のときの意味が翻ってあらわされる。如来が世に出興されたのも、以上述べたような本願を説かんがためであるのだと、上を承ける。そして「能発一念喜愛心」以下は「五濁悪時群生海　応信如来如実言」と、その信を勧める言葉を展開してくる。後を開いてくる。

このように、上には本願をたたえ、その本願に対して、衆生の信を勧めるというような立体的な構造、それを今は同じ形にせずに、初めの二行を依釈分の一番初めに出し、四句で明らかにし、終わりの二行を後にもってきて、四句であらわす。そういうような構造上のたくみさがある。構成的である。それが「正信偈」である。

いずれにしても一貫しているのは、歴史の確信が「正信偈」の信仰の表現になっていることである。それは単なるオピニオンというような主観的な信仰を表明したものではなく、歴史に裏づけられた確信、自信である。それあるがゆえに、教人信も成り立つ。こういう歴史的確信が、「正信偈」の全体を貫いている。その歴史とは、南無阿弥陀仏が南無阿弥陀仏自身を成就している歴史である。この「唯可信斯高僧説」「応信如来如実言」ということを、しゃれて言えば、ニーチェではないが、「この歴史を見よ」ということである。これが「正信偈」を一貫している信念というものではないか。

編集後記

安田理深先生ご命終から三十年ほど経った頃、福井や伊勢で、安田先生がかつて相応学舎で「正信偈」について講義されたものを世に出してほしい、との声があがり、親鸞仏教センター所長であり、現在も相応学舎で『教行信証』の講義を続けてくださっている本多弘之先生の許にもその声が届いた。そして有縁の人びとのご協力、なかでも法藏館の全面的なご協力を得て、今日に至ったのである。この『正信偈講義』出版をご縁にして、テープやノートに残されている安田先生の講義が、各会座で活字化されることを願ってやまない。

安田先生の相応学舎における「正信偈」についての講義は、一九五五年（昭和三十）四月に始まり、一九六五年（昭和四十）十二月に終わった。

『安田理深選集』「補巻」（文栄堂書店）の年譜によると、相応学舎として講義を行っていた北区花ノ木町二四の学舎は、一九四六年（昭和二十一）に家主の要請で立ち退きとなり、それ以後の講義は舎生の下宿で行われ、一九五七年（昭和三十二）五月以後は、一九五九年（昭和三十四）四月まで京都市下京区間之町正面上ル仏願寺を学場としたようである。そして、同年五月六日以降、一九六七年（昭和四十二）二月まで、大谷専修学院院長の役宅（京都市下京区高倉六角上ル富野町）が学場となったとのことである。

つまり、この講義の会座は、講義が始まって最初の二年間は舎生の下宿、続く二年間は仏願寺、そして残りの六年間は大谷専修学院院長の役宅だったことになる。

今回、法藏館から出版の運びとなったこの『正信偈講義』は、主に仲野良俊先生の筆録ノート七冊分（A5判で一冊一二〇頁。以下、仲野ノートと呼ぶ）によった。しかしその仲野ノートには、龍樹章と源信章がまったく欠落していたし、源空章も、他の章に比べて量が少なかった。そこで、龍樹章については『真人』という真人社の機関紙で、源信章については東寺の宝菩提院から発行されていた「正信偈講義」（源信一）（源信二）という二冊で、源空章については洛南高校元教諭である虎頭祐正氏の書棚から見つかったノート十一冊分（A5判で一冊四八頁）で補った。

今回『真人』で参考にしたのは、第一〇〇号（一九五七年四月）「本願成就」から、第一三八号（一九六〇年九月）「天親菩薩（四）」までである。『真人』には、安田先生の「正信偈」の講義が「正信偈講讃」というタイトル（一三二、一三三、一三四号だけ、「正信偈講話」というタイトル）で連載された。仲野ノートには、ときどき「『真人』〇〇号へ」という書き込みが見られるので、『真人』に掲載された安田先生の正信偈講義は、仲野ノートからのものがかなりの割合を占めていたのではないかと推測することができる。また、虎頭言によれば、虎頭氏預かりのノートは、仲野ノートのように筆録ではなく、洛南高校元教諭である故竹村司宝氏が安田先生の講義を録音し、それを文字に起こしたものであった。

仲野ノートを、パソコンを使ってデータ化していただいたのは、松澤泰生氏、中川達昭氏、佐藤徳司氏、菊池智子氏、吉田光恵氏である。校正作業に関しては、相応学舎で虎頭先生の立ち合いのもと、私と吉田光恵氏と菊池智子氏の三人が、基にした文献と、データ化されたものとが一致しているかどうかを確認したり、誤字脱字をチェックしたり、安田先生が講義で引用されている文献（『真宗聖典』や『大正新脩大蔵経』など）を調べたりした。仲野ノートは、仲野先生の字に慣れるまでその解読が結構大変だった。また『正信偈講義』の第二巻が出版された頃に、ある先生からの指摘により、（安田先生の発音が聞き取りにくかったせいもあったと思うが）仲野先生が聞き違いをされたのではないかと疑われる箇所がいくつか見つかった。今から考えると、最初から仲野先生に聞き違いがあったかも知れないと思いながら柔軟に校正していれば、校正作業はもう少し楽だったのかも知れない。

もともと仲野ノートは、録音したものを文字起こししたのではなく、仲野先生ご自身が後で自分が勉強するために内容をまとめられていたもので、箇条書きに要点のみが書かれていることが少なくなかった。だから、それを前後の文脈との関係を考えながら、意味が通るようにきちんと文章に整えるのに相当時間がかかった。ときどき仲野ノートだけでは安田先生の講義の内容がよく理解できないこともあり、ときには『真人』に掲載されたものを見ながら、ときにはご縁のある先生方に質問したりして、何度も何度も話し合った。内容が理解できずに立ち止まり、さらに何に基づいてお話しされているのかさえわからないこともあり、午前午後と六時間あまりにわたって調べたり議論したりするなど、結局数行しか進まなかった日も珍しくはなかった。

校正作業の方針も、関わった者によってかなり考え方が違った。文章が整っていなくてもなるべく仲野ノートのままを残す、それはつまり安田先生の話されたものに近い形で残すことになるのだが、それがよいのか、それとも、読者のために安田先生が思索された結果をできるだけ読みやすい形にすっきり整えたほうがよいのか。校正作業をしながら揺れた。結果的には、後者に近い形に仕上がったように思う。しかし、出版社を通していない安田先生の本を今まで読んでこられた方が、何気なしに私に「こういう本（たとえば「化身土巻」講義）は、誤字や脱字などは多少あるかも知れないが、安田先生の息遣い、思索されていく過程が残っていて、文章が整えられている本にはない良さがあると思う。私たちは、こういう本によって育てられた」と言われたとき、自分たちの選んだ編集方針ははたしてよかったのか、とひそかに悩んだこともあった。

とにかく、そのようにして何とか整えたデータを法藏館にお送りし、しばらくして校正刷りが我われのもとに返ってくると、またその校正刷りの校正を始める。そのとき、特に思想の面で第一巻から第四巻まで目を通してくださったのは、本多弘之先生である。二巻目からは満天星舎舎主であり真宗大谷派教学研究所元所長の児玉暁洋先生も加わってくださった。四巻目は、毎田仏教センター所長の羽田信生先生からも大変有益なサジェスチョンをいただいた。最後に、この『正信偈講義』内の引用文献の出典は、全て編者が精選し追記したものであることをことわっておきたい。

さて、校正作業に関わった一人として、安田先生の正信偈講義についての感想を述べたい。安田先生の講義はすべてそうであるが、真宗の独特の言葉（たとえば、「往生」など）を、教義の言葉としてだけ理解しようとするような、そういう教義学的関心から講義されているのではなく、人間にとってその言葉はどういう意味があるのか、そこにどういう課題があるのかを解明したいという願いによって講義されている。講義で言及されている文献が、いわゆる真宗学の文献（たとえば、『真宗聖教全書』など）に止まらず、『摂大乗論』やその註釈類、『華厳経』や『十地経論』にまでさかのぼるのは、そのためである。

また、安田先生の講義には、ヨーロッパの思想家やキリスト教の思想家がしばしば登場する。安田先生は、真宗独特の言葉の意味を、仏教思想のなかだけでなく、ヨーロッパやキリスト教の思想に照らして確かめられる。それは、その言葉がもつ人間にとっての普遍的な意味を明らかにするためである。

「往生」という言葉も「成仏」という言葉も、人間の救いに関わっている概念であることは間違いない。ではいったい、人間とは何か、救われるとはどういうことなのか、いかにして救いが成り立つのか。そういう問いがまず根本にあってこそ、それらの言葉の厳密な意味を確かめることに意味があると思う。

人間とは、仏教では六道のなかの迷いの存在であるし、キリスト教では原罪をもった存在であるし、人間をＭＡＮという言葉で表現する文化のなかでは理性をもった存在である。人間という概念が違えば、救われるという課題の表現の仕方も違ってくるだろう。だからこそ、成仏や往生という言葉の意味も、仏教の教義の枠を超えて、キリスト教、西洋文化、西洋哲学などのそれぞれの文脈に照らしながら、普遍的課題、根元的課題として解明されなければならないのではないか。そしてその営みは、決して知的好奇心によるものではなく、苦しみに押しつぶされそうになりながら、あえぎつつ生きている「この私」の救いがかかっているものでなければならないだろう。

仏教学者でない私にとって、そういう実存的課題と無関係な教義学的論争はまったく意味がない。おそらく、キリスト教徒にとっても、いわゆる無宗教の方でもそれは同じであろう。しかし、人間とは何か、人間が救われるとはどういうことか、という求道的関心のもとに掘り下げられた真宗の言葉は、救いを求めている者の心には必ず響くと思う。

真宗の独特の言葉が生み出されたその背景にかえって、その言葉が示す人間の根本的な課題を探り当て、その課題をさらにキリスト教や西洋哲学の課題に照らすという作業は、本当は人間にできることではないだろう。そのような作業、思索をされた安田先生は、身は我われと何ら変わらない凡夫であっても、そのお仕事は一切衆生と共に救われんと歩まれる法蔵菩薩のお仕事であるように、私には思えてならない。一人でも多くの方に、この安田先生の求道的な姿勢と思索の深さに触れて欲しいと、心から願う。

二〇一六年　水無月

真宗大谷派浄専寺住職　平野喜之

安田　理深（やすだ　りじん）

仏教哲学者、真宗大谷派僧侶。

1900年、兵庫県生まれ。青年時代は禅やキリスト教などを学ぶが、金子大栄の著作に影響を受けて1924年大谷大学に入学、曽我量深に師事する。1935年頃より京都で学仏道場「相応学舎」を主宰し、唯識論や親鸞思想などの講義を行った。生涯無位無官を貫き、在野にて自己の思索を深めるとともに、後進の指導にあたり多くの学生・僧侶らに影響を与えた。1982年、逝去。

著書は、『信仰的実存』（文明堂）、『人間像と人間学』（文栄堂）など多数。

その他、『安田理深選集』全15巻・補巻・別巻4巻（安田理深選集編纂委員会編、文栄堂）、『安田理深講義集』全6巻（相応学舎編、大法輪閣）などがある。

正信偈講義　第四巻

二〇一六年　七月二〇日　初版第一刷発行
二〇一八年一〇月一五日　初版第二刷発行

著　者　安田理深
編　者　相応学舎
発行者　西村明高
発行所　株式会社　法藏館
京都市下京区正面通烏丸東入
郵便番号　六〇〇-八一五三
電話　〇七五-三四三-〇〇三〇（編集）
〇七五-三四三-五六五六（営業）

装幀　山崎　登
印刷・製本　中村印刷株式会社

ISBN978-4-8318-4095-0 C3015